Coline Gatel

LES SUPPLICIÉES DU RHÔNE

PRÉLUDES

Ce titre est lauréat du concours d'écriture

PRÉLUDES Le Point kobo fnac

Couverture : © Akg-Images.

Préludes est un département de la Librairie Générale Française.

ISBN : 978-2-253-04568-7

Le passé m'a trompé
Le présent me tourmente
L'avenir m'épouvante

(Tatouage relevé par Alexandre Lacassagne
sur le thorax d'un prisonnier)

Chapitre 1

Mercredi 22 décembre 1897, Lyon

1

Ses yeux ne s'ouvraient plus, toutefois les odeurs la faisaient encore réagir. Elles lui parvenaient, crûment, sans fioriture ni atermoiement. Nauséabondes. Écœurantes. Malsaines.

Où était-elle ? Elle ne pouvait le dire. D'ailleurs, elle n'était pas certaine de vouloir le savoir.

Depuis quand était-elle là ?

Elle se souvenait d'une cave voûtée, mais propre. D'une table de pierre, froide sous son dos. D'une lumière vacillante à travers un lainage rouge qu'on lui jetait sur le visage. Et d'une voix. Lointaine. Qui résonnait comme si elle provenait d'un couloir un peu vide et qui disait :

— Elle est morte.

Puis plus rien.

Et elle se réveillait là.

Dans un ultime effort, elle essaya de remonter ses genoux vers son ventre, mais n'y parvint pas. Et alors qu'une douleur terrible lui transperçait le corps, lui rappelant par sa fulgurance qu'elle était vivante, de la terre s'égrena sur ses joues. Elle voulut hurler, mais ne le put pas et la terre, de ses joues, glissa tel un envahisseur furtif vers sa bouche afin d'engluer sa langue, de souiller sa gorge cependant qu'une vague chaude, épaisse, doucereuse s'écoulait entre ses cuisses.

Exsangue déjà.

Soudain, sans prévenir, une odeur surette remplaça brusquement la puanteur, aussi chaude que la vague. Elle flatta délicatement ses sens, telle une amie mortelle venue lui faire des politesses. Hypocrite. Affable. Quasi corrompue.

Elle se laissa toutefois bercer par elle, la tête dans le giron de la terre. Presque ravie, elle la suivit dans un halo plein de lumière. Cotonneux. Et lorsque la réplique finale éclata, entraînant son corps entier à lâcher prise, une formidable quiétude l'envahit. Le blanc devint noir. Elle y glissa, sans résistance. On aurait dit qu'elle souriait.

Tranquille enfin.

2

Cachée derrière la pile du pont de la Guillotière, la vieille se pencha, la tête en avant, le corps en retrait, afin de comprendre ce qui se tramait sur le quai. Malgré sa mauvaise oreille et l'abus d'un vin infâme, les *plouf* successifs d'objets jetés dans le fleuve avaient fini par la sortir de sa torpeur. Intriguée, elle cherchait maintenant à discerner ce que faisait l'homme qui, à une vingtaine de mètres d'elle tout au plus sur sa gauche, menait un bien curieux manège.

Méthodiquement, il retirait d'une large besace de cuir, posée gueule ouverte sur la rive, de petits sacs en toile de jute comme ceux dont on se servait pour conserver les patates. Il les jaugeait, puis les lâchait dans l'eau noire qui les absorbait.

Certes, l'obscurité et ses yeux fatigués ne facilitaient pas la tâche de la bonne femme qui souhaitait, plus que tout au monde, voir sans être vue. Toutefois, par la grâce d'une lune pleine, elle parvint tant bien que mal à détailler l'inconnu. Celui-ci portait une grande blouse blanche tombant jusqu'aux chevilles sur laquelle il avait enfilé une redingote sombre qu'il n'avait pas pris le temps de boutonner. Il avait glissé le bas de son pantalon dans des bottes de cuir. Il était tête nue.

Cet accoutrement, bien que bizarre, pouvait correspondre à bon nombre de professions. Un fort des halles peut-être, ou un garçon d'abattoir comme il en traînait tant jadis lorsqu'il était encore de coutume de vider les viscères des animaux dans le Rhône ? Elle ne savait plus. Dans sa mémoire, les époques, les souvenirs et les personnes se mélangeaient dans une triste danse macabre.

Son forfait accompli, l'homme referma soigneusement son bagage, puis comme si de rien n'était passa devant elle sans un regard et continua son chemin en direction du bateau-morgue. Simple flâneur, il n'évita même pas la lumière du réverbère et remonta tranquillement par l'escalier qui, de la rive, rejoignait l'avenue. Puis il disparut, absorbé par les arbres du quai de l'Hôpital.

Voilà tout.

La vieille trembla longtemps, tassée dans son coin d'ombre. Elle en avait vu des choses et des gens, vécu des histoires et des vies. Pourtant, alors qu'aucun signe réel n'indiquait le danger, elle en était à s'inquiéter comme si son existence en dépendait. Stupide. Car en fait, qu'avait-elle surpris là sinon un tripier malveillant refourguant aux poissons une marchandise avariée ? Valait mieux ça que de faire crever ses clients !

Une remontée acide lui fit faire une grimace, découvrant des chicots hideux. Des images oubliées cherchaient à se frayer un chemin dans le désordre de son esprit, zigzagant entre de vieux ressentis pernicieux et d'incommensurables peurs. Aussi, d'un coup d'œil affolé, comme la bête traquée que soudain il lui semblait être, fit-elle l'inventaire, à tâtons, de ses biens personnels. Une musette de tapisserie, dont les fils déteints ne laissaient plus que deviner le dessin jadis chatoyant – une chimère noire crachant des flammes sur fond d'arabesques colorées –, accueillit son butin : un gobelet cabossé, un miroir brisé... quelques broutilles ramassées, çà et là, dans les poubelles des bourgeois.

Trente ans d'une vie.

En saisissant un carafon de terre, elle parut hésiter. Mais pas longtemps. Du bout de ses lèvres molles, elle en téta le bouchon de liège, finit par le cracher à terre puis avala une gorgée du contenu du pot. Un rot bruyant s'ensuivit. Elle avait faim. Elle avait peur. Et la peur sentait aussi mauvais, dans l'estomac, que la faim.

Ses effets rassemblés, elle quitta son abri qui l'accueillait depuis quelques nuits déjà et, à tout petits pas traînants, elle se dirigea vers l'endroit où se tenait l'homme un peu auparavant.

Du sang sur le sol. Rien qu'un peu de sang que le givre du matin, en fondant, emporterait avec lui. Rien de bien méchant. Pas de quoi s'affoler ni appeler la maréchaussée !

Pourtant, sans plus hésiter, bien que fatiguée, elle abandonna son refuge avec une seule idée en tête, une idée frôlant l'obsession : fuir. Parce que, cet homme-là, elle l'avait déjà vu auparavant, elle en était certaine maintenant. Et cet homme-là, c'était le diable en personne !

Cet homme-là sentait la mort.

3

Félicien Perrier marchait d'un bon pas. Il aimait les rues de Lyon la nuit, quand le puritanisme exacerbé de la ville se désagrégeait comme un voile, laissant deviner le vice et la corruption là où tout n'était qu'affabilité et bienséance quelques heures auparavant. Un autre visage de la cité apparaissait alors, plus glauque, plus extasié, visage qu'il ne craignait pas de caresser du bout des doigts afin d'en apprécier tous les artifices.

Arrivé au numéro 16 de la rue Thomassin, quartier des bordels, il bifurqua en vue des deux colonnes qui portaient l'avancée d'une maison, sous l'étroit petit passage de l'Argue. Le sol y était pavé de larges dalles glissantes et il y faisait noir comme dans un tunnel. Un véritable coupe-gorge enclin à la luxure et à la crapulerie.

Alors que des magasins vétustes, fermés à cette heure, se succédaient, il s'engouffra dans l'un d'eux, pourtant rideaux tirés, après avoir zigzagué entre deux filles soumises[1] qui s'étaient empressées de l'alpaguer.

À l'intérieur, l'endroit sentait l'encens et les parfums d'Orient. Le jour, on y vendait quelques antiquités asiatiques, copiées suivant modèles pour la plupart, mais qui amusaient les clients, surtout depuis l'Exposition universelle de Lyon en 1894. Le soir, on grimpait à l'étage depuis l'arrière-boutique afin d'y découvrir des spécialités d'un exotisme plus licencieux.

Un vieux barbon aux longues moustaches blanches effilées, coiffé d'un étrange chapeau conique, le reçut, et après un accueil cérémonieux, empreint d'un respect fat, lui indiqua la pièce où il devait se rendre. Bien que ce soit la première fois qu'il mît les pieds dans ce lupanar, Félicien y

1. On nommait ainsi au XIXe siècle les prostituées.

trouva aussitôt l'ambiance sordide qu'il était venu y chercher. Il ne prisait guère les endroits à la mode, comme il y en avait foison à Paris, dans lesquels l'*intelligentsia* se pressait et où il était de bon ton de se compromettre au milieu d'amis triés sur le volet. Non, ce qui le bousculait, lui, c'était le silence, le relent caractéristique de l'opium, l'obscurité sale et une infinie noirceur wagnérienne agréable à ses sens.

Une fois à l'étage, il soupira d'aise. Difficile à dénicher tout de même dans cette ville engluée sous une bienséance à vomir que les caustiques nommaient *Lyonvitude*! Marseille, Toulon et même Paris offraient dans cette spécificité nettement plus de maisons!

Une gamine nue – la sueur de sa précédente prestation perlait encore sur sa peau – lui montra une couche recouverte de coussins crasseux dont le chatoiement primitif avait disparu depuis des lustres. L'odeur grasse du tissu mêlée à celle de gosse sale que traînait son hôtesse lui fit crisser les dents. De plus, il n'aimait pas les fumeries où il y avait des filles, trouvant que la prostitution déviait le consommateur de la béatitude thébaïque qu'il venait y chercher. Lui, ce qu'il souhaitait avant tout, c'était s'éclaircir les idées, se décontracter tout en ouvrant les voies de sa pensée divine. Devenir suprême.

Il faillit faire demi-tour. Toutefois, comme il ne connaissait pas d'autre adresse dans cette ville, il hésita tout en effectuant un pas en arrière. Puis il tressauta dans une étrange danse pour finir – les fumées du

Chandoo se faisaient bien trop prenantes – par entrer enfin ! Vaincu, il s'allongea sans discuter.

Il ne regretta pas sa décision, la petite était experte. Savamment, elle lui cala des oreillers sous la nuque et entreprit de mettre en place un protocole rodé. Elle lui baragouina quelques mots dans une langue inconnue d'une voix un peu nasillarde. Il ne retint que le mot *bambou*, qui, avant même la prise de la drogue, lui procura des papillons au creux du ventre. Il observa, comme une promesse, l'opium qu'elle déposait à l'aide d'une aiguille et, lorsqu'il se mit à grésiller et à enfler sous la flamme de la lampe, un courant nerveux galopa le long de son dos et éclata dans ses reins. Étourdi, il se jeta avec précipitation sur l'embout de la pipe qu'il agrippa, ce qui la fit rire comme une gamine surprise.

Mais elle se reprit aussitôt – le vieux veillait –, et méthodiquement, avec des gestes que l'on sentait rodés, elle entreprit de le mettre à l'aise. Il la laissa agir tout en tirant une première longue bouffée, la regardant s'attaquer avec indifférence à sa cravate, puis à son col de chemise et enfin à son gilet. Deux petits seins ronds et fermes s'agitaient à hauteur de ses yeux, mais il n'en avait que faire. La femme pour le plaisir de la chair ne l'intéressait pas.

Non sans difficulté, elle lui ôta ses bottes. Lorsqu'elle fit courir ses doigts sur les boutons de son pantalon et commença à fourrager dans sa braguette à la recherche de sa verge, il prit un air sévère que les premiers effets de la fumée – qu'il venait d'exhaler par les narines – devaient rendre cocasse, car cela la fit une nouvelle fois glousser sans pour autant l'interrompre. Avec souplesse, elle continua et, passant à sa prestation suivante, elle posa un pied à plat contre le mur le long duquel il était allongé, et se pencha, tête-bêche, au-dessus de lui.

La vue de l'intimité découverte de cette naïade devait être, pour le consommateur, un spectacle très prisé, destiné à ouvrir la porte de la volupté tout en aiguisant les sens. La fille excellait d'ailleurs dans l'exercice, sachant s'installer de manière à ce que, de son sexe offert, le regard puisse glisser le long de la pente douce de son buste, s'accrocher aux mamelons pour finir sur une bouche criant famine et qui s'impatientait. Mais pas pour longtemps ! Car sans plus de formalités, elle venait d'engloutir son pénis.

Il aurait souhaité la repousser, mais, aidé par les effets de la drogue qui encourageaient son esprit à affabuler et le plaisir certain que cette langue lui procurait, il trouva vite un autre centre d'intérêt. Les yeux en l'air, tout à la contemplation de la vulve offerte à sa vue, il se surprit soudain à grimper, mentalement, à l'assaut de ce sexe dévoilé. Minuscule explorateur aventureux parti à la conquête de contrées merveilleuses, il se coula dans son intérieur afin de la visiter, comme il l'aurait fait d'un musée. Son métier lui permettait de connaître tous les recoins de l'appareil génital féminin, aussi fut-il facile, pour lui, de s'accorder cette virée rocambolesque !

C'était ardu, mais il le fit.

Alors, satisfait, il imagina qu'il s'asseyait sur le rebord de chair boursouflée du col de l'utérus, et les pieds encore dans le vide, savourait sa récompense : découvrir, chaude, émouvante, la matrice elle-même ! Véritable cathédrale humaine, niche de la création, toute à lui, rien qu'à lui ! La caverne de la maternité. La grotte de l'univers devenue sienne. Le ventre de la Terre !

Terra matera.

— Bon Dieu !

L'instant était suprême, le moment voluptueux.

Il devenait l'unique. Des cloches célébraient, à toute volée, sa consécration !

Mais ce n'étaient pas des cloches qui sonnaient. Seulement la voix de la fille qui se plaignait en gémissant.

— Toi pas gentil. Toi laisser faire moi. Toi bien...

Brusquement bloqué dans sa merveilleuse incursion stupéfiante, tout en secouant violemment la tête, il venait de la repousser au moment où elle s'installait confortablement sur lui pour le chevaucher. Son regard se fit noir. Eut-elle peur ? Quoi qu'il en soit, elle sauta de la couche avec une félinité de tigresse puis recula de deux pas, un peu agacée.

— Toi jouir, tenta-t-elle d'expliquer avec des gestes convaincants. Toi bien. Toi transporté par fumée magique.

Il eut envie de rire, mais ce rire s'englua dans les muscles de ses joues, tordant ses lèvres dans des grimaces grotesques. Un son sourd lui battit les oreilles, comme porté en écho. Loin de s'avouer vaincue, la gamine tirait maintenant un guéridon près de lui.

— Bois, reprit-elle doucement en approchant une tasse de thé de ses lèvres. Toi boire avant fumer encore.

Puis elle lui prépara une nouvelle pipe, un peu dépitée tout de même par le fait qu'il avait détourné la tête. Lorsqu'il porta l'embout à sa bouche, dans une ultime tentative pour attirer son attention, elle se mit à danser au milieu de la pièce. Néanmoins, Félicien ne la vit pas. Les yeux mi-clos, il se laissa aller tendrement contre le flanc d'une chimère noire qui crachait du feu sur un fond d'arabesques… juste avant de sentir sur lui le regard insistant de l'homme couché sur la banquette face à la sienne.

4

Il était déjà tard, très tard, quand la vieille, à bout de forces, tira la cloche de l'asile des indigents. De l'arche du pont qui avait été son refuge durant quelques semaines, elle était remontée puis avait traversé le Rhône avant d'errer un peu perdue à travers la ville, ne sachant trop où se cacher. Elle allait chercher un abri dans un parc lorsque, fugace, lui était revenu un souvenir encrassé auquel elle n'arrivait plus à redonner du brillant. Il y était question d'une autre vie. D'un autre esprit. Plus vif. Des morceaux délités, par bribes, d'où ressortaient cette porte et cette cloche qu'elle venait de tirer, dans le quartier des Brotteaux.

Mourir l'âme en paix, voilà bien la seule chose qu'il lui restait à accomplir afin de fuir l'image de cet homme qui l'effrayait tant.

L'âme en paix ? Mais comment être en paix devant Dieu et les hommes après avoir vécu tant d'affres et tant d'épreuves ?

Tremblante, elle serra son sac de tapisserie contre elle et, en soupirant, hocha mollement la tête afin de saluer la religieuse, une gamine diaphane, qui lui souriait.

— Je suis sœur Siobhan, ici pour vous accueillir. Que désirez-vous, ma fille ?

Sa fille ? C'était amusant.

Une odeur d'éther lui parvint aux narines et lui procura un frisson. Il faisait froid. Très froid. En dehors comme en dedans.

Doucement, elle dévisagea de ses yeux rongés par la cataracte les traits de cette jeune personne qui, enveloppée dans un châle de laine rouge, mains cachées dans le repli de ses manches, attendait qu'elle parle.

— Je veux mourir ici, dit-elle simplement en franchissant le seuil.

Chapitre 2

Lundi 27 décembre 1897

1

— Messieurs, s'il vous plaît !

Pour la centième fois au moins, l'homme sur l'estrade rappelait à l'ordre l'armée de potaches bruyants qui chahutait sur les bancs de l'amphithéâtre.

— Messieurs, soyez raisonnables ! Cela n'a pas de sens !

Cela n'en avait pas, en effet. Ces étudiants étaient là pour apprendre et voilà qu'ils se dissipaient dans un manque de sérieux évoquant celui des *lettreux* qui s'enivraient à l'absinthe dans des bouges infâmes.

Indigné par tant d'ingérence, le maître de chaire tourna entre le pouce et l'index l'un des bouts de sa moustache, signe qu'il était indisposé, tout en tempêtant, en son for intérieur, contre cette inconscience collective qui faisait perdre un temps précieux à la science en marche. Toutefois, dans un soupir résigné, et ce malgré le bruit, il donna ordre à ses sbires d'ôter le drap qui recouvrait le cadavre sur la table.

Ces derniers, quatre jeunes aspirants brillants sanglés dans leur long tablier, étaient chargés, ce jour, d'assister leur professeur. Lorsque le drap blanc fut retiré dans un geste pompeux frôlant l'acte théâtral, le tapage reprit de plus belle, renforcé par un *houhou* strident qui vrillait les oreilles, puis par les *clac* des mains sur le plat des pupitres, soutenus en cadence par des battements de pieds contre les tribunes de bois.

Le médecin avait choisi d'effectuer cette nouvelle autopsie dans l'ancien amphithéâtre de l'Hôtel-Dieu, afin de permettre à un plus grand nombre de suivre ses travaux. Cependant, au vu du désordre qui régnait, il se demandait si son idée était judicieuse. Il allait se retourner et imposer encore une fois le silence lorsque son regard tomba sur le corps nu étalé à la vue de tous.

C'était donc cela qui causait tant d'émoi à cette armée de boutonneux aux hormones en pleine effervescence ? La nouvelle avait dû filtrer par quelque employé de la morgue et s'être répandue comme une nuée de poudre jusqu'aux bancs de l'hôpital : le cadavre du cours de médecine légale de l'éminent Alexandre Lacassagne serait, ce jour, une demoiselle fraîche comme il était rare d'en découvrir en cet endroit ! Une charmante fleur blonde cueillie à peine éclose et égarée dans cette fange remplie de corps plus monstrueux les uns que les autres.

— Ma notoriété est grande, toutefois je m'étonnais d'un taux de fréquentation aussi exceptionnel pour une nécropsie des plus classiques, plaisanta le médecin en cherchant dans ce conglomérat hétéroclite des têtes connues. Le voyeurisme est un vice, messieurs, au même titre que la luxure. Et il me semble que ces deux maux sont en bonne place dans mon assistance d'aujourd'hui !

Un rire un peu gras se substitua au chahut, laissant enfin la parole au professeur lorsque cet éclat se tut.

— Je vous remercie, dit seulement Lacassagne en se tournant vers la table d'autopsie.

Bien portant sans être lourd, ce dernier accusait une cinquantaine entamée qu'une légère calvitie venait confirmer. La moustache conquérante comme il était de rigueur dans sa caste, il masquait toutefois, sous cet apanage viril, un sourire agréable d'une bonhomie sympathique qu'une « fesse » au menton répercutait plus encore. Cela le rendait affable sans être fat, généreux sans être prodigue. Créateur de l'anthropologie criminelle dont il partageait la paternité avec son collègue italien Lombroso, il dispensait à Lyon, depuis plusieurs années déjà, un enseignement reconnu où se pressaient des doctorants et des agrégants de toutes nationalités.

— Messieurs... puisque voyeurs il nous plaît d'avoir en ce lieu, en ce jour, passons maintenant aux choses sérieuses et procédons à l'autopsie afin de constater, *de visu*, si le contenu stomacal de ces félons opportunistes y résistera. Guyaud, veuillez lire les premières conclusions de l'examen extérieur, pratiqué par l'expert dépêché à l'endroit où a été découvert le corps.

Le dénommé Guyaud fit mine de s'éclaircir la voix afin de masquer son trouble. La gamine était gironde et il ne savait, des quatre préposés présents, s'il souhaitait réellement être celui qui l'inciserait de haut en bas tant l'acte serait désagréable.

— Fille d'approximativement seize ans, retrouvée morte dans un passage près de la montée Saint-Barthélemy, sur la colline de Fourvière. Identité inconnue. Elle portait une chemise de corps ensanglantée, mais de bonne facture. Pas d'autres vêtements. Les cheveux blonds et longs étaient libres. Elle n'avait pas de chaussures, mais les pieds étaient indemnes de toutes traces de coups ou de salissures. De plus, la victime était propre et bien nourrie. Une cicatrice recousue mais fraîche barrait son ventre du plexus jusqu'au pubis. Louis Dargoix, l'expert, en a conclu qu'il pouvait s'agir d'une fille de milieu commerçant, voire petit-bourgeois. La mort suspecte, le corps abandonné dans une ruelle insalubre, sans ménagement sous un tas de gravats, laisse à penser que celui-ci aurait été jeté là par une personne qui voulait s'en débarrasser au plus vite, les pieds impeccables étayant le fait que la victime ne pouvait s'être rendue en ce lieu par ses propres moyens. Les taches de la chemise, traitées avec de l'acide hypochloreux, n'ont pas disparu, confirmant une présence abondante de sang. Nous avons donc affaire à un décès non naturel, l'emplacement et la façon dont était disposée la dépouille accréditant cette hypothèse. Toutefois, aucun objet significatif n'a été retrouvé près du corps. Les causes de la mort semblent être consécutives à l'opération qu'elle venait de subir.

— Je vous remercie, Guyaud. Que dire de ces premières conclusions lues par notre collègue ? Tout d'abord que l'expert n'a pas relevé tous les points essentiels. Ce qui est dommage puisque irrécupérable... et de ce fait nuisible à l'enquête. Pas de notes sur les lividités cadavériques. Pas de notes sur la température du corps. Beaucoup de failles que vous, messieurs, devrez être en mesure de combler à l'étude de cette science.

Il se reprit :

— Pour ceux qui suivent cette autopsie avec l'attention requise, je ne peux que vous conseiller d'inscrire scrupuleusement tous ces points sur votre feuille d'observation médico-légale, afin d'en établir un rapport. Pour les autres, faites comme bon vous semble, mais par pitié, ne venez plus troubler le travail des professionnels par des interjections graveleuses qui vous vaudront, à partir de cet instant, l'expulsion pure et simple de l'amphithéâtre.

Le silence demandé se fit et Lacassagne, satisfait, put enchaîner avec la sentence favorite qu'il distillait à chaque début de cours :

— Ayez toujours à l'esprit, chers futurs collègues, qu'une autopsie mal faite, ne se recommence pas ! Alors, soyez vigilants et n'omettez rien ! Lecuyer, vos observations extérieures sur la table, s'il vous plaît...

Lecuyer, comme son prédécesseur, prit la parole avec une pointe de crainte. Jeune médecin bien noté, il devait hériter de l'officine de son père, aimait-il à raconter, lorsque par hasard il avait assisté à une conférence de Lacassagne. Le virus de l'anthropologie criminelle l'avait saisi de plein fouet et il avait décidé de poursuivre ses études en agrégation, au grand dam de sa famille qui voyait ce brusque revirement d'un bien mauvais œil. Elle ne percevait aucun avenir dans une science des cadavres, d'autant plus que ceux-ci étaient souvent de basse extraction ! Pourtant, envers et contre tous, Lecuyer continuait...

— Fille, suivant son développement, âgée de seize ans, je confirme. Pubère et déjà bien formée. De taille moyenne, un mètre et cinquante-cinq centimètres exactement, précisa-t-il en maniant la toise en bois. Ossature fine, chevelure longue et soignée, alimentation suffisante permettant d'affirmer qu'elle est... pardon, était de milieu favorisé.

Le jeune médecin ravala sa salive et reprit son inspection macabre. Au fur et à mesure de ses déductions, ses doigts volaient de part et d'autre du corps engendrant, dans l'enceinte de l'amphithéâtre, une tension lourde de ressentis. Suspendus à ses gestes, les potaches respiraient fort cependant que leurs gorges se séchaient en découvrant des parties anatomiques propres à enflammer l'esprit d'un homme.

Lecuyer, grand dadais qui lui-même n'avait expérimenté du sexe que des passes vite faites dans un coin sombre, avait du mal à garder une voix claire. Cette fille avait été jolie et la voir, même morte, le troublait encore.

— Ongles coupés et propres. Absence de cals sur les mains. Celles-ci sont d'ailleurs fines et blanches. Aucune déformation. *Idem* pour les pieds.

Musculature peu développée indiquant que l'inconnue fournissait peu d'efforts dans sa vie quotidienne. Aucune déformation due à l'exercice d'un travail manuel ou à une existence difficile. Peau saine exempte de plaques, de pustules, d'érythèmes, de brûlures, de tatouages ou de cicatrices anciennes. Dents soignées. À noter l'absence des dents de sagesse et la présence d'une prémolaire de lait non tombée sur le maxillaire supérieur gauche qui me feraient situer son âge un peu plus vers la quinzaine. N'ayant pas vu le corps lorsqu'il a été retrouvé, je ne puis dire si les lividités cadavériques, maintenant installées, correspondent à la position dans laquelle la dépouille a été découverte. Toutefois, je ne crois pas m'avancer en affirmant que la victime est vraisemblablement morte dans la ruelle.

Il fit une nouvelle pause. Le plus dur restait à venir. Dans sa tête, une fille de seize ans riait. Thérèse. Son père lui avait bien dit que tout ce fatras *post mortem* n'était pas fait pour son âme sensible. Il ravala amèrement sa salive. Au diable son père et ses certitudes !

— La *rigor mortis* est terminée, sauf sur la mandibule inférieure où je ressens encore une tension, continua-t-il sur un ton monocorde. Avec le froid qu'il fait dehors, nos données risquent d'en être faussées. Un décès remontant à trois jours, voire quatre, peut donc être facilement envisageable. En effet, même si le corps ne dégage pas d'odeur désagréable de putréfaction et que les téguments ne sont pas colorés, je note toutefois la présence de toutes petites taches vertes le long de l'abdomen.

De plus, il y a du gaz dans la moitié supérieure des deux cuisses qui crépitent au toucher. Léger gonflement de la face. Le nez et la bouche contiennent un fluide fétide qui rappelle le sang. La langue est retirée derrière l'arcade dentaire. Les conjonctives et les cornées sont troublées. La peau est livide et les muqueuses sont pâles. Les seins sont assez volumineux, mais, à la pression, aucun liquide ne sort. L'abdomen présente une large incision *pre mortem*, recousue avec soin. Étrangement, les grandes lèvres sont gonflées et colorées en vert foncé, signe d'une putréfaction qui ne se révèle pas encore aussi active sur le reste du corps...

Lorsque Lecuyer, écartant complètement les jambes de la dépouille de manière à bien dégager le sexe, se pencha vers son pubis afin d'en sentir les relents, une partie de la salle, celle constituée de voyeurs sans doute, se leva précipitamment et, une main sur l'estomac, s'en alla chercher de l'air frais en franchissant la porte du haut de l'amphithéâtre.

— Nous voilà revenus en comité plus intime, plaisanta Lacassagne avec un sourire en coin. Lecuyer, si vous voulez bien continuer...

Cachant sa propre confusion sous des gestes médicaux, le jeune étudiant enchaîna du mieux qu'il put, relevant l'odeur caractéristique des tissus nécrosés dont il détectait la présence à cet endroit précis.

— Pas de traces apparentes de viol sur les deux orifices, par contre un liquide s'est écoulé du vagin, le long de la cuisse. Au toucher, l'aspect visqueux me confirme qu'il s'agit bien de sang. À part cela, aucune violence d'ordre mécanique et aucune autre lésion ne peuvent être consignées sans examen plus approfondi.

— Je vous remercie, Lecuyer.

Ce dernier, avec un soulagement certain, s'écarta de la dépouille puis fit demi-tour afin de se désinfecter les mains avec une liqueur de sel manganique rouge pourpre, dont il s'enduisit les doigts.

— Veuillez maintenant étaler sur le sol la sciure nécessaire, afin d'absorber les liquides cadavériques, s'il vous plaît. Merci !

Deux jeunes employés chaussés de bottes entrèrent alors avec des seaux et recouvrirent prestement le plancher d'une épaisse couche de copeaux de bois. Les fluides et les matières putrides, glissant de la table de marbre sur laquelle le corps allait être incisé, seraient instantanément épongés. Il suffirait ensuite de donner un coup de balai pour que la pièce reprenne son aspect d'origine.

Lacassagne soupira. Cela faisait presque deux décennies déjà qu'il tempêtait contre la vétusté des locaux mis à la disposition des légistes de Lyon. Il y avait bien le bateau-morgue amarré sur le Rhône, mais la salle d'autopsie y était tellement exiguë que seulement une trentaine d'étudiants pouvaient y entrer, et encore debout ! Son seul intérêt, s'il y avait lieu d'appeler cela un intérêt, était de pouvoir déverser les humeurs directement dans le fleuve... mais il ne pensait pas que cela puisse réellement être vu comme un avantage !

— Perrier, c'est à vous !

L'interpellé tressaillit. Dans la juste suite des choses, si à Guyaud avait été confiée la lecture du compte rendu et à Lecuyer l'examen extérieur, l'examen intérieur lui incombait donc ! Cet idiot de Poutroix se contenterait, cette fois-ci, de l'aider en écartant les chairs et en recousant son propre travail afin de rendre la fille à nouveau présentable pour qui voudrait la reconnaître.

— Poutroix, vous l'assisterez suivant ses désirs.

Voilà qui était dit et joliment dit !

La joie de l'adepte envahit Perrier au point que ce fut le sourire aux lèvres qu'il approcha du cadavre. Sa vue ne lui faisait aucun effet – un mort de plus au cœur de cette déchéance humaine –, aussi, l'esprit serein, s'empara-t-il d'un bistouri afin de procéder à l'autopsie.

Alors qu'il se répétait mentalement les gestes à faire afin de respecter au mieux les recommandations du professeur Gaube, qui préconisait de ne pas défigurer le cadavre, il trancha la peau du crâne de l'os temporal à l'extrémité opposée, en passant par le vertex et non par le front. Ce choix, pour sa part plus scientifique que préservateur, lui valut tout de même les applaudissements de ses congénères. De même, au moment où il ouvrit le thorax et l'abdomen, mit-il un point d'honneur à le faire suivant la méthode du professeur Letulle, plus moderne, d'une seule incision médiane du menton jusqu'au pubis, et cela dans le but de procéder à l'éviscération d'un bloc !

— Je vous félicite, lança Lacassagne lorsque l'autopsie fut presque terminée. Quelles sont donc les conclusions d'un travail si bien mené ?

Perrier sourit. D'une taille inférieure à la moyenne, il avait toutefois une allure athlétique qui conférait à sa personne une sorte de force rassurante. Au premier regard, il inspirait la confiance, le savait et en jouait.

— À la suite des dix-sept points anatomiques que je viens de vous énoncer et sur lesquels j'ai porté toute mon attention, je me concentrerai sur un point à mes yeux essentiel : l'utérus, plus intéressant, que j'ai extrait.

Joignant le geste à la parole, il lava la dernière pièce dans un grand baquet d'eau installé sur un tabouret puis la déposa dans un plat en fer afin de le présenter à l'assistance. Il y avait dans tout ce protocole une mise en scène dont le milieu médico-légal était friand. Une forme de célébration idolâtre menée pour satisfaire quelques dieux – Asclépios peut-être – seulement connus des initiés des mystères anciens.

— Celui-ci a été incisé avec précision puis refermé. Je peux dire, sans me tromper, que l'acte a demandé quelque savoir en médecine… ou en boucherie.

Un rire général accueillit la boutade.

— Par contre, le museau de tanche est entrouvert au point que je peux y introduire le bout de mon petit doigt. Je tâte la muqueuse… elle est molle et le col est distendu, lui aussi signe d'un début de dilatation. J'incise à mon tour… et voilà bien ce que je pensais ! Un placenta, d'une taille de… voyons… neuf bons centimètres, s'y remarque. Il forme une cavité de six centimètres approximativement. Le cordon ombilical y adhère. Une odeur particulière s'en dégage dont l'origine, outre les vapeurs putrides, restera à définir. De plus, la couleur des muqueuses confirme que la patiente était quasiment exsangue.

Perrier reprit son souffle et glissa sur son assistance un regard circulaire qui le combla d'un indescriptible bonheur. Il aimait qu'on l'écoute. Il aimait parler.

— J'en conclus donc, monsieur le professeur, messieurs mes confrères, qu'au vu de la dimension de l'utérus, du placenta qu'il contenait et des résidus de cordon ombilical, notre inconnue était enceinte d'environ quatorze semaines et que le fœtus qui s'y trouvait a été expulsé depuis peu. Je dirai quatre à cinq jours. Tout cela devrait nous être confirmé par l'étude des bocaux-étalons du musée médico-légal, mais je ne pense pas me tromper non plus sur le temps de grossesse. Le placenta est resté en place, causant l'infection. La mort aurait dû résulter d'une inflammation utérine accompagnée de ce que nous nommons *métrite septique*, toutefois une hémorragie massive a accéléré le trépas. Cette fille s'est vidée de son sang.

La pause qu'il fit lui permit de vérifier que l'assemblée suivait. Sa dernière conclusion était bouleversante, aussi avait-il besoin de voir le trouble s'inscrire sur les visages attentifs.

— Pour terminer, le col étant ouvert, je ne peux décider, du point de vue médical, si l'interruption de grossesse a été produite par une manœuvre extérieure faite par une tierce personne, ou par prélèvement direct suite à ce que nous pouvons appeler… une césarienne invasive. L'analyse au microscope nous permettra de définir si le placenta a bien été percé par un outil quelconque, baleine de parapluie ou autre tringle, déclenchant un avortement. Pourquoi l'intervenant a-t-il incisé l'utérus ? Pour ôter l'embryon qui ne voulait pas sortir ? Pour décoller le délivre qui restait en place ? Mais dans cette hypothèse, pourquoi avoir choisi de le laisser ? La fille a-t-elle péri durant la manipulation, rendant la suite de l'opération inutile ? Cela demeure un mystère pour le moment... Une seule certitude, cet acte a été fait *pre mortem* et dans des circonstances troubles puisque le corps a été abandonné d'une manière répugnante. De ce fait, je pencherais pour un délit.

— Parfait... parfait..., agréa Lacassagne avec un sourire jovial.

— Affaire facile, admit modestement Perrier en versant un peu de désinfectant sur ses doigts.

— Rien n'est jamais aisé, mon cher ami, et tous les détails comptent, certifia le professeur en serrant les mains de ses quatre collaborateurs, alors que l'assistance se levait pour applaudir une nouvelle fois.

Puis se retournant vers son auditoire, il poursuivit :

— Gardez bien en tête, vous tous qui nous avez suivis, que plusieurs personnes peuvent succomber du même genre de mort, mais que les circonstances qui entourent le décès sont propres à chaque victime. Qu'avons-nous là ? Une jeune fille qui ne paraît pas appartenir au milieu social dans lequel elle a été découverte. Épiloguons sur ce fait. Enceinte. Seize ans tout au plus. De couche sociale aisée. Qu'était-elle venue faire en ce lieu, sinon recourir, à l'insu de sa famille, aux services d'une faiseuse d'anges patentée ? Une amie. Une parente peut-être lui aura trouvé l'adresse dans l'un de ces journaux où ces personnes ne se gênent pas pour faire leur publicité. Elle y sera allée, serrant ses économies contre elle afin de payer la matrone pour son intervention. Promise certainement à un mariage honorable, elle aura fauté avec un galant et n'aura vu dans ce moyen qu'une possibilité de se racheter une bonne conduite. L'acte en lui-même, quoique condamnable depuis 1810, mais peu réprimandé, n'aurait pas été le plus grave si l'avorteuse ne s'était pas livrée, sur sa cliente, à des actions insensées, propres à mettre la vie de cette dernière en danger. Le crime vient à partir du moment où la faiseuse d'anges s'est débarrassée du corps dans cette ruelle sordide, car, vraisemblablement, la pauvre fille a fini d'y agoniser. Que reste-t-il maintenant aux forces de l'ordre pour boucler cette affaire ? Trouver une personne apte à pratiquer des gestes précis, notamment des sutures, non honorable de surcroît et qui exerce notoirement des interruptions de grossesse, dans le périmètre où le cadavre a été découvert.

Lacassagne fit une pause. L'assistance buvait ses paroles. Plus un bruit ne se faisait entendre.

— Sans l'intervention de la médecine légale, que serait-il advenu de cette pauvre fille ? Je vous le demande. Elle aurait été prise pour une demoiselle de petite vertu et sans plus de questionnements, elle aurait été exposée en vain à la morgue avant d'être enterrée parmi ses semblables, à la fosse commune.

Pensez à ses parents pleurant une enfant disparue, sans savoir ce qui lui est arrivé ? Par le biais d'une étude sur le terrain, nous serons vite en mesure de faire incarcérer celle qui a jeté cette dépouille à la rue, sans aucune considération ! N'oubliez toutefois jamais, messieurs, que vous n'êtes pas Dieu, aussi souvenez-vous que votre responsabilité dans une enquête est pleine et entière. Grâce à vous, le meurtrier pourra être arrêté... mais, par votre faute, l'erreur judiciaire pourra être commise !... Et une tête décollée ne se recolle pas... Soyez vigilants, messieurs ! Apprenez à douter et, par conséquent, à n'avoir aucune idée préconçue. Regardez avec attention, voyez tout et ne vous laissez pas berner par des conclusions hâtives. Et surtout, méfiez-vous... Oh, oui ! Méfiez-vous des excès de votre imagination !

Une salve d'acclamations accueillit la fin du cours. Les pieds qui tapaient contre les estrades de l'amphithéâtre ne le faisaient plus pour chahuter, mais bien pour marquer le contentement des étudiants, heureux d'avoir pu assister à cette autopsie et à ses résultats.

Le maître de chaire inclina légèrement la tête en signe de remerciement puis se pencha vers Poutroix, son quatrième collaborateur, afin de l'inciter à finir le travail.

— Perrier, je peux vous parler ? demanda-t-il en poussant le jeune homme à l'écart de cette nouvelle liesse. Venez par là.

Le médecin opina du chef tout en précédant le professeur qui le fit sortir par un passage de côté.

— Le peuple qui vous fait dieu ou démon, murmura Lacassagne lorsqu'ils furent à l'abri du bruit et des regards.

Il sourit et posa sa main sur l'épaule de son collègue, dans un geste paternaliste, tout en l'invitant à prendre place dans un fauteuil confortable qui semblait avoir été installé spécialement pour lui. Ensuite, il referma doucement la porte du bureau et soupira :

— Ici, nous serons plus au calme.

2

— Pensez-vous qu'il soit réellement sage, dans son état, de lui administrer une nouvelle dose d'héroïne ?

Germaine Poulain, surnommée sœur Germaine par ceux qui la connaissaient depuis bientôt vingt ans, fidèle à son poste à l'hospice des indigents, fit délicatement jaillir une goutte de produit de l'aiguille de la seringue hypodermique puis toisa la jeune assistante d'un regard sévère qui n'appelait aucun contredit. La soixantaine altière, le dos droit, le menton fier que le port du voile, en dégageant le visage, mettait en valeur… Il émanait de cette femme une autorité naturelle qui forçait instantanément le respect.

Large de carrure, sanglée dans un long tablier qui recouvrait presque entièrement sa robe de sœur séculière, manches relevées comme celles d'un charron, elle brandit sous le nez de sa transparente subalterne un doigt menaçant de sa main vigoureuse rattachée à un avant-bras de galérien.

— Depuis quand êtes-vous apte, jeune fille, à savoir ce qui est bon ou mauvais pour nos malades ?

— Je..., balbutia la nonne en baissant son regard clair. Il me semblait...

— Il vous semble mal, sœur Siobhan ! Cette patiente souffre, aussi, par des doses d'héroïne, lui apportons-nous un peu de réconfort en attendant que Dieu, dans sa grande miséricorde, veuille bien la rappeler à lui.

— Elle ne se réveille plus...

— À quoi bon ?

L'aspirante prit un air penaud qu'elle masqua sous sa cornette. La vieille dame, à son arrivée, avait annoncé qu'elle souhaitait mourir ici, toutefois, elle ne paraissait pas supporter d'autres douleurs que celles d'une âme et d'un corps qui, tous deux, avaient bien vécu.

— Est-ce vrai ce qui se dit dans les couloirs ? Que cette patiente aurait travaillé en ce lieu, naguère, lorsqu'elle était jeune ?

— Il est vrai.

— Et que la sœur supérieure de l'époque l'aurait priée de partir discrètement à la suite de sa conduite inconvenante ?

Germaine tourna vers la gamine un regard meurtrier qui fit tressaillir cette dernière. L'assistante renifla comme si elle allait pleurer puis courba l'échine tout en cachant ses mains dans les vastes manches de sa robe de novice.

— Ne serait-il pas préférable, à votre avis, de vaquer humblement à vos tâches quotidiennes plutôt que de calomnier autrui comme seules les commères savent le faire ?

— J'en conviens... ce n'était que...

— Péché, ma fille... sombre péché de médisance à l'encontre de cette pauvre femme qui a connu assez de déboires dans son existence sans y rajouter votre mépris !

— Je ne la méprise pas, marmonna-t-elle en reculant, prête à fondre en larmes. Je souhaitais simplement...

Germaine Poulain eut un air irrité que son impassibilité froide n'arriva pas à masquer. Cette assistante était-elle idiote ou espérait-elle, sous des semblants de faux asservissements, lui tenir tête ? Un rapide coup d'œil sur elle conforta ses soupçons. Une allure stupidement humble, de petites mains blanches de paresseuse, une certaine impertinence sur son visage parfait de blonde hiératique, bien trop irréprochable pour être honnête. Il fallait qu'elle surveille de près cette recrue !

Elle soupira, parut réfléchir puis choisit un ton affable frôlant l'obséquieux pour reprendre la parole.

— Dans sa jeunesse, Madame Prunet a vécu bien des turpitudes qui l'ont, petit à petit, éloignée de la voie que Dieu lui avait tracée. Torturée par des démons vicieux et tentateurs auxquels elle n'a su résister, elle a sombré dans la dépravation, survivant de lucres véreux auprès d'un homme à qui elle avait succombé hors des liens sacrés du mariage.

Son regard inopinément doux coula sur sa voisine avant de glisser dans la salle commune des femmes, pièce dans laquelle elles se trouvaient. Se souvenait-elle ? Quelles pensées pouvaient bien être en train d'envahir son esprit ? Deux jeunes filles, fantômes blancs d'un passé confus, se faufilant comme des ombres entre les petits lits alignés...

Toutefois, l'accalmie fut de courte durée. Aussi brusquement qu'ils étaient partis, ses yeux revinrent avec la dureté de l'acier sur une sœur Siobhan tremblante qu'elle ébranla définitivement en lui assénant le coup de grâce.

— C'était pourtant une enfant comme vous... douce et réservée. Mais tout comme vous, une pernicieuse curiosité l'animait. Tout comme vous, elle pensait pouvoir sauver le monde. Tout comme vous, elle posait bien trop de questions.

Elle reprit théâtralement son souffle puis eut un sourire un brin énigmatique.

— Espérons que, tout comme elle, vous ne succomberez pas à la facilité en commettant des actes que la morale réprouve et ne finirez pas, miséreuse, dans un hospice pour nécessiteux, aux bons soins d'âmes charitables telles que la mienne...

Puis elle fit demi-tour dans un grand mouvement d'air, entre odeurs d'éther et de lavande, plantant là, pantoise, la pauvre petite assistante apeurée.

3

Alexandre Lacassagne étira ses jambes et ferma un instant les yeux, soulagé de ne plus avoir à supporter le chahut des étudiants qui quittaient l'amphithéâtre, tous sujets à l'émotion provoquée par ce joli et jeune corps éventré devant eux. En effet, même s'il considérait que l'autopsie représentait un acte médical de la plus absolue nécessité, il n'en restait pas moins un geste barbare lorsqu'on analysait la démarche sans s'interroger sur son utilité.

— Je vous suis depuis longtemps déjà, reprit-il en souriant.

Perrier hocha la tête, flatté d'être la cible de l'intérêt de son mentor.

— Je vous suis, disais-je, car vous n'êtes pas sans me rappeler l'impétueux médecin que j'ai été jadis. La même fougue méridionale m'habitait ! Le même élan ! Vous êtes du Sud, n'est-ce pas ?

— Oui, des environs de Montpellier.

— Ah ! Montpellier... très belle ville universitaire. J'y ai passé mon agrégation sur la putridité morbide. Médecine, tout comme vous, je présume ?

— En effet.

— Meilleure faculté qui soit !

Un sourire mesuré illumina le visage de Félicien Perrier qui flatta de satisfaction l'accoudoir en cuir de son siège, comme il l'eût fait de l'encolure d'un bon cheval.

— De mon observation discrète, j'en ai conclu que vous êtes intelligent, que vous avez l'envie d'apprendre et une grande capacité à retenir et à déduire. De plus, vous manifestez une belle curiosité pour tout et tous... exactement ce qui me plaît chez un scientifique !

— Je vous remercie.

Au fur et à mesure que ses doigts glissaient sur la peau tannée, un étrange frisson courait le long du dos du jeune médecin. Toutefois, son esprit méfiant ne pouvait que développer une forme de réticence face à tant de flagornerie. Que lui voulait le vieux professeur pour agir de la sorte ?

— Savez-vous ce que je faisais à votre âge ? poursuivit-il sans se douter de la problématique que son discours impromptu générait.

Ce fut au tour du jeune homme d'arborer un visage satisfait.

— Oui, je le crois. Il me semble que vous collectiez des tatouages auprès des renégats envoyés dans les bataillons disciplinaires en Algérie. Plus de deux mille, décalqués avec application sur la peau même des individus qui les portaient.

— Ah, ça ! Je n'aurais jamais pensé !

Perrier eut un rire de gorge qui le fit se renverser légèrement en arrière.

— Eh oui, mon cher professeur ! Moi aussi, je vous suis…

Il sourit à nouveau, amusé par sa propre réplique.

— Calques que vous avez fait peindre sur des assiettes, reprit-il, ce qui vous met à la tête d'une collection pour le moins surprenante.

— Collection très décriée. La plupart de mes collègues me prennent pour un fou.

— Laissez parler les fâcheux. Et vos conclusions, quelles sont-elles ?

— Troublantes, admit Lacassagne en se rengorgeant. Ainsi, un criminel pourrait exposer une pensée ? J'en suis arrivé au fait que par le livre, tout homme né dans la fange pouvait s'en extraire, car rien n'est mauvais dans l'esprit, tout est à cultiver.

— L'antithèse de votre confrère Lombroso qui soutient que tout scélérat l'est de naissance et ne peut être racheté, susurra son interlocuteur comme s'il voulait briller de tous ses feux.

— Tout à fait !

Perrier se renversa une nouvelle fois, le dos contre son fauteuil, avec une mimique amusée.

— Mais ce n'est pas pour parler... vaisselle... que vous m'avez prié de vous suivre, je suppose ?

Lacassagne dévisagea son compagnon avec un intérêt certain. Dans le tableau rapide qu'il avait brossé de Félicien, il avait oublié l'assurance et un charme indéniable qui séduisaient les hommes et faisaient chavirer le cœur des femmes. Alliés à cela un visage expressif, une intelligence rare et un physique agréable, et le portrait était complet. Un seul point négatif, s'il en était un...

— ... je suis petit de taille, paracheva Perrier avec une promptitude qui poussa son interlocuteur à se demander s'il avait parlé à haute voix.

— Vous lisez dans mes pensées ? interrogea ce dernier avec une pointe d'humour.

— J'aimerais en avoir la capacité, en vérité ! Comme cela doit être agréable de percer la conscience d'autrui sans plus de formalités !

— Agréable, mais un peu trop envahissant, vous ne croyez pas ? Que d'inepties, que de fadaises il nous faudrait supporter pour quelques secondes de qualité !

— Soit ! Je l'admets !

Ils en rirent de bon cœur tous les deux, comme de vieux amis réunis autour d'une belle table avec une bonne bouteille à boire, des mets succulents à déguster et quelques jolies filles à caresser.

— Mais venons-en au fait, reprit le maître. J'ai été contacté tantôt, avec deux de mes confrères, Pierret et Rebatel, par le juge d'instruction de Belley, Émile Fourquet. Nous nous sommes rendus auprès d'un coupable qui a défrayé la chronique et dont vous avez peut-être entendu parler.

— L'éventreur du Sud-Est !

— Vous êtes décidément brillant.

— Aucun mérite ! Tous les journaux ont raconté l'histoire. De plus…

— De plus ? demanda le professeur, intéressé.

— Rosine Rodier, quatorze ans, crime de Saint-Honorat en Haute-Loire, le 1er octobre 1896.

— Mais encore ?

— Je n'y étais pas, mais j'ai été appelé, quelques mois auparavant, pour une affaire similaire par le juge de paix de Brioude afin de remplacer un confrère souffrant.

— Autopsie ?

— Oui. Il n'y avait aucun expert sur les lieux, aussi ai-je dû…

— Vous connaissiez le protocole ?

Perrier gloussa.

— Nous nous sommes déjà rencontrés, jadis, il y a un peu moins de dix ans. Je venais de terminer ma médecine et j'étais tellement admiratif de vos techniques que je voulais suivre vos cours afin d'obtenir mon concours d'agrégation.

— Après Montpellier vous êtes donc arrivé à Lyon ? Que de similitudes entre nos deux vies ! D'ailleurs... je ne sais... mais il me semblait bien que votre visage me rappelait quelqu'un.

— Je ne pense pas que vous vous souveniez de moi. J'étais alors... comment dire... beaucoup plus introverti. Timide. Voilà le mot ! Timide et réservé. Aussi ne me mettais-je pas en avant.

— Pourtant... un homme du Sud !

Le regard du médecin s'égara sur les étagères de la bibliothèque.

— Cela n'a pas d'importance ! soupira-t-il un peu trop rapidement comme pour clore le sujet.

Son trouble soudain étonna Lacassagne, qui, par politesse, se garda bien de relever le fait.

— Soit, poursuivit-il sur un ton badin, et pourquoi avez-vous quitté mon enseignement ?

— Le décès de mon père. J'ai dû reprendre son cabinet de campagne, à Brioude, en Haute-Loire.

— Je vois. Ah ! Ces cabinets de campagne et ces pères qui tiennent tant à ce que leurs fils leur succèdent !

— Vous pensez à Lecuyer.

— Tout comme vous ! Ce serait gâcher...

Ils rirent à nouveau.

— Et ensuite ? questionna Lacassagne que le parcours de son jeune confrère intéressait.

— Ensuite, j'ai eu des soucis... de santé... J'ai dû abandonner la charge que j'avais acceptée.

— Rien de grave au moins ?

— Non ! Seulement du surmenage. Je suis parti à... l'étranger. Au Maroc précisément, où j'ai pu aider les populations indigènes en leur apportant soins et instruction. C'est en pleine forme que je vous reviens !

Pour assurer le fait, il se leva d'un bond et esquissa un pas de danse.

— J'en suis fort aise ! poursuivit Lacassagne amusé, tout en lissant sa moustache. Vous connaissez donc Vacher[1] ?

— Disons... de renommée.

— Vous ne l'avez jamais rencontré ?

— Jamais.

— Et vous croyez toutefois que le corps que vous avez autopsié en son temps à Brioude aurait pu avoir un rapport avec ses crimes ?

Perrier, tout en se rasseyant, lui raconta brièvement les détails de l'histoire sans omettre l'incompétence avérée de la gendarmerie et le détachement du juge de paix qui pensait plus à son confort qu'à sauver les pauvres gens.

— J'en suis sûr ! Il ne l'a pas officiellement reconnu, mais comme bon nombre de ses forfaits.

Le professeur eut un geste vague de la main.

---

1. Joseph Vacher (1869-1898) est considéré comme le premier tueur en série français. Vagabond, il arpentait le sud de la France en commettant des crimes odieux. On l'appelait « l'éventreur du Sud-Est » ou « le tueur de bergères ».

— Je me félicite, en tout cas, de l'intuition que j'ai eue en vous convoquant ici. Vous êtes exactement la personne qu'il me faut et je mets en vous toute ma confiance.

— C'est-à-dire ?

— C'est-à-dire que j'aimerais, dans un premier temps, que vous m'accompagniez cet après-midi même à Belley. Je vous présenterai comme mon adjoint. Mon secrétaire. Mon disciple. Votre clairvoyance me sera utile dans cette affaire difficile où nous devrons trancher sur la responsabilité mentale du coupable. D'autant plus que, plus ou moins, vous y avez déjà été impliqué.

Perrier agréa tout en recouvrant, posément, sa main gauche – le mal –, jusqu'alors sur son genou croisé, de sa main droite – le bien. L'instant était cocasse et ne manquait pas de piment. Lacassagne, avec sa bienveillance habituelle, prit ce contentement pour un consentement.

— À la bonne heure !

— J'en serais très honoré, avoua le jeune homme. Néanmoins, j'aurais tout de même besoin de connaître les tenants et les aboutissants du… second temps.

Son clin d'œil n'eut rien d'équivoque, seulement la manifestation d'un caractère enjoué et plaisant. Le professeur, très détendu, s'en amusa au point qu'il se leva afin de servir un verre à son hôte.

— De l'eau seulement, je ne bois pas.

— Vraiment ? Et vous avez encore d'autres qualités cachées ?

— Je ne fume pas de tabac… ni ne chique, bien entendu ! Je n'aime pas les jeux de hasard et suis peu porté sur la bagatelle. J'apprécie l'ordre, la propreté et les lieux épurés. Je me lève et me couche tôt. Je fais du sport afin de m'entretenir. Notamment cette nouvelle distraction qui nous vient de Londres, le *lawn-tennis*, et de la natation aussi… surtout en eau froide dans les bateaux-piscines sur le Rhône en hiver. Cela tonifie le sang et développe l'endurance au mal. Je lis beaucoup et j'aime apprendre. Quoi d'autre ?…

Il eut un bref passage à vide. Le baquet en cuivre rempli et la main droite de sa mère qui lui appuyait sur l'épaule afin que tout son corps soit immergé. Elle appuyait, elle appuyait alors que l'eau entrait déjà par sa bouche.

« Maman, l'eau est glacée. Pourquoi y rajoutes-tu de la neige ?

— Pour faire de toi un homme, mon garçon ! »

— Un esthète ! s'exclama Lacassagne en le faisant sursauter.

Confondu, Perrier regarda son partenaire comme s'il le découvrait pour la première fois. Un père attentif assurément. Marié, c'était certain. Courtois avec sa femme sans être trop empressé. Aimant la douce quiétude d'un logis chaleureux. Point faible. Point faible ? Il glissa subrepticement sur l'estomac un tantinet replet de son interlocuteur et retint un sourire. Point faible : les plaisirs de la table indubitablement et l'attrait du bon vin. De ceux bouchés depuis des décennies qui mûrissaient dans le secret des caves, bien à l'abri des regards.

— Non, simplement l'expression élémentaire d'une éducation cévenole sobre et sans faille, rétorqua le jeune médecin en inclinant légèrement la tête, comme pour remercier.

— Protestant ?

— De lignée, mais pas de conviction. Je suis libre penseur.

— Républicain ?

— Il va de soi !

— Radicaliste ?

— Comment l'avez-vous deviné ?

Dans un signe d'acquiescement, Lacassagne lui tendit un verre d'eau.

— Le milieu scientifique de cette fin de siècle a besoin de renouveau. Je vous vois un brillant avenir, mon très cher ami !

— Si tel est le cas, cette réussite, je vous la devrai.

— Je vous aiderai en cela du mieux que je pourrai.

— Et je vous en remercie par avance.

La main du bien quitta celle du mal et cette dernière s'en alla élégamment virevolter afin de se saisir du verre d'eau proposé.

— Gaucher ? Je n'avais pas remarqué.

— Diable, non ! Ma mère ne s'en serait pas remise...

Il eut une mimique facétieuse puis poursuivit :

— Et, dans ce second temps abordé, que devrais-je faire pour vous complaire ?

Devant le refus de boire de son interlocuteur, Lacassagne avait renoncé à se servir de l'alcool. Cet individu plus que particulier entraînait décidément ses congénères à bien de la retenue ! Il en fut ravi.

Fils de restaurateurs du Quercy – c'était tout dire –, il n'avait pas été fâché d'ouvrir ses papilles à cette cuisine lyonnaise qui n'avait rien à envier à la luxuriance de celle du Sud-Ouest. Toutefois, maintenant, à l'âge de bientôt pouvoir marier sa fille, il en payait douloureusement les effets !

Marier sa fille et bien la marier… Voilà assurément un sujet qui tenait à cœur à un homme établi, qui désirait choisir son gendre dans le but légitime d'asseoir la carrière de ce dernier. Il frisa une nouvelle fois sa moustache, signe que son voisin interpréta comme un tic, puis grommela soudain bougon :

— Mon second temps concerne cette fâcheuse affaire dont nous venons de dénouer les fils.

— Cette gamine avortée ?

— Oui…

— Quel rapport ?

Le professeur hésita.

— Aucun avec ma précédente demande, *a priori*. Toutefois, cette histoire éveille en moi un pressentiment étrange. Alors que nous avons réduit à néant un homme qui a tué en série durant de longues années, je n'aimerais pas que, par la faute des journaux qui mystifient ce genre de faits jusqu'à bâtir des légendes, croisse en nos sillons une graine d'ivraie.

— Le criminel-né… hum… professeur !

— Ne vous moquez pas ! Je hais plus que tout ces torchons à sensation qui abusent de la crédulité du petit peuple à travers des articles déplorablement mal écrits, mais sanguinolents, et des dessins d'une violence scandaleuse. Pensez à l'enfant qui voit ces premières pages dans la vitrine des boutiques et au vendeur de journaux qui, à longueur de temps, crie des infamies sur le trottoir !

— Seriez-vous plus janséniste qu'un parpaillot ? se moqua Félicien en décroisant puis recroisant ses jambes.

— Vous connaissez mon aphorisme préféré ? Le criminel est le *microbe* d'un milieu social *bouillon de culture.*

— ... et ce microbe se développe hardiment au gré de l'infection du bouillon. C'est ce que vous craignez ?

— Tout à fait ! Pour moi, la société est composée d'individus dont les systèmes nerveux n'ont pas évolué de la même manière. Quel avenir pour ce petit vendeur de journaux devant se débrouiller seul dans la rue et annonçant des meurtres à longueur de journée sur le trottoir des villes ?

— Vous pensez qu'il pourrait y avoir interaction entre ce gamin et son milieu de vie... c'est bien ça ?

— Oui. Ce gamin est perdu.

— Comme vous y allez ! Peut-être deviendra-t-il médecin... tout comme moi !

— Père médecin, mère aimante, couple équilibré issu d'une tradition solide. Croyez-vous que votre destinée ait pu être autre ? que votre chemin n'ait pas été prédéterminé ?

Perrier frissonna et retint un rictus nerveux.

— Peut-être… ou peut-être pas… Mais alors, que faire pour que le petit marchand de journaux de votre histoire ne finisse pas sur les bancs d'accusation tel qu'un Vacher ?

— Changer les choses, sacrebleu !

— Changer les choses ?

— Oui ! Prendre des mesures afin que ces enfants abandonnés soient recueillis dans des structures. Interdire le récit des crimes. Lutter contre l'alcoolisme, l'opium qui gagne le peuple, réglementer la prostitution. Proscrire les exécutions publiques qui attirent les foules et attisent le goût du sang. Éduquer… éduquer… éduquer… toujours éduquer, que diable ! Il est possible de fortifier un cerveau malléable par des travaux que je dirais *intellectuels*. J'en ai la certitude ! Le livre peut éradiquer le crime !

Épuisé par cette plaidoirie impromptue, Lacassagne se rassit lourdement. Ces sujets le touchaient tant et il y mettait tant d'énergie, qu'il avait parfois le curieux sentiment de s'époumoner pour rien.

— Et le rapport avec la fille avortée ?

Il sursauta.

— Trouvez-moi le coupable.

— Carrément !

— Carrément… Je vous en sens capable. Je ne veux pas d'une nouvelle histoire alors que celle de Vacher émeut encore les foules. Voyez ce que j'ai reçu. Un article de Thomas Grimm, en date du 26 décembre dernier, en première page dans *Le Petit Journal*. Il aborde le thème de la criminalité récidivante. Tout cela n'est pas bon ! Le crime appelle le crime.

Et pour confirmer ses dires, il extirpa une publication soigneusement pliée contre l'accoudoir de son fauteuil, et la lui brandit sous le nez.

— Jusqu'à présent, nos prédécesseurs n'étaient que les collaborateurs serviles des magistrats qui les tenaient à leurs bottes et faisaient dire à la science ce que la Justice avait bien envie d'entendre. Des procureurs de procureurs ! Montrez-moi toutes les possibilités de ce que je soutiens... ou à défaut ses limites. Personne n'a encore mis en place sur le terrain tous les points que j'enseigne. Voyons si cela peut nous aider à réellement combattre la criminalité !

— Mais pourquoi ne pas travailler main dans la main avec les services de l'Ordre plutôt qu'avec la Justice ?

— Parce que leurs méthodes étouffent sous la bêtise et que je serai mort d'ici à ce qu'une instruction puisse être faite en appliquant la technique scientifique. Allez expliquer à un commissaire que vous pouvez résoudre une affaire de meurtre en regardant l'intérieur d'un corps ou en analysant les insectes qui sont sur le cadavre... il vous rira au nez !

— Toutefois, je maintiens... je ne suis pas policier ! objecta le jeune praticien.

— Mais vous êtes un fin médecin légiste, vous dis-je ! C'est encore mieux !

4

Irina Bergovski expliquait à qui voulait l'entendre, avec un accent délicieux au demeurant, qu'elle était venue en France sur les dignes traces de sa compatriote, Maria Sklodowska, devenue Marie Curie, et cela, afin de faire carrière, de devenir célèbre et de marquer l'Histoire.

Mais Paris était une ville beaucoup trop grande pour une fille née polonaise, et la science une discipline beaucoup trop pointue pour une âme fantasque. Comment avait-elle atterri à Lyon ? Elle ne pouvait vraiment le dire. Une connaissance d'un ami qui avait un ami… ou une connaissance peut-être. Ce qu'elle avait relevé, c'était que la personne recherchée devait savoir écrire et ne pas avoir froid aux yeux.

Irina savait écrire et ce n'était pas le froid qui pouvait inquiéter une fille de l'Est ! Ce jour-là, après un périple en train, elle s'était présentée à son entretien d'embauche vêtue d'un pantalon trop large et d'une simple chemise d'homme, alors qu'au-dehors la neige tombait. Elle ressemblait à un Titi parisien ! Son futur chef l'avait dévisagé sans un mot.

— *Mou* ami a dit, avait-elle expliqué, que je ne devais pas *moutrer* que je craignais le *froad*… mais j'ai *paus coupris pourquoua oux cyeux*.

Sa naïveté et l'intonation qu'elle donnait à ses phrases avaient fait éclater de rire son interlocuteur qui n'était pas un mauvais bougre. C'était ainsi qu'Irina, la jeune Polonaise, s'était retrouvée à la pige pour l'un des principaux journaux de la ville, *Le Progrès de Lyon*. Elle était dotée de plus d'une agréable chambre de bonne située dans l'immeuble même où son employeur louait un grand appartement avec sa famille, rue Bourgchanin[1].

— Et couvrez-vous dorénavant si vous ne voulez pas avoir des problèmes, lui avait-il conseillé avec bonhomie.

Depuis, Irina courait les histoires à la petite semaine, certaine que très bientôt son heure sonnerait et qu'elle deviendrait célèbre.

— *Tou* as quelque *chôse pou moa* ?

Le *tu* avait du *tou* et cela finissait d'assommer le pauvre garçon qui voyait dans cette femme la providence à l'état pur. Une espèce d'icône orthodoxe à épingler au panthéon de ses fantasmes.

— Une fille de classe moyenne que quelqu'un a éventrée afin d'en retirer l'avorton.

— *Tou plaissantes ?*

Bernard Lecuyer ne plaisantait pas. D'ailleurs, il ne plaisantait jamais. Ses procréateurs avaient dû oublier de lui transmettre cette aptitude. Pour ce jeune homme, agréable, mais timide, tout était caution à sérieux et d'autant plus la fougue qui le poussait vers Irina.

Lorsqu'il avait croisé son regard d'un bleu glacé des pays froids, son destin avait chaviré et avec lui ses illusions. Il venait, à l'en croire, de couper avec

1. Actuellement rue de Bellecordière.

un conventionnel étouffant et sans avenir, et avait décidé de s'obstiner dans ses choix en restant à Lyon.

Il buvait un verre dans un cabaret de la Guillotière, en face de l'Hôtel-Dieu. Elle y était serveuse. La pige ne payant pas assez, elle avait accepté ce travail peu gratifiant dans lequel son ego de femme libre en prenait un coup. Sentir des mains moites la frôler, voire la palper, à longueur de temps n'était que pour lui déplaire. De plus, comme elle ne couchait pas, ces rencontres n'arrondissaient même pas ses fins de mois difficiles : elle se refusait à pratiquer le cinquième quart[1] !

De son côté, le jeune médecin, à court d'argent, cherchait un emploi de journée en dehors de ses heures à l'hôpital et à la morgue. Elle avait vite fait de lui donner son tablier, le laissant devenir le maître d'un lieu dont elle ne pouvait, parce qu'elle était une femme, en être que l'esclave.

Lecuyer s'était donc mué en serveur, ce qui lui avait permis de continuer à fréquenter les cours de Lacassagne. Depuis, afin de la remercier de ce sacrifice qui était loin d'en être un pour elle, il l'alimentait de quelques faits divers glanés au gré de ses autopsies.

Irina n'aimait pas que l'on touche aux femmes, à plus forte raison à une jeune fille enceinte. Son compagnon ne lui en avait pas dit deux mots que déjà cette affaire devenait la sienne.

---

1. Temps de « loisir » que les ouvrières utilisaient pour la prostitution afin de gagner un peu plus (à savoir qu'une ouvrière gagnait moitié moins que son homologue masculin).

— *Allèz*, raconte ! *Jè voux* tout savoir !

Lecuyer se fit un peu prier. Il rabattit la longue mèche de cheveux d'un roux cuivré qui lui barrait le front à la manière des gandins – récente conquête capillaire liée à sa nouvelle vie – et fit semblant de curer sous ses ongles des saletés qui n'y étaient pas. De taille élancée, il gardait encore un visage poupin tout juste sorti de l'enfance, que les vicissitudes de l'existence n'avaient pas marqué de son sceau. Seuls ses yeux d'un marron tirant sur le vert, suivant le temps, affichaient une forme de tristesse qui, au final, convenait assez bien à son manque d'humour.

— Mon collègue Perrier... tu as déjà entendu parler de Perrier... je t'en ai parlé ? Hein ?

Il insistait.

— *Woui, tou* m'en *âs parlè... cè cè pètit hômme bassanè*, avec les *cheuveux longues. Lè protègè dè Lacâssagne.*

— N'exagérons rien ! Moi aussi je fais partie des élus.

— *Aloors cè toua* qui a *ouverte lè* ventre *oujourd'houi* ?

— Non, c'est lui, reconnut-il à contrecœur.

— *Tou vouas !*

— Cela ne prouve rien ! J'ai été choisi comme le second, devant faire, devant tout l'amphithéâtre, l'examen extérieur sur la table.

— Houm... *fèlicitasuons* !

— Je te remercie...

— *Woui*, mais *cè cè... mâchin Pèrrier...*

— Félicien... Félicien Perrier.

— *Woui*, cè *Fèlician Pèrrier*, qui *encoure oune fouas* a *maniè lè bisstouri* !

— Je l'admets. C'est vrai que cela me rend parfois jaloux... mais peut-être est-il plus apte que moi...

Elle prit un petit air suspicieux qui amena sur ses lèvres un sourire canaille.

— Mais dis-*moua*... quelle *admirassuon* ! *Tou* n'en serais pas oun *pètit* peu *ameureux dè tuon Fèlicien mâchin* ?

— Perrier... Félicien Perrier.

Soudain, Lecuyer rougit violemment en s'apercevant qu'elle le faisait marcher.

— Tu te moques de moi !

— Si *pau* !

— Oui, mais moi c'est toi que j'aime !

— Peine *perdoue* !

Elle se mit à rire à gorge déployée, troublant les passants qui la dévisagèrent. Comme d'habitude, elle portait un pantalon d'homme qu'elle complétait maintenant d'une veste et d'une redingote noire. Un long foulard rouge en laine enroulé autour de son cou à la Bruant complétait l'ensemble alors qu'un vieux feutre mou cachait son chignon strict qu'elle attachait bas... ce qui, dans les rues de cette bonne ville emplie d'un artifice très bourgeois, ne passait guère inaperçu.

— Nous allons *chèz toua* ou *chèz moua* ?

Cette phrase qui aurait pu résonner comme une invite n'en était malheureusement pas une. Elle souhaitait parler travail, seul mot dont elle paraissait bien cerner le sens dans la langue française.

— Chez moi, maugréa-t-il. Lorsque nous allons chez toi, j'ai toujours l'impression que les foudres du père Grobon, ton employeur, vont me tomber sur la tête et m'anéantir en un tas de cendres.

— *Què* veux-*tou*, il *mè* traite *cuomme sâ* fille.

— Sa fille ? À d'autres ! Il est jaloux comme un tigre, le vieux, ni plus ni moins.

— *Cè* plutôt *toua* qui es jaloux *dè* l'intérêt qu'il *mè pôôrte. Jè tè promèts* pourtant qu'il *âgit* avec *moua coomme oun père.*

— Un père... je suis sûr qu'il a des vues sur toi !

— *Outant què tuon Fèlician s'intèrèsse* à *toua*, persifla-t-elle en accélérant le pas.

Il faisait froid, ce qui, même pour une fille de l'Est, n'était pas des plus agréables. Une méchante bise soufflait le long du Rhône et de la Saône, se servant de leurs couloirs naturels pour y prendre de l'ampleur. Sous sa chemise blanche, Irina était transie. Heureusement, ils n'étaient plus loin de l'infâme chambre de Bernard.

Il la louait, pour quelques misérables francs, à un usurier qui profitait de la pauvreté des étudiants pour occuper un immeuble insalubre. Lyon était en train de changer, tout comme Paris sa grande sœur. Déjà, les bâtiments les plus anciens sombraient dans des nuages de poussière afin de laisser la place à de vastes artères. Une faculté de médecine avait vu le jour, rive gauche du Rhône, et il était question que la vieille morgue, verrue amarrée au quai avec de grosses chaînes, disparaisse enfin. Maintenant qu'une nouvelle église – bien que contestée – surveillait la ville d'en haut, il aurait été de bon ton que les façades s'illuminent aussi d'un peu plus de clarté ! Son maire, Antoine Gailleton, y tenait tout particulièrement.

Malheureusement pour lui, Lyon n'était pas la capitale, et ce qu'Haussmann avait entrepris en ouvrant de larges artères dans Paris ne serait jamais possible en cette cité de canuts, accrochée à ses collines comme un vieux chien à son os tout rongé.

Irina franchit le porche et traversa la traboule en masquant son nez sous son écharpe.

— *Lès* latrines *suont bouchèes* ? s'informa-t-elle en grimaçant.

— Il n'y a pas de latrines !

Depuis longtemps, les cabinets d'aisances, superposés les uns au-dessus des autres comme d'immondes protubérances sur toute la hauteur du mur de la cour intérieure, étaient saturés. Ils ne possédaient qu'un seul et même écoulement se perdant dans le Rhône et celui-ci, percé en certains points, laissait échapper sur sa longueur, le fiel de déjections compactées par le temps et l'absence d'entretien.

— *Coumment faitès*-vous *âlors* ?

Lecuyer rougit en confessant ce secret déplorable.

— Chacun fait dans son seau et, le matin, nous le vidons dans le fleuve.

— Ah ça !

À la mine de dégoût qu'elle eut, il n'argumenta pas plus.

C'était la première fois qu'elle venait chez lui... et la dernière, elle était prête à le jurer. En tombant sous la protection de son chef, elle avait eu beaucoup plus de chance que son collègue ! Bien que sa chambre ne soit pas chauffée, elle avait au moins des latrines en bon état de fonctionnement et une pompe à eau dans la cour !

— C'est au sixième... sous les toits.

Elle lui lança un regard de biais puis commença à grimper les étages de l'escalier grinçant comme une jeune chèvre capricieuse. Ici, l'odeur était bien pire et se mêlait à des relents de graillon et de sueurs corporelles d'individus mal lavés. Entre cette puanteur et la fréquentation d'un médecin légiste, voilà qu'elle était bien servie ! Elle eut un petit rire sous cape et fonça vers une porte vermoulue, sur laquelle une étiquette épinglée indiquait que l'occupant des lieux se nommait *Bernard Lecuyer.*

— *Tou nè* portes pas la *marièe* pour franchir *lè souil* ? plaisanta-t-elle alors que son ami se renfrognait. *Tou* n'es pas romantique !

Ce *tou* tueur, une nouvelle fois, transperça les tripes du jeune praticien au point qu'il en frémit de désir. Il y avait chez cette fille une inconscience qu'il avait du mal à cerner. Enfin, quoi ! Voilà qu'elle acceptait de se rendre à son domicile, hors de toutes les conventions, et demandait à être portée, telle une épousée, en passant la porte !

— N'en fais pas trop, Irina, murmura-t-il lamentablement d'un ton un peu trop rauque.

Elle le regarda une nouvelle fois de côté puis rit de lui sans se soucier de son visage qui se décomposait.

— *Tou nè mè* fais pas peur, grand dadais *què tou* es ! *Tou mè* fais penser à *cè* jeunes boucs qui veulent *jouèr* les *protectors* alors qu'ils n'ont *pâs* encore *dè* cornes... et aucun moyen de monter *sour* la *fèmelle*...

— Irina...

— Alors, *tou* ouvres ?

Elle s'impatientait.

— La porte ne ferme pas à clef... D'ailleurs, que pourrait-on voler chez moi sinon quelques vieux livres de médecine ? Je suis pauvre...

Elle eut un haussement d'épaules et entra. Bien qu'elle appréciât la compagnie de Bernard, il y avait chez lui des élans de résignation qui l'indisposaient. Car voilà bien un homme qui avait osé renoncer à une vie facile pour l'amour de la science et qui était toutefois capable de se plaindre de son état comme un miséreux subissant son existence de paria ! Une carrière fantastique s'ouvrirait certainement à lui dans les années à venir, aussi trouvait-elle de bien mauvais goût ses jérémiades de trimard né dans la boue.

— Bonjour !

Surprise, elle resta quelques secondes en arrêt devant l'inconnu qui, nonchalamment, occupait le pied du lit de son ami, affalé devant une revue avec des langueurs d'*Odalisque à l'esclave* de Dominique Ingres. Certes, la pièce était spartiate : un vieux lit étroit en fer, une armoire bancale, une commode surmontée d'un broc émaillé et d'une cuvette. Cependant, elle aurait pu être meublée dans un pur style napoléonien, surchargé à l'extrême de fadaises inutiles et de velours tendu, qu'elle n'aurait pourtant rien vu d'autre que lui !

— Bonjour.

Sans qu'il fût nécessaire qu'on le lui présentât, Irina reconnut immédiatement Félicien Perrier sous les traits du visiteur allongé. Elle eut un bref mouvement de recul involontaire qu'elle ne maîtrisa pas. Un peu comme si elle venait de se brûler à la flamme dansante d'un brasier intensément beau, mais dépourvu de chaleur. Malgré cela, et comme happé, son regard au mépris de toutes les convenances ne le quittait pas, aimanté par la force qui émanait de cet être pourtant étalé dans une pose insouciante. Elle en fut elle-même gênée, au désespoir d'apparaître transparente et prévisible, face à quelqu'un d'aussi charismatique et insondable.

Ce dernier toutefois, nullement embarrassé d'être découvert chez son voisin, avachi, chemise ouverte, dans une indolence quasi équivoque, se redressa lentement tout en détaillant la fille qui entrait. D'un coup d'œil acéré, il la jaugea et ne put retenir un demi-sourire étrange qu'Irina interpréta pour du mépris. Un peu gauchement, elle rajusta son gilet et rectifia son col comme si soudain elle eût voulu paraître féminine dans un accoutrement qui ne l'était pas.

— Beau gosse ! ironisa le jeune homme en étayant ses dires d'un sifflement aigu qui n'avait rien de raffiné.

Puis sans vergogne, il la passa en revue des pieds à la tête comme un maquignon à qui on aurait demandé d'estimer une jument. Assez grande, de toute façon plus que lui – c'était facile ! –, elle portait très bien l'habit masculin qui, loin de cacher ses hanches, les mettait bien plus en valeur qu'un quelconque corset qui l'aurait modelée à sa fantaisie, et non à celle de son corps.

— Vous vous appelez Irina Bergovski et êtes née à Varsovie, il y a... hum... vingt-quatre ans. Vous êtes venue en France pour fréquenter les bancs de la Sorbonne qui est ouverte aux femmes. Mais en fait, cela n'était qu'un leurre pour amadouer votre famille. Votre but inavoué est de devenir une des premières journalistes femelles capables de tenir le crachoir aux hommes. *Me trompé-je ?*

La jeune fille plissa les yeux pour masquer son trouble. Mais elle récupéra vite son aplomb, bien décidée à ne pas se laisser séduire par un discours de bonimenteur dont elle avait appris à déjouer les ficelles.

— L'âge... vingt-huit ans précisément. Mais votre appréciation a été faussée, je dois l'admettre, par une mauvaise information que j'ai donnée à votre ami qui vous l'aura retransmise telle quelle. J'ai une fâcheuse tendance à me rajeunir. Le propre de mon sexe, je suppose.

Félicien, surpris par l'effronterie de son interlocutrice, se leva tel un félin et s'approcha d'elle jusqu'à la regarder sous le nez.

— Menteuse en plus ! Transformiste, arriviste et menteuse... toutes les qualités !

Il sourit, puis prit tout aussi rapidement un air blasé.

— Mais je vous laisse ! soupira-t-il comme s'il se sentait soudain de trop. Je souhaitais raconter à mon ami la discussion que j'avais eue avec Lacassagne.

Mais comme je devine, chez lui, une irrépressible envie de répandre sa semence… je ne saurais vous importuner plus en retardant vos agapes bestiales sur lesquelles les détails que je recueillerai demain suffiront à… m'émouvoir…

Tout en rajustant sa chemise dans son pantalon, il hésita un peu puis, apparemment satisfait par avance de ce qu'il allait dire, il se rengorgea pour continuer :

— Nous aurions pu les partager à trois, comme nous le faisons couramment lorsque ce coquin de Bernard nous ramène une relation commune. Cela aurait pu être charmant… Toutefois, je dois reconnaître, à mon corps défendant, que je prise peu de coucher dès la première rencontre. Une éducation trop stricte, sans doute, et une certaine retenue qui m'oblige à une connaissance de l'être avant de passer à une pénétration de la chair ! Inversement proportionnel de l'autopsie, je l'admets ! Lorsque nous serons amis, à la rigueur… Sur ce…

D'un nouveau garde-à-vous, il signifia que cette fois-ci il prenait congé. Il confirma son dire avec un grand geste théâtral digne de Sarah Bernhardt, attitude qui étrangement permit à Irina de retrouver toute sa verve. Cet homme s'amusait, c'était flagrant, et ce n'était pas son assurance de dramaturge qui lui ôterait toute loquacité.

— Je comprends surtout, égocentrique que vous êtes, enchaîna-t-elle en quittant son manteau, que vous préférez vous sustenter de l'envol de vos paroles plutôt que du paroxysme orgasmique d'une petite mort.

Elle eut un rire caustique avant de poursuivre :

— La masturbation peut-être qui vous laisse seul avec vous-même... et encore masturbation mentale saurait suffire ! Votre substance est bien trop précieuse à vos yeux pour que vous la partagiez. Alors, de là à la gâcher ! Sur ce...

Et il eut droit à la même singerie, un brin rigide, et à une main qui se tendait.

Spectateur muet, Lecuyer n'avait pas quitté le pas de la porte. Il avait retenu, de cette joute verbale, le fait qu'il se vantait auprès de Perrier d'être l'amant d'Irina... et que cette dernière maintenant le savait ! Sans compter qu'elle allait croire qu'il aimait faire *ménage à trois* en partageant des femmes avec son collègue !

De ces deux calomnies, il ne savait plus trop laquelle le gênait le plus ! Rougissant, il aurait rêvé être une souris afin de disparaître au plus vite de cette scène où se jouait un surprenant spectacle dont le sens lui échappait.

— Vous maniez notre langue avec une maestria qui m'ébaudit, reprit Perrier soudain intéressé par cet olibrius tout à fait particulier.

— L'enseignement des sœurs françaises sans doute, auprès desquelles j'ai fait mes classes.

— Et sans accent ! ironisa-t-il en lançant un regard appuyé vers son ami qui s'empourpra de plus belle.

— Je le réserve aux inconnus... mais aussi à Bernard à qui mes défauts de prononciation feints procurent une jouissance qui me surprend, mais que je suis heureuse de lui offrir par pure... amitié.

Les yeux de Félicien naviguèrent de l'un à l'autre avec une lueur d'amusement.

— Je sais cela, belle Irina, je sais cela... Ce n'est pas à un vieux singe que l'on apprend à faire la grimace. J'ai, dans ce genre de rouerie, déjà quelques expériences.

Puis, abandonnant soudain toute idée de partir, il s'assit sur la seule chaise de la pièce et, croisant les jambes, s'informa du pourquoi de sa visite, si celle-ci n'était pas pour satisfaire de bas instincts.

— Tu es chez moi, fit remarquer modestement Lecuyer en sortant de sa réserve.

— Oui, je sais ! Mais ma chambre est humide et manque de lumière.

— Je disais surtout cela à propos de la question que tu viens de poser à Irina.

Le jeune médecin leva la tête vers lui et opina du chef.

— Je comprends, mon ami. Mais ce n'est pas parce que toi tu sais ce que cette belle innocente est venue faire entre ses murs, que moi je ne dois pas en connaître la raison ! Voyons, tu lui as promis des renseignements pour un article. C'est bien ça ? Et lorsqu'elle a naïvement accepté d'entrer ici, tu as échafaudé un plan de dépravé. Tu t'es imaginé la renversant sur le lit au moment où elle se penchait vers toi pour t'écouter, lui ôter son pantalon et obtenir enfin ce dont tu rêves depuis le jour où, pour la première fois, tu as croisé son chemin.

— Tais-toi ! Il n'y a que toi pour avoir pareilles idées envers une jeune fille.

Il le contempla, goguenard.

— À la bonne heure! J'ai donc raison! Irina, tu vois ce à quoi ma présence t'a fait échapper? Grâce à moi, ton honneur est sauf... Tu permets, maintenant que je t'ai tirée des griffes de ce pervers, que nous nous tutoyions?

Il soupira et enchaîna sans attendre la réponse.

— Avec cela, l'idée de retirer un pantalon m'a émoustillé, non de non!

Sans un mot, Irina s'était laissé bercer par la pantomime du jeune médecin avec une admiration qui augmentait au fur et à mesure que le jeu devenait grotesque. Il y avait chez lui une exagération qui masquait une fêlure qui ne pouvait qu'interpeller. Le même besoin de se divertir. Le même besoin de se donner en spectacle. Alors qu'elle refusait de l'être, elle fut une nouvelle fois subjuguée.

— Ne t'inquiète pas pour moi, soupira-t-elle en souriant, j'ai des armes et je peux me défendre. De Bernard je n'ai rien à craindre, même si je connais la passion dévorante qu'il a pour ma personne et qu'il cache mal.

Lecuyer haussa les épaules, dépité.

— Ne vous gênez pas pour moi, je vous laisse, grommela-t-il en faisant mine de passer la porte. Lorsque vous en aurez fini tous les deux, venez me prévenir. Je serai chez toi, Félicien... où dans quelque bouge en train de satisfaire des penchants délictueux au-dessus desquels vous semblez être! À moins que...

Il posa un regard douloureux sur ses deux seuls amis réunis pour la première fois devant lui. Était-ce le début d'une idylle dont, en spectateur impuissant, il voyait se tisser la trame alors qu'il aurait voulu en être le protagoniste ?

— Non, ne pars pas !

Le ton soudain pressant de Félicien étonna Irina, qui les observa attentivement l'un après l'autre.

— J'étais venu te parler…, continua-t-il plus doucement.

Surpris par ce rappel inespéré, Bernard fit demi-tour et se plaqua dos contre la porte.

— Et tu souhaitais me dire quoi ? Fais vite, car dans une heure, je dois aller au boulot !

L'inflexion n'était même pas narquoise, le jeune homme ne savait pas faire. Plutôt âpre, comme touchée par une forme de désillusion.

— Moi aussi, je dois partir. J'accompagne Lacassagne à Belley. Je prends le train en sa compagnie.

— Rien que ça !

— Il veut que je rencontre Émile Fourquet afin que je comprenne la façon dont il travaille.

— Et pourquoi donc ?

— Pour que je puisse la mettre en pratique dans une affaire dont il m'a chargé tantôt.

— Lacassagne ? Une nouvelle autopsie qui te portera au firmament de la médecine légale ?

— Non, il ne faut pas rêver… plutôt… c'est très étrange… unc enquête.

— Une enquête, reprit aussitôt Irina, que le terme mettait en transes.

— Oui. Il veut que je retrouve le meurtrier de la gamine avortée.

Un silence se fit qu'Irina mit un long moment à interrompre.

— Comme c'est curieux, murmura-t-elle enfin, c'est exactement de la même histoire qu'avec Bernard nous devions parler... Tout cela m'intéresse beaucoup ! Je t'écoute !

Chapitre 3

Mardi 28 décembre 1897

1

Une aube froide d'hiver envahissait doucement la chambre, engluant les gestes, obligeant les mots à s'échapper à travers une auréole de fumée. Une couverture miteuse enroulée autour de lui, assis devant sa table sur son unique chaise, Bernard maugréait :

— Sérieusement, pourquoi vis-tu ici dans ce lieu immonde ?

— Mais pour ne pas te laisser, mon enfant…

— Arrête tes sornettes et dis-moi la vérité, Félicien. Tu n'es pas comme moi. Ta famille ne t'a pas coupé les vivres. Tu es plus âgé, plus installé. Tu as déjà exercé. Tu as de l'argent… Pourquoi, alors, vivre ici et dans ces conditions ?

Ce dernier l'avait rejoint, dès potron-minet, comme il aimait tant le faire, afin de lui raconter sa journée de la veille et les rencontres qu'il avait faites. Peu prévoyant, il en profitait toujours pour lui voler la chicorée que lui-même n'achetait pas, et que Bernard avait pourtant toutes les peines du monde à faire chauffer sur son réchaud à alcool.

— Peut-être suis-je pingre ? ironisa-t-il en portant une tasse en fer émaillé à sa bouche. Peut-être que ma vie n'est pas celle que je te raconte ? Peut-être suis-je un autre.

Un froid étrange parcourut l'échine de Bernard qui se leva vivement afin d'effacer son trouble.

— Tu sais que je ne prise pas la plaisanterie.

— Non, tu ne comprends pas la plaisanterie, nuance ! Ton cerveau conditionné n'arrive pas à refuser les informations que ton éducation y a incrustées. En voilà un beau sujet d'étude pour Lacassagne !

Alors que son collègue lui reprenait des mains la tasse brûlante, elle aussi en unique exemplaire, il poursuivit sur un ton professoral.

— Qu'avons-nous donc ici ?

Puis, se mettant à tourner autour de lui comme un sculpteur évaluant son travail ou un anthropologue découvrant un spécimen humain jusqu'alors inconnu, il enchaîna en fronçant les sourcils.

— Belle représentation d'un *Homo sapiens sapiens*, parfaitement bien conformé. Très grand. La tête altière relevant d'une lignée irréprochable sans consanguinité avérée. Bien pleine, de surcroît. Bien faite, ce qui ne gâche rien ! Bonne éducation laissant apparaître une forte propension à vouloir combattre le mal. Dents larges et bien plantées. Bouche suffisamment ouverte aux lèvres charnues permettant de supputer des aptitudes au baiser… glouton. Oui, osons le mot… glouton, le baiser !

— Félicien, cesse donc ton jeu stupide !

— Mon jeu ? Mais je suis médecin légiste versé dans l'anthropologie criminelle… alors, je t'étudie !

— Je ne suis pas un de tes patients !

— Non, il est vrai ! Tu n'es pas mort. Pas un assassin non plus, à ce qu'il me semble ? Enfin, je le présume ? Qu'y a-t-il dans ce cerveau complexe que tu me caches sous ces cheveux rouquins implantés de travers, et qui poussent en tous sens de manière irraisonnée ? Les cheveux du diable… Hum… L'intérieur serait-il à la mesure de cette tignasse épaisse et hirsute, saturée d'épis ?

Les cheveux de Bernard étaient pour lui un sujet de malaise et Félicien le savait bien.

— Laisse-moi !

— Je te laisse… d'ailleurs, tu m'ennuies.

— Non, ne pars pas !

— Ah ça ! Il faudrait savoir !

Penaud, Bernard le regardait tristement, comme le grand dadais qu'il était.

— Je crois que tu es la seule personne au monde qui arrive à m'émouvoir ! Pourtant, diantre ! qu'est-ce que tu me fatigues ! soupira son compagnon, la main sur la poignée, prêt à sortir.

— Je sais, je suis un poids pour tous. Au premier regard, Irina est tombée amoureuse de toi. Lacassagne te fait faire des autopsies, t'emmène à Belley et t'invite chez lui. Tu supportes de vivre au milieu des cancrelats en trouvant cela normal. Sans te plaindre. Alors que moi…

Félicien éclata d'un bon rire qui résonna entre les murs de la chambre.

— Fi de ces préceptes judéo-chrétiens qui poussent à la mortification. *Mortificare*. Tu désires peut-être un fouet ? Je dois bien avoir un outil semblable quelque part ! Si tu le souhaites, je peux aussi t'aider à te flageller. J'y trouverai, je pense, une sincère satisfaction. Non pas que je t'en veuille ! Loin de là ! Mais plutôt parce que l'action en elle-même pourrait être intéressante à mes sens et m'apporter quelque contentement. Mets-toi nu, que je creuse des sillons sanglants sur cette chair laiteuse. Ouille… Ouille… Ouille… Je sens déjà monter le plaisir ! Vite ! Grrrrr…

De ses doigts en crochet, il fit semblant de vouloir griffer son compagnon alors que son visage mimait l'extase, dans laquelle l'acte était censé le plonger. Bernard, tout en reculant, eut tout de même un sourire.

— À la bonne heure ! Voilà que j'arrive à mettre un simulacre d'insouciance sur ta figure de cul-bénit ! Rappelle-moi de t'emmener lors de ma prochaine excursion au royaume de Siam. Je te ferai découvrir l'art de tirer sur le bambou, histoire d'ouvrir un peu les méandres resserrés de ton esprit borné.

— Comment ! Parce que tu fumes l'opium ? s'écria horrifié son compagnon que cette révélation accablait.

— Je fume ! Quel grand mot ! J'aime quelquefois partir en voyage afin d'explorer les contrées lointaines de mon cerveau. Cela m'aide à trouver la voie royale de ma pensée lucide.

Dépité, Bernard hocha la tête.

— Arrête ton air de chien battu, reprit Félicien. Je n'aime pas les chiens ! Ils ne sont que l'expression de leur maître, la servilité en plus !

Puis, tout en grommelant, il finit par ouvrir définitivement la porte.

— J'étais venu t'entretenir de ma rencontre avec le juge d'instruction Fourquet, un grand homme, et de mon périple à Belley en présence de notre cher professeur, mais voilà que tu m'as parlé chiffons ! Pff... non, vraiment ! Je crois que je te prête trop d'attention.

Il allait sortir lorsqu'il tomba nez à nez avec une Irina un peu essoufflée qui, les joues rouges, s'apprêtait à entrer. Son chignon strict était défait et des mèches folles d'un blond de miel s'échappaient de sous son chapeau. Visiblement, elle avait couru.

— Oh, là ! glapit Félicien en l'interceptant comme il l'aurait fait pour un animal emballé. Que nous vaut cette visite matinale à l'heure où les jeunes dames n'en sont qu'aux prémices de leur toilette ?

— Arrête ton char, Ben Hur ! Le temps presse !

— Le temps presse ? Et pourquoi donc ?

Elle le dévisagea rapidement. Il était fatigué et de larges cernes creusaient son regard déjà noir. De plus, sa peau était jaunâtre et tendue, signe qu'il n'avait que peu dormi. Quant à ses pupilles... hum... elle ne connaissait que trop ce genre de pupilles rétrécies[1]. Toutefois, il voulait donner le change et en cela il l'amusait.

---

1. L'opium provoque un myosis (rétrécissement) de la pupille, contrairement à la plupart des autres drogues.

— Tu fais trop de folies de ton corps, persifla-t-elle en le poussant pour entrer.

— Et toi pas assez… Tu as une énergie qu'il te faudrait peut-être distiller en d'autres activités délassantes. Sais-tu qu'une étude très officielle de nos amis britons a conclu que faire l'amour pouvait s'avérer bénéfique pour le cœur. Vois-tu le lien ? Cœur… cœur… c'est amusant, n'est-ce pas ?

— En effet. Je songerais aux ébats, je te le promets, lorsque le travail que j'ai en cours sera terminé.

— Travail en cours ?

— Tu as oublié ton enquête que peu auparavant Bernard avait déjà faite mienne ?

— C'est juste ! Et qu'avons-nous ?

— Une seconde morte…

— Que dis-tu ?

— Une seconde morte !

Perfide, elle eut un sourire grivois.

— Bon médecin que tu es, tu devrais savoir qu'il y a certaines pratiques qui rendent les hommes… sourds.

Et elle éclata de rire tout en enlevant son chapeau. Un désordre flagrant s'échappa alors du couvre-chef, laissant Bernard un peu pantelant à la vue de ce spectacle presque intime.

— Où caches-tu ton miroir ? demanda-t-elle à ce dernier en lui plantant un rapide baiser sur la joue. Je suis sûre que tu as un miroir.

D'un geste lent, il lui indiqua la porte d'une penderie branlante qu'elle ouvrit. À l'intérieur, un morceau de glace suspendu à une ficelle lui renvoya une image dévastée.

— Mon Dieu ! soupira-t-elle en relevant sa chevelure.

— Eh oui ! Ainsi tu ressembles à une femme.

Elle décocha un regard de tueur à Félicien, puis entreprit de dompter la masse qui lui descendait jusqu'aux reins.

— Mais comment fais-tu pour emprisonner tout cela ? s'inquiéta Bernard que cette parure dévoilée émoustillait.

— Je serre tout simplement.

Et joignant le geste à la parole, des épingles plein la bouche, elle remit promptement, en l'état d'origine, le chignon savamment tressé.

— Bien, maintenant nous pouvons y aller, soupira-t-elle en revissant son chapeau sur sa tête.

— Où ça ? demanda Lecuyer que toutes ces émotions perturbaient.

— Sur le lieu du meurtre, pardi ! Lacassagne a eu vent, par son réseau de mouchards, qu'une seconde victime avait été retrouvée par la police. Tuée dans des circonstances apparemment identiques à la première.

— Récidiviste ? glissa Perrier en avançant vers la fille.

— Il semblerait.

— Et comment en as-tu été informée ?

Les yeux plissés, il se faufila entre Irina et le miroir afin de capter son regard autrement que par son reflet. Pour toute réponse, elle eut un sourire frondeur qu'il trouva intéressant par le monceau de provocations qu'il véhiculait.

Cette femme était vraiment particulière et il lui faudrait mener son enquête de manière à percer tous les mystères de son existence.

— Assez joué ! soupira-t-elle soudain en le souffletant avec la feuille de papier pliée en quatre qu'elle venait de sortir de sa poche. J'ai ici un message de Lacassagne que j'ai intercepté, au bas de l'escalier, à un petit coursier avide de sensations.

— Intéressant. Et qu'as-tu fait pour qu'il te confie une lettre qui ne t'était pas destinée ?

— Je lui ai donné un baiser. Un simple baiser sur la joue. Je lui ai dit aussi que les étages étaient nombreux et les marches fatigantes pour monter jusqu'à vous. Il n'était pas bien vaillant. Mon argument a fini de le convaincre. Étrangement, l'adresse n'était pas la bonne, mais il paraissait sûr qu'il trouverait ici son destinataire.

— Vraiment ? s'amusa Félicien en lui arrachant des mains la lettre qui, peu de temps auparavant, avait servi à lui calotter les joues. Je dirai à Lacassagne qu'il change à l'avenir de coursier, poursuivit-il en prenant connaissance du contenu, car enfin la confiance que l'on peut accorder aux petites gens n'est vraiment plus ce qu'elle était.

2

Debout au milieu de son laboratoire, Lacassagne agitait au niveau de ses yeux une cornue dans laquelle un morceau de chair finissait de se déliter.

— Votre épouse ? demanda le jeune homme appuyé nonchalamment contre le mur du fond, un pied pointé croisé devant sa jambe gauche.

La fiole toujours entre les mains, le professeur eut un sursaut auquel le visiteur répondit par un geste en direction d'une photographie encadrée qui trônait sur le bureau, tout près d'un presse-papiers plus qu'étrange.

— Je parlais du portrait, se reprit-il dans un sourire.

La trentaine fringante, bien de sa personne, ce dernier portait un costume cintré très près du corps, qui semblait plus de mise pour des rendez-vous galants que pour œuvrer de bon matin dans un laboratoire de médecine légale. Il n'avait pas quitté ses gants taillés dans un cuir noir très fin et parfois, lorsque quelque chose attirait son attention, il glissait un monocle cerclé d'or à son œil droit, signe évident pour son entourage qu'il se concentrait sur le sujet. Ce fut d'ailleurs ce qu'il fit en se penchant vers le cliché.

— Non, ma mère, rectifia Lacassagne en posant son flacon sur un plateau de marbre où d'autres récipients attendaient déjà.

— Votre mère ? Fort belle femme. Et maintenant que vous me le dites, je retrouve en vous, en effet, un peu de ses traits.

— Nous sommes beaucoup plus les fils de nos mères que de nos pères.

— J'en conviens. La mienne s'appelait Marie et était issue d'une famille russe, juive de confession. Une femme remarquable… et pour la main qui retient votre courrier ? Celle de votre fille, peut-être ?

— Mon presse-papiers ? reprit le professeur sur le même ton léger. C'est en fait celle d'une morte que je trouvais fort belle. J'avais été touché par la grâce des attaches fines et l'harmonie parfaite entre les doigts et la paume. Aussi en avais-je demandé deux copies moulées d'après l'originale. L'une est ici et l'autre sert de heurtoir sur la porte d'entrée de ma maison de campagne à Villerest.

Quoique surpris, son visiteur ne laissa pas transparaître son trouble. Une trop bonne éducation, renforcée par un tact à toute épreuve, l'empêchait de juger quiconque surtout lorsqu'il s'agissait d'une sommité scientifique à l'esprit ouvert tel que l'était Lacassagne.

— Très bien ! Mais terminez vos expériences, je vous en prie. Je ne veux en aucun cas vous embarrasser, poursuivit-il en faisant mine de s'intéresser à autre chose.

Au vu de son attitude gênée, ce fut au tour de son interlocuteur de sourire.

Même si son invité portait sur lui tous les signes ostentatoires d'une jeunesse désœuvrée, il n'en était pas moins, malgré cela, un journaliste émérite avec lequel il avait plaisir à collaborer. Son regard s'attacha à la fleur en tissu blanc qui ornait le revers de sa jaquette et il ne put réprimer une lueur d'amusement en se demandant si celui-ci, vu l'heure matinale, sortait de chez lui vêtu *de pied en cap*, où s'il lui rendait visite après une nuit blanche sans s'être encore changé !

— Je terminais justement, précisa le médecin en détachant le grand tablier dans lequel il s'était enroulé.

— Et ?... Concluant ?

— Concluant, en effet ! Sans rompre le secret inhérent à ma charge, je crois pouvoir vous dire que, dans cette enquête qui nous occupe, la science aura sa part si nous parvenons à l'élucider.

— Vraiment ? J'en suis fort aise ! La société doit évoluer, aller de l'avant autant dans ses choix que dans ses mœurs. La recherche, en contribuant à sortir le monde de l'obscurantisme dans lequel il se complaît, aidera ce mouvement vers un modernisme salutaire.

— C'est certain. Surtout si nous gardons bien présent à l'esprit que de la connaissance viendra le salut. Avec un livre, nous éduquons l'enfant et sauvons l'homme. Et vous êtes là pour en témoigner, mon cher Raffalovich.

Le journaliste quitta son appui contre le mur et se rapprocha du bureau devant lequel Lacassagne s'était installé. Il entrouvrit son veston et sortit de sa poche intérieure une liasse de papiers pliés en deux qu'il déposa, en la lissant du plat de la main, à la vue du médecin.

— L'article que je viens vous remettre afin que vous le publiiez, comme convenu, dans les *Archives de l'anthropologie criminelle.* Il traite justement de ce souci d'éduquer, et de bien éduquer, notre jeunesse. J'y aborde le scandale des *public school* anglaises qui, en tenant les enfants qu'on leur confie dans un état sanitaire déplorable, en les affamant et en les faisant vivre dans la promiscuité et l'ignorance, encouragent l'unisexualité entre ces élèves livrés à eux-mêmes.

Continuellement interpellé par le sujet de l'éducation, le professeur frémit et tira à lui les feuillets remplis d'une petite écriture fine et élégante. Depuis quelque temps déjà, Marc-André Raffalovich collaborait avec lui dans le cadre de recherches sur l'homosexualité, son acceptation ou son rejet à travers les âges, ainsi que sur sa reconnaissance comme état pathologique, et non plus comme une déviance relevant du domaine du vice.

— J'ai essayé d'être le plus clair possible en dissociant l'inverti-né de l'inverti occasionnel et en montrant en quel point une éducation défaillante peut conduire à des erreurs comportementales qui n'ont rien de l'inné, mais tout de l'acquis. Le rapprochement entre le même sexe conduit souvent, comme chez les marins ou les prisonniers, à des attitudes qui ne découlent pas du congénital, mais bien d'un manque réel.

Lacassagne acquiesça en hochant la tête.

— Voilà bien un sujet qui sera caution à polémique, confirma-t-il en se tournant vers son interlocuteur. L'inverti-né devenant membre d'un groupe relevant de la pathologie et non du vice. De quoi détruire les idées préconçues de bon nombre de nos représentants du milieu médical !

Il avait pour ce jeune homme un profond respect. Après avoir fréquenté un peu trop assidûment l'entourage d'Oscar Wilde à Londres – son conjoint ayant prêté ses traits au personnage de Dorian Gray –, Raffalovich était en train d'amorcer un virage dans sa vie privée. De dandy délictueux, partagé entre la dépravation et la drogue, il devenait peu à peu un défenseur de pensées novatrices par lesquelles il souhaitait permettre une acceptation des homosexuels dans la société, comme des êtres intelligents et impliqués, et non plus comme des fantoches juste bons à se fourvoyer.

On racontait de lui qu'il venait de changer de religion, prônant maintenant une forme de chasteté et cela afin de prouver qu'un inverti pouvait prétendre aux mêmes idéaux et aux mêmes responsabilités que des hommes mariés.

— J'en serais fort aise, apprécia le journaliste dans un hochement de tête. Je vous laisse lire mon article et me dire ce que vous en pensez. Je dois rentrer, la nuit a été un peu longue. Malgré mes bonnes dispositions, j'ai encore du mal à ne pas me disperser dans des frivolités de couche-tard. De vieilles habitudes à combattre. Mais je m'y emploie activement, croyez-moi !

Dans un geste emphatique, il désigna son costume que Lacassagne avait trouvé peu approprié à l'heure matinale.

— Il faut bien que jeunesse se passe.

— Vous êtes trop indulgent avec moi, soupira l'homme en lui tendant la main afin de prendre congé.

— Mais non ! Vous n'êtes pas ordinaire, c'est certain, mais habité par une telle ferveur que je ne peux rester indifférent. Nous ferons donc comme à notre habitude. Vous revenez dans quelques jours afin que nous puissions préparer la publication.

— Cela me va !

3

Depuis son arrivée à l'asile, la vieille espérait la mort. Une fois la porte franchie, elle avait demandé à être lavée. Puis, revêtue d'une chemise blanche qui sentait la lavande, elle avait natté ses cheveux gris et s'était allongée entre les draps propres et frais du petit lit que la servante[1] lui avait attribué.

Et depuis, abrutie par les piqûres d'héroïne, elle attendait.

— Mère Prunet ?

Germaine Poulain sortit de son sac un vieux papier en lambeaux que la mourante devait traîner précieusement depuis qu'elle était à la rue, afin de ne pas perdre tout à fait son identité.

Elle lut :

Isabelle Prunet de Lalande.

Née en Avignon le 12 janvier 1836.

Fille d'Anselme Prunet de Lalande, médecin, et de Joséphine de Macherol, son épouse.

— Si c'est pas malheureux, avait murmuré une employée en découvrant ses origines, finir comme ça en ayant vu le jour au sein d'une famille bourgeoise !

— Mère Prunet ? Tu me reconnais ? demanda-t-elle en tutoyant la vieille.

Cette dernière ouvrit les yeux, mais ne sembla pas voir la personne qui lui parlait. Ses yeux restèrent

---

1. Nom donné aux assistantes des médecins. Le terme d'infirmière ne vint que plus tard.

dans le vague, leur bleu opacifié par la cataracte et l'approche de la mort.

— Tu ne te souviens pas de moi ? Vraiment ?

Le silence et l'absence de réaction qui suivirent la question firent naître un sourire sur le visage de la visiteuse. Celle-ci se redressa puis, tout aussi doucement qu'elle était venue, elle quitta le chevet de la patiente, sans un mot.

4

Le passage était étroit et malodorant. Malgré les voussures *Renaissance* qui composaient son plafond, la noirceur de l'endroit ne donnait vraiment pas envie de s'y engager.

Félicien l'arpenta rapidement. Le passage finissait, comme il l'avait prévu, sur une cour infâme dont la porte de sortie était définitivement close, condamnant, de ce fait, la traboule. Une odeur de poix nauséabonde l'assaillit, mêlée à des effluves de poisson avarié, non sans rappeler la colle que les chausseurs utilisaient pour fixer les semelles.

— Il y a quoi au fond ? lui demanda Irina lorsqu'il revint, transportant avec lui des relents écœurants.

— Simplement un cordonnier qui donne sur les quais de Saône. Pas de sortie possible ! J'ai vérifié, il n'a vu personne.

— Et ces autres logements dans la cour ?

— Des taudis habités par des familles nombreuses et dépenaillées ou des putains. Cette impasse en est l'entrée principale. Pas d'ouverture sur les côtés et l'arrière, seulement ces balcons.

— C'est infâme, soupira Bernard.

— Encore plus insalubre que ta chambre qui dispose d'une fenêtre ensoleillée sur la rue, non loin du fleuve, et dont tu te plaignais pourtant tantôt.

Lecuyer haussa les épaules et se pencha vers la gamine qui occupait toute son attention.

— Qui a trouvé le corps ?

— Une fille soumise qui tapinait dans le secteur. Elle rentrait dormir chez elle au petit matin, dans un de ces taudis de l'impasse, lorsqu'elle est tombée sur le cadavre près de l'escalier à vis.

Deux gardiens de la paix, dépêchés sur les lieux pour surveiller la dépouille en attendant son enlèvement, les observaient.

— Ainsi vous pouvez faire parler les macchabées, nous a-t-on dit ?

Bernard sourit, flatté d'attirer l'attention de la maréchaussée.

— Nous le pouvons plus ou moins.

— Pourtant, le propre d'un cadavre, c'est ben de se taire, se gaussa le plus jeune en tirant sur son uniforme afin qu'il ne suive pas les soubresauts joyeux de son corps.

— Oui, en effet, enchaîna le médecin, soudain gêné. Tenez, que voyez-vous là ?

— Une donzelle de mauvaise vie. Morte. À moitié nue.

— Mais encore ?

Le plus vieux des deux eut une moue dubitative.

— Ben, c'est tout... une gueuse, quoi! Une tapineuse qu'un client voulait pas payer. Une fille de rien. Une de moins à traîner dans les rues.

— C'est tout, en effet, pour un œil non entraîné à voir plus loin que le visible.

— Vous voulez dire que vous êtes un peu... sorcier? s'enquit son interlocuteur soudain méfiant.

— Non... non! Qu'allez-vous chercher là? Nous sommes...

— Aguerris. Voilà bien le mot qui convient, trancha Félicien en venant au secours de son ami. Aguerris! Savants d'une science nouvelle dont nous sommes les mandataires.

Ce propos ne parut pas convaincre les représentants de l'ordre qui toisèrent le groupe d'un air suspicieux.

— Et cela vous amènera à quoi?

— À découvrir qui est cette fille et qui l'a tuée.

— Et pourquoi ça?

— Eh bien, pour... que justice soit faite!

— Justice? Une justice pour les pauvres! Soit vous êtes des rêveurs, soit vous êtes des anarchistes. Et dans ce cas-là...

La menace se précisait, toutefois, Félicien en sourit.

— Ni l'un ni l'autre, messieurs! Je vous rassure. Et maintenant, si vous le voulez bien, laissez-nous faire notre devoir.

L'idée n'eut pas pour autant l'air de les enchanter.

— Et la demoiselle aussi est porteuse de pouvoir ? En pantalon pour singer les gars ? Ah ! Bien belle société que vous nous promettez là, messieurs les savants ! Avec des donzelles déguisées aux manœuvres et des cadavres bavards !

Comme personne ne répondait à la galéjade, les deux hommes se renfrognèrent dans un mutisme songeur, tout en croisant les bras. Ni l'un ni l'autre ne semblaient toutefois vouloir perdre une miette de ce qui se tramait devant leurs yeux, aussi ne bougèrent-ils pas d'un pouce, préférant encombrer la scène du crime plutôt que de déguerpir.

— Qu'avons-nous ? enchaîna Félicien à l'attention de Bernard toujours accroupi contre la dépouille. Dépêche-toi avant qu'ils ne l'enlèvent... Les policiers ont déjà tout piétiné, il ne manquerait plus que de se la faire faucher sous le nez !

Irina tenait le calepin et le crayon de bois. Il avait été convenu que, pour passer inaperçue, elle servirait de scribe et noterait les remarques de ses deux collègues. Cela lui avait déplu sur le moment, tant elle souhaitait agir et être dans le feu de l'action. Puis elle s'était résignée, admettant que, des trois, c'était elle qui écrivait le plus vite. Elle savait même dessiner ! De plus, elle avait encore beaucoup à apprendre en matière d'investigation !

— Zone du crime : trop de piétinements pour retirer des empreintes de pieds potables. Aucun indice probant laissé sur les lieux. Le corps en lui-même : cadavre de sexe féminin, recroquevillé en position quasi fœtale. Placés sur le côté gauche, les bras enserrent les genoux, fermant une chemise à fleurs.

— … un kimono. Il s'agit d'un kimono.

— Soit… retenant son kimono.

Jouer à Lacassagne n'était pas pour déplaire à Félicien, qui trouvait dans le commandement matière à réflexion. Lorsque son camarade parlait s'éveillait en lui la faculté de se concentrer. Tel un prêtre à confesse, il interceptait les mots pour en faire des idées qui, en chapelets précieux, glissaient dans son esprit afin d'être analysées, disséquées, interprétées. Empli de tout cela, il pouvait ensuite donner l'absolution.

— Tu ne dors pas assez, persifla Irina, prenant ses yeux clos pour un signe de fatigue alors que ce n'était que recueillement.

— Chut ! lui intima-t-il en joignant les mains. Et écoute…

Quoique goguenarde, elle ne put que sourire du geste et obéit.

— Je situerais la mort très tôt ce matin, enchaîna Bernard. Il est… neuf heures et la rigidité cadavérique commence à peine. Elle n'a pas encore atteint les membres inférieurs.

— La température du corps ?

— Heu… tu crois que je peux la prendre ?

Il disait cela par rapport aux deux hommes présents et qui ne manqueraient pas d'être choqués par le geste.

— Eh bien, oui ! Il faut la prendre, parbleu ! Irina, mets-toi devant moi afin de lui faire comme un paravent.

Celle-ci s'exécuta. Le médecin put alors glisser, sans être vu, le thermomètre pour la prise de température anale.

— Crénom, elle est froide, mais cela correspond à la température extérieure. Je confirme donc que le décès a eu lieu vers les quatre heures du matin, à n'en point douter.

— Cela me va !

— J'en suis bien aise ! Je continue… Les lividités cadavériques sont installées et les points de pression épargnés coïncident avec les points de pression du corps sur le sol. Cette fille est morte ici même sans aucun doute possible.

Félicien était heureux. L'équipe qu'il venait de constituer fonctionnait plutôt bien, preuve en était des relevés qui se passaient convenablement, et cela, malgré la présence des gardiens. Il se rengorgea fièrement, pensant à l'avenir que son mentor lui avait promis s'il savait choisir ses appuis. Déjà, il se voyait maître de chaire à la suite de Lacassagne. Épouserait-il sa fille, Jeanne ? Cette proposition l'amusait et il se rassurait en se disant qu'après tout, il ne serait pas le premier à se marier contre son goût. Il trouverait certainement les moyens, dans cette société bourgeoise construite sur le paraître et la bienséance, de biaiser tout ce beau monde avec intelligence.

— Pauvre gosse, soupira Irina en le tirant de ses pensées. Morte seule ici, par ce froid.

— Oui, quel triste sort que de finir dans un coin aussi sordide ! convint Bernard tout en continuant ses relevés.

Il passa une main rapide dans sa tignasse hirsute comme pour évacuer le flot d'émotions qui lui serraient soudain un peu trop la gorge, et poursuivit d'un ton qu'il voulut sérieux.

— Les cheveux sont longs, noirs, lisses et défaits. La peau est… la peau est bistre.

— Jaune.

— Pardon ?

— Jaune, reprit Irina. Ma parole, on dirait que tu n'as jamais vu de représentants des peuplades d'Asie ?

Bernard tiqua. Il n'en avait encore jamais vu, il devait l'admettre.

— Ces gens ne courent pas les rues ici, maugréa-t-il à son corps défendant.

— Il est vrai… On n'en trouve guère que dans les quelques fumeries d'o…

Sa voix resta en suspens alors que Félicien, mû par quelque mécanisme soudain, se ruait sur le cadavre que, sans ménagement, il retourna.

— Perrier, tu es devenu fou ? Tu vas totalement souiller la scène du crime !

— Bordel de Dieu, jura cependant ce dernier que l'invective de son collègue ne semblait pas atteindre.

Il avait dégagé le visage de la victime et il n'eut pas besoin de s'expliquer plus. Lecuyer venait de comprendre qu'il s'agissait d'une des filles de la fumerie que Félicien fréquentait.

— Tu en es sûr ? murmura-t-il sur le ton de la confidence.

— Certain !

— Il y fait sombre dans ces lieux.

— J'en suis certain, te dis-je !

Un silence se fit qu'Irina vint troubler afin de recevoir quelques éclaircissements.

— Pouvez-vous me dire ce qu'il se passe ?

Les deux hommes échangèrent un long regard que ni l'un ni l'autre ne souhaitaient expliquer.

— Rentrons ! ordonna Félicien soudain énervé. Les agents de la morgue vont arriver de toute façon ! Plus rien n'est à sa place. Tout est foutu !

Perturbée par ce brusque revirement, Irina se retint de demander : *à qui la faute ?* Elle se contenta toutefois de lorgner Félicien, qui déjà sortait de la traboule sans accorder un dernier coup d'œil à la dépouille dont le visage d'enfant, crispé dans un rictus émouvant, semblait maintenant implorer le ciel.

5

— Bon Dieu, mais qu'as-tu fait après ? demanda pour la troisième fois au moins ce pauvre Lecuyer qui cherchait à démêler les fils de la vie dissolue de son ami.

Ce qu'il avait fait après, Félicien aurait bien été en peine de l'expliquer à ce prude de Bernard qui n'avait de l'existence que la bienséance policée que ses parents avaient souhaité lui transmettre.

— Je ne sais pas... il était tard... enfin très tôt... je suis allé me coucher, je crois.

— Et avec qui t'es-tu couché ? risqua Irina qui, en tailleur au pied du lit, suçait son crayon, tout en réfléchissant.

Il lui retourna un regard mauvais qui ne la déstabilisa pas pour autant.

— Tu veux que nous t'aidions ou tu ne veux pas que nous t'aidions ?

Félicien soupira.

— Personne ne viendra me chercher des noises. Ils sont tous bien trop sots pour ça !

— Sauf si quelqu'un t'a remarqué dans la fumerie et peut te reconnaître. Tu nous vois, poursuivant nos investigations chez un tenancier de bastringue qui s'écrierait : « C'est lui ! C'est lui !... » Nous aurions belle figure en vérité !

— Pourquoi s'écrierait-il cela ?

— Parce qu'il t'aurait aperçu filer avec sa protégée pour une passe, pardi !

Le médecin haussa les épaules.

— Tu ne connais vraiment rien à ces lieux, persifla-t-il en toisant la jeune journaliste.

— Non, merci ! Dieu m'en préserve !

En deux mots discrets, lorsqu'ils avaient été hors de portée des oreilles des policiers, ses deux amis lui avaient expliqué, sans plus de détails, que Félicien avait déjà croisé cette fille à l'endroit où elle officiait.

— Laisse donc Dieu où il se trouve, reprit ce dernier. Il n'a, dans ce cas, rien à voir avec l'affaire. Sache, petite impudente, que la passe se fait directement dans les lieux. C'était son travail à elle.

— Tu veux dire que tu as... ?

— Il veut dire que la fille est comprise dans le prix, coupa Bernard en se servant un verre d'eau au cruchon. Aucune raison donc de sortir avec elle, alors qu'il a été possible, sur place, de profiter de ses faveurs.

— D'accord, je ne savais pas, admit-elle un peu dépitée. C'est comme un bordel ?

— Oui, un peu...

— Et cela se passe... devant tout le monde ?

Les deux amis se regardèrent en souriant. Il y avait encore chez cette fille, qui pourtant paraissait en connaître long sur la vie, une naïveté charmante qui désarmait.

— L'état du public ne pose pas problème, je te le promets. Je t'emmènerai un jour, tu verras...

— Ah, non !

La réponse avait été immédiate et fit rire ses voisins.

— Parce que des... femmes... y vont aussi ? reprit-elle avec plus de circonspection.

— Et pourquoi pas ? Je suis sûr que tu priserais leur savoir-faire.

Irina, choquée, hocha résolument la tête à la négative.

— Très peu pour moi ! grommela-t-elle en faisant mine de s'intéresser à ses notes.

— De toute façon, poursuivit Félicien en reprenant son sérieux, je suis prêt à parier que cette pauvre fille a subi un traitement identique à celui de la gamine qui a été découverte précédemment. Pas dans le même secteur, j'en conviens, mais les deux affaires me semblent liées. De ce fait, même si j'ai côtoyé la seconde victime, je ne connaissais pas la première. Je ne vois donc pas mon implication dans l'histoire.

— Tu es toutefois médecin, glissa perfidement la journaliste avec un clin d'œil.

— Ce qui veut dire ?

— Ce qui veut dire que, si je me rappelle bien les résultats de votre dernière autopsie, ces interventions barbares pourraient être l'œuvre d'un médecin.

— Ou d'un boucher...

— Ou d'une faiseuse d'anges rompue à la gynécologie, compléta Bernard.

Félicien, soudain suspicieux, dévisagea âprement Irina puis, l'air pincé, s'approcha d'elle en tournant comiquement la tête afin de la regarder dans les yeux.

— Tu veux dire que tu y étais ?

— Bien sûr ! Je n'aurais raté cela pour rien au monde ! Il faut bien que ma tenue de garçon me serve quelquefois.

Elle eut un sourire désarmant auquel Félicien ne se laissa pas prendre.

— Peste de la charogne ! marmonna-t-il en se rasseyant. Tu es pire que la lèpre et le choléra réunis.

La jeune femme prit la comparaison pour un compliment et agita son crayon avec des airs de maîtresse d'école.

— J'ai moi aussi mes informateurs.

Lecuyer, qui venait de comprendre, posa son verre en le faisant claquer sur la table.

— Tu veux dire que tu t'es moquée de moi. Lorsque je t'ai amené cette affaire, tu la connaissais déjà ?

— J'en avais eu vent... Ben quoi, en tant que femme, il faut que je défende ma part du gâteau.

Son regard bleu passa de l'un à l'autre de ses amis sans pour autant parvenir à les émouvoir.

— À vrai dire, reprit-elle plus doucement, je travaillais sur le sujet du droit à l'avortement afin d'en faire un article. Lorsque j'ai su qu'une autopsie publique, conduite par le grand Lacassagne, aurait lieu sur une victime ayant subi un avortement, j'ai couru à l'Hôtel-Dieu, vous le pensez bien !

— Tu t'es bien moquée de nous, je confirme ! aboya Bernard en cherchant à se souvenir des gestes qu'il avait eus et qu'Irina avait pu observer d'un banc de l'amphithéâtre.

Il en fut aussitôt gêné.

— Jamais de la vie ! Je faisais mon métier.

— Et tu es restée jusqu'à la fin ?

— Ma foi, oui ! Je n'aurais surtout pas voulu manquer l'autopsie de Félicien ! Et je ne suis pas de ces blancs-becs qui régurgitent lorsque Bernard renifle le sexe avarié d'un cadavre !

Savoir que la femme qu'il convoitait tant avait assisté à cette scène mit le jeune médecin encore plus mal à l'aise. En même temps, il comprenait pourquoi Irina avait pu décrire avec précision son collègue Perrier, sans toutefois l'avoir rencontré.

Contente de son effet, la journaliste n'en oubliait pas pour autant l'enquête qu'ils devaient élucider ensemble. Elle les rappela à l'ordre alors que Lecuyer, droit comme un I, rongeait son frein en hurlant, en son for intérieur, à la trahison.

— Je ne sais pas si vous voyez où nous en sommes, messieurs... mais, si Félicien dit vrai, nous avons affaire, ni plus ni moins, à un récidiviste confirmé.

Sa sentence fit l'effet d'une bombe lâchée en pleine assemblée par un anarchiste.

— Exactement ce que Lacassagne redoutait, murmura Félicien en saisissant soudain la gravité de la situation. Il avait compris. Il savait bien, à travers nos résultats, que le meurtrier ne s'arrêterait pas là.

— Soit ! Mais que faisons-nous maintenant ?

— Nous allons mettre en commun nos relevés et les comparer afin d'établir les différents aspects de notre tueur.

— Un peu comme si je crayonnais son profil en écoutant la description que vous m'en feriez, ironisa la jeune femme en tournant les pages de son bloc. À défaut de profil, j'ai, si vous le souhaitez, un croquis du corps lorsque nous l'avons trouvé.

Elle fit un clin d'œil aguicheur alors que ses deux acolytes se penchaient vers elle pour regarder ce qu'elle promettait.

— Tu dessines fichtrement bien, s'étonna Bernard en sifflant entre ses dents.

— Merci ! Je l'ai fait lorsque Félicien se remettait de ses émotions en découvrant qu'il connaissait la victime.

— Pas mal, en effet..., admit ce dernier en se renfrognant. Tu vas faire paraître ça dans ton torchon à sensation afin d'émoustiller la ménagère et de pousser l'enfant de la rue à la violence ?

Irina haussa les épaules.

— D'abord, je ne travaille pas pour un journal à sensation et ensuite, à t'écouter, il me semble que j'entends parler ton grand ami Lacassagne.

— Tu ne connais pas Lacassagne !

— Si... tu as oublié, j'étais à l'autopsie !

Elle éclata de rire et roula sur le lit afin d'échapper au jeune homme qui voulait l'attraper.

— On ne touche pas à Irina Bergovski ! se moqua-t-elle alors qu'elle se redressait hors de portée du médecin.

Celui-ci haussa les épaules et se rassit.

— En attendant, ton dessin est très représentatif, reprit Lecuyer désirant couper court à cette escarmouche futile. À défaut d'être publié, il nous servira certainement pour que nous nous souvenions de la scène.

Il hésita.

— En fait, pour le garder en mémoire, il faudrait... je ne sais pas... peut-être l'accrocher ?

— L'accrocher ! Quelle bonne idée !

Félicien fit la moue. Sans doute parce qu'il n'y avait pas pensé le premier, ou parce qu'il réfléchissait à autre chose en écoutant son collègue.

— Hier, vous savez que j'ai suivi Lacassagne à sa réunion à Belley ? J'y ai rencontré un homme intéressant. Un juge d'instruction. Émile Fourquet. C'est lui qui a eu l'idée de regrouper tous les crimes signalés en France correspondant à une mise en scène précise dont il avait établi les étapes. De cette manière, il a pu inculper Joseph Vacher. Il a une méthode assez extraordinaire pour se souvenir de tout et tout avoir sous la main.

— Laquelle ? interrogea Irina en se réinstallant au pied du lit.

— Il a rempli son bureau de tableaux noirs, comme ceux des écoles.

— Des tableaux… tableaux ?

— Oui, sur lesquels il écrit à la craie. Il en est entouré et, chaque fois qu'une nouvelle information lui parvient ou qu'il a besoin de garder une note, il l'épingle ou l'inscrit au choix !

— Singulier, en effet… Et il s'y retrouve ?

— Beaucoup plus qu'avec un cahier, il me semble ! Ou qu'avec des renseignements écrits sur des feuilles volantes traînant de part et d'autre d'un bureau.

— D'autant plus que chaque cahier est personnel, enchaîna Lecuyer, que l'idée enthousiasmait. Regarde Irina, tu avais croqué la position du corps de la fille de ce matin et nous ne le savions pas !

— Il est vrai, reconnut celle-ci. Un cahier est plus individuel. Moins…

— Il ne permet surtout pas de travailler à plusieurs sur le même sujet.

— Soit, je l'admets. Toutefois, messieurs, si cette façon de fonctionner vous chante, dites-moi où trouver ce matériel et surtout… où l'installer ?

La question était pertinente et rembrunit les fronts qui se plissèrent.

— N'oublions pas que nous n'avons aucune légalité, soupira Bernard en passant des doigts nerveux dans sa mèche.

— Oui… nous sommes, enfin je suis, plus précisément, seulement mandaté sans ordre officiel par Lacassagne qui souhaite que les idées qu'il nous enseigne soient mises en pratique afin d'en étudier les limites.

— Nous sommes, de plus, tous trois aussi fauchés que les blés après la moisson et dormons dans des taudis perchés sous les toits. Tu nous vois, montant des tableaux dans nos chambres à la barbe de nos propriétaires ?

— Nous pourrions utiliser la petite salle qui sert aux autopsies sur le bateau-morgue, proposa Félicien. Lacassagne la prend de moins en moins souvent et nous la céderait volontiers.

— Grands dieux, non ! s'insurgea Irina, que la présence des morts à ses côtés ne semblait pas réjouir. En plus, en été, l'air y est irrespirable et les vapeurs putrides. Plutôt se réunir dans la rue que dans ce lieu macabre et malsain !

Ses deux collègues éclatèrent de rire devant tant de véhémence.

— Nous avons découvert la face cachée d'Irina, plaisanta Perrier, une jeune femme prude qui redoute que les cadavres viennent la hanter.

— Je n'ai pas dit cela, s'insurgea-t-elle, toutefois je confirme que leur présence me déplaît. Est-ce un mal ? Je ne suis pas vouée à leur ouvrir le ventre à longueur de temps, moi, messieurs !

Elle ponctua sa tirade d'un coup de menton arrogant qui les fit rire à nouveau.

— À la bonne heure, Irina a donc une âme, soupira Bernard, que les dernières paroles de la jeune femme rassuraient. J'en suis fort aise !

— Plaisantez tant que vous voulez sur moi, mais en attendant aucune idée constructive n'émane de vos nobles cerveaux !

C'était le cas, en effet.

— Je parlerai à Lacassagne et lui demanderai son avis, finit par trancher Félicien à bout d'arguments. Nous verrons bien ce qu'il en ressort…

6

Le bateau-morgue, sorte de rafiot brinquebalant construit en bois, n'avait de la morgue que l'idée que l'on voulait bien s'en faire. C'était en fait une bêche, ancien bateau-lavoir à fond plat d'où son nom de plate, où les Lyonnaises avaient l'habitude de venir laver leur linge dans le Rhône. Afin de le transformer en chambre mortuaire, une espèce de petite maison avait été bâtie sur l'embarcation. On l'avait ensuite amarrée solidement au quai avec des chaînes, face au dôme de l'Hôtel-Dieu, au niveau du pont de la Guillotière, trouvant que l'emplacement y était idéal.

Aucun moyen de ventilation mécanique digne de ce nom, sinon une porte à double battant comme ouverture et une coupole de verre sur le toit, cela afin de permettre aux visiteurs de détailler plus aisément les étranges patients des lieux. Pas de système de réfrigération non plus.

Alors que la nouvelle morgue de Paris possédait déjà une chambre froide capable d'engranger deux wagons de glace, celle de Lyon se contentait d'asperger ses clients d'eau provenant du fleuve et puisée par une pompe actionnée par une roue ! Pour le reste, on comptait sur le vent, les courants d'air et les brouillards du Rhône pour dissiper les miasmes et combattre les odeurs ! En été, on y crevait de chaud, baignant dans des effluves fétides de décomposition et de bois pourri rongé à l'os. En hiver, on y grelottait de froid au point que, certaines nuits, les macchabées gelaient.

Seul intérêt majeur, des trous dans le plancher permettaient de rincer commodément les liquides cadavériques.

Toutefois, revers de la médaille, par ces mêmes trous, d'énormes rats d'égout remontaient – au grand dam de l'intendant des lieux –, grignotant quelquefois là un orteil, là une main. La dépouille d'un nouveau-né, quelque peu faisandée après plusieurs jours plongé dans des latrines, avait complètement disparu en une nuit !

Pour lutter contre ce fléau, Monsieur Delaigue, le responsable qui habitait sur place, élevait des chats. Mais les chats, gros et gras, ne suffisaient pas à éliminer cette calamité malgré tous leurs efforts.

De son côté, Lacassagne passait son temps à hurler contre ce laisser-aller, mais rien ne bougeait. Et alors que la capitale pavoisait avec son ensemble de bâtiments flambant neufs, Lyon se contentait d'attendre que le bateau coule… ce qu'il ne tarderait pas de faire, disaient les sentencieux.

Pour l'instant, inondée fréquemment par les crues, desséchée par le vent, battue par les pluies, cette pauvre plate continuait de faire office de morgue à une ville en pleine expansion, malgré les moqueries et les plaintes des riverains qui, par les journées chaudes d'été, ne pouvaient pas aérer les maisons sous peine que pénètrent dans les logis des émanations fétides à vomir.

— Belle pièce, siffla l'employé en installant le cadavre qu'il venait de livrer sur une des dalles d'exposition. Finir ici, si jeune, si ce n'est pas dommage. C'est une gosse !

Du revers de la main, il glissa sur la peau lisse et ferme, arrondissant soudain ses doigts autour des seins minuscules pointant comme des pignons, prenant de la hardiesse en se perdant dans le sexe étroit à la pilosité d'un noir profond.

— Que fais-tu ? aboya un collègue en passant la tête par l'entrebâillement de la porte restée ouverte.

— Je tâte la marchandise, plaisanta le premier avec un regard lubrique. De toute façon, la donzelle n'y verra plus rien à redire. Elle n'est plus en position de se plaindre.

— Prends garde tout de même, sermonna l'autre en haussant les épaules, on y attrape de mauvaises maladies à fréquenter la chair faisandée… et puis ce n'est pas convenable.

— Convenable ? Ce n'est qu'une indigène sans âme et sans religion. En plus, y paraît que c'était une soumise, affirma-t-il en déboutonnant son pantalon. Personne ne m'en tiendra rigueur ! Et puis, elle est encore toute fraîche. Ce n'est pas si souvent. Autant en profiter ! Regarde un peu cette jeunesse !

— Si le vieux Delaigue te prend sur le fait, tu es fichu mon ami !

— Delaigue ? Il est sourd comme un pot ! Et à cette heure, il fait la sieste !

— Alors, si ce n'est de lui, méfie-toi d'une vague causée par le passage d'un bateau. Tu pourrais te retrouver, vite fait, le cul par-dessus tête !

Déjà en position, l'autre rigola alors que son collègue, ne voulant pas se faire complice d'un fait pourtant notoire en ce lieu, referma discrètement la porte, abandonnant ce dernier à sa besogne coupable.

— Grand bien te fasse, marmonna-t-il en tirant convenablement les rideaux sur le vestibule afin de masquer ce qui se passait. Moi, j'ai ce qu'il faut à la maison, alors ce que j'en dis...

7

Il était bien quatre heures à la montre gousset de Lecuyer lorsque les trois enquêteurs revinrent sur le lieu où avait été trouvé le second cadavre.

Peu de temps après leurs premières constatations, le corps avait été enlevé et conduit à la morgue où il attendrait maintenant l'autopsie et une éventuelle *reconnaissance* de la part d'un visiteur.

Toutefois, bien à l'avance, les deux médecins savaient pertinemment ce qui en serait déduit. Même ouverture sur l'abdomen, du plexus au pubis, laissant présager que, comme la première victime, on avait là aussi ôté un fœtus du ventre de cette fille.

— Morbleu, elle était enceinte..., avait murmuré Bernard en se souvenant que son ami l'avait croisé dans des activités qu'il jugeait indignes d'une femme portant un enfant.

Félicien avait haussé les épaules.

— Personne n'a rien vu. À croire que la gamine a été jetée du ciel par Dieu lui-même, tempêta Irina en revenant du fond de l'impasse.

— Je te l'avais bien dit que tu n'en tirerais rien, grommela Perrier en la rejoignant. Je n'avais moi-même rien pu obtenir ce matin ! Ces gens sont des sots tout juste bons à faire de la marmaille.

— Félicien... voyons !

Bernard avait sur l'espèce humaine un regard plus tendre que celui de son confrère qui ne se gênait pas pour fustiger la population, de quelque extraction qu'elle soit.

— Eh bien, quoi ! Cela pourrait être leur fille, leur femme, leur sœur... ils n'en ont cure et ne se délectent que de la fange poisseuse dans laquelle ils se vautrent.

Son appréciation douteuse sur les gens pauvres mit un sourire narquois sur les lèvres d'Irina qui se contenta, sans un mot, de l'observer de travers.

— Nous ne tirerons rien de cet endroit très fréquenté. La fille a été abandonnée là de nuit et a été retrouvée au matin dans l'indifférence générale.

— Pourtant, il a bien fallu l'amener en ce lieu ! Comment s'y prend celui qui dépose les corps ? se risqua la journaliste en regardant autour d'elle.

— C'est bien vrai ! Nous pouvons, de ce fait, exclure une femme, trancha Lecuyer en croisant les bras.

— Et pourquoi ça ? renchérit sa compagne comme s'il s'agissait soudain d'une affaire d'État.

— Parce qu'une femme ne saurait porter seule une fille agonisante afin de la laisser dans une impasse.

— Tiens donc ? Il y a des femmes fortes comme des Turcs et des hommes fragiles comme des gringalets. Je ne vois pas le rapport...

— Je disais ça pour...

— Tu disais ça bêtement, coupa Perrier, que cette joute inutile fatiguait. Irina a raison, nous ne pouvons exclure telle ou telle partie de la population. Nous ne sommes qu'aux prémices d'une enquête qui pour le moment nous laisse comme trois idiots au bord de la voie ferrée, en train de regarder passer un convoi de wagons. Si nous voulons devenir des *experts* dans cette nouvelle manière de mener l'investigation, il faut bien que nous nous gardions de sortir des phrases toutes faites ou d'avoir des idées préconçues.

Félicien fit une pause, ce qui lui permit de vérifier si son auditoire le suivait bien.

— En attendant, experts ou pas, nous sommes en plein dans la panade, mes chers amis, déclara Irina en débouchant de la traboule, et je pense qu'il serait bon que nous revisitions nos méthodes de recherche ! Ne croyez-vous pas ?

— Où vas-tu ?

— Dénicher une charrette à bras le long de la rue de la mercière, annonça-t-elle en avançant d'un pas décidé. Homme ou femme, j'imagine bien le meurtrier se servant de cet objet afin de se faciliter la tâche dans un quartier où les passages sont étroits.

— Morbleu, tu as raison ! admit Félicien en la rejoignant. Je n'y avais pas songé.

— Tu n'y avais pas songé, car tu ne regardes pas autour de toi ! Avec une petite charrette... ni vu ni connu !

— Une fois la charrette couverte par une bâche de toile et cachée sous des légumes ou d'autres denrées, l'excursion deviendrait plus aisée même de jour, renchérit Bernard, qui les avait rattrapés.

— Cela va de soi !

— Mais où repérer une charrette à bras au milieu de tous ces gens indifférents à notre quête ?

— Là... ou là...

Ponctuant sa réponse, Félicien, soudain facétieux, passait de l'une à l'autre des remises, trouvant à coup sûr ce qu'ils recherchaient dans chaque échoppe dont la porte était ouverte.

— L'idée est bonne, admit-il en entourant les épaules de la jeune fille, mais reste à découvrir le moyen de l'affiner !

Il rigola.

— Monsieur... oui, vous, monsieur !

Il venait d'interpeller un vieux bonhomme qui traversait la rue, désirant sans doute en faire le témoin de leur incompétence.

— Monsieur, je suis sûr que vous vous levez tôt… Aussi auriez-vous vu quelqu'un pousser une charrette à bras ce matin ?

Il s'amusait déjà de la réponse, imaginant la tête d'Irina.

L'homme les détailla. À les découvrir ainsi accoutrés, ils ressemblaient à de jeunes oisifs qui, pour passer le temps, voulaient rire des habitants du quartier. Il était prêt à les envoyer promener lorsqu'un souvenir traversa son esprit.

— Non, affirma-t-il le plus sérieusement possible. Par contre, j'ai bien vu une ambulance… un de ces chariots en bois fermés comme un caisson avec une croix rouge dessus. De *ceuces* qui ne laissent rien présager de bon lorsqu'on les aperçoit. J'ai su après qu'une femme était tombée de la fenêtre de son appartement. Suicide, qui *z'ont* dit. Même que ça m'a mis froid dans le dos, je vous le dis ! Paraît qu'elle a trépassé, la pauvre…

8

Rosalie resserra son châle de laine autour de ses épaules et, malgré son geste, grelotta de froid. C'était une fille simple, rompue au labeur depuis sa petite enfance, dure à la tâche et têtue lorsqu'il s'agissait de finir une pièce en commande.

Rosalie Ducas était *soyeuse*. Une *bistanclac-pan*[1]. Tout comme son père, sa mère, sa tante, ses frères et ses grands-parents avant elle. Toute une lignée de canuts penchée sur sa trame depuis des générations !

Elle habitait un appartement-atelier, sur la colline de la Croix-Rousse, celle qui travaille comme disaient les habitants, en opposition à la colline de Fourvière devenue celle qui prie. Un de ces logements hauts sous plafond qui avaient été construits au début du siècle afin d'accueillir les métiers à tisser à la tire qui demandaient de la place. Il fallait bien quatre mètres pour ces monstres assoiffés de lumière que l'on avait installés devant de grandes fenêtres.

La famille entière y vivait, vouée au fil de soie comme certains l'étaient à Dieu, présentant leur dévotion du matin jusqu'au soir, et cela depuis l'âge de se tenir debout à tirer ou à pousser les chaînes. De ce fait, si les lieux étaient ventilés, ce qui n'était pas le cas de tous les appartements ouvriers, les ouvertures permettaient aussi à la bise de s'infiltrer par tous les interstices. La température de la pièce principale, en hiver, dépassait rarement zéro ! Pour se réchauffer, il n'y avait que le fourneau à charbon installé à l'opposé afin de ne pas ternir les tissus en fabrication,

1. Bruit en quatre temps des métiers Jacquard au travail : *bis, tan, clac, pan !* Par la suite, l'expression devint un surnom : les bistanclaques.

et autour duquel il était de coutume de se serrer pour manger. Au-dessus, sur un simple plancher suspendu, se tenait la chambre, espace non cloisonné où s'alignaient des paillasses.

Maintenant qu'elle était devenue grande et ne pouvait plus se faufiler en dessous des métiers, comme elle le faisait enfant afin d'aider les tisseurs à passer les navettes, elle avait été placée dans une fabrique avoisinante et travaillait, tout comme sa tante Lise, sur un *Jacquard*. Les siens n'avaient pas de quoi s'offrir ce genre de luxe ; aussi ses parents continuaient-ils sur leur vieille bécane, secondés par sa grand-mère et ses jeunes frères.

Elle sourit tristement et appuya sa main contre son ventre tout en essayant de retrouver son chemin. La nuit, plus rien n'était pareil. Elle cherchait le 19 et était déjà au 9, signe qu'il fallait qu'elle remonte la rue en sens inverse afin de le trouver. Frigorifiée, elle soupira à l'idée de devoir à nouveau grimper la côte, cependant l'énergie du désespoir la poussait à avancer.

« Pourvu que le père ne sache rien ! »

C'était l'unique phrase qui tournait dans sa tête depuis qu'elle s'était rendu compte de son malheur.

Cela faisait quelque temps déjà – en fait le moment précis, elle ne le connaissait que trop bien – qu'elle n'aimait plus marcher seule le soir. Mais là, elle n'avait pu l'éviter. La personne qui l'avait reçue brièvement la veille avait dit vingt et une heures, alors elle n'avait pas discuté.

À y réfléchir, il fallait admettre que cette heure tardive l'arrangeait un peu tout de même, car à la maison tout le monde dormait, souhaitant économiser l'huile d'olive des lampes de travail, mais aussi engranger le plus de repos possible *à la meurte* saison, en prévision de l'été éreintant ! Elle avait donc pu se glisser sans souci hors de l'appartement familial afin de se rendre à son rendez-vous.

Son rendez-vous ! C'était un bien grand mot ! Oh ! Comme elle aurait aimé avoir un galant secret qui l'aime et la soutienne. Alors que là, son embarras, elle ne le devait même pas à l'amour !

Une larme coula sur sa joue au souvenir de cette soirée où, allant chercher son père et son grand-père au café de la Grande Rue où se réunissaient les anciens Voraces, ceux de la révolte des canuts, elle avait été tirée dans une traboule par un passant qui, promptement, l'avait entraînée dans le couloir. L'endroit sentait la pisse et la vinasse. Elle se rappela s'être raccrochée à ces odeurs connues pendant que, une main en bâillon sur sa bouche, son agresseur lui soulevait les jupes et la forçait. À la suite de cela, il lui avait retourné une taloche qui l'avait laissée inconsciente le temps qu'il se sauve.

C'était il y avait cinq mois exactement.

Par la suite, elle n'avait plus eu son sang, le guettant comme une visite heureuse que l'on attend. Mais en vain.

Afin de cacher sa faute dont elle se sentait coupable, elle avait dû tricher en faisant croire aux femmes de la maison qu'elle avait bien eu ses menstrues. Une souris égorgée avait fait l'affaire et personne ne s'était posé de questions en voyant sécher ses chiffons dans le grenier.

... Car elle avait honte... tellement honte !

Depuis cette histoire, même le Baptiste qui la tenait pour promise depuis leurs quinze ans, elle n'osait plus le fréquenter ! Alors qu'il lui avait fait des avances, trouvant que si près de convoler il était peut-être temps de consommer, elle les avait refusées et, pire, l'avait repoussé. Depuis, il la dévisageait froidement et certains disaient que, vexé d'avoir été éconduit, il regardait déjà ailleurs.

Elle trébucha sur un pavé disjoint et, dans la pénombre, manqua de percuter l'arrière d'un drôle de véhicule, sorte de caisse en bois sur laquelle était peinte une grosse croix rouge sur fond blanc. Les quelques réverbères à gaz étaient trop espacés dans ce quartier et elle avait failli ne pas la voir.

Un étrange personnage, vêtu comme un homme distingué, mais portant un chignon de femme caché sous un chapeau, discutait avec le cocher installé sur le siège avant. Non loin de là, un attroupement s'était formé autour des dernières marches d'un escalier. Un accident avait dû se produire, car une civière était posée au bord de la rue. Sans s'arrêter, Rosalie eut un hochement de tête en direction des gens vers la voiture et la plus jeune, celle bizarrement habillée, lui sourit. Honteuse, tant elle avait le sentiment que sa faute se lisait sur son visage, elle baissa les yeux. Mais en voulant accélérer le pas, elle trébucha à nouveau et se retint à l'écharpe de la passante, qui, surprise, la prit dans ses bras.

Elle sentait bon. Un mélange d'eau de rose et de savon. Une odeur de propre. Une odeur réconfortante qui lui fit du bien.

— Toutes mes excuses, m'dame, bafouilla-t-elle en rougissant.

L'inconnue n'eut toutefois pas le temps de lui répondre, car déjà Rosalie prenait ses jambes à son cou et s'enfuyait, le cœur palpitant, avant qu'on puisse lui demander quoi que ce soit.

Alors qu'elle approchait du numéro 19, elle se souvint de toutes les ruses qu'elle avait employées pour faire passer sa faute. Mais peine perdue ! Cet immonde avorton s'accrochait à elle comme une sangsue à une jambe ressortant d'une mare ! Elle avait fait mine de tomber dans les escaliers, avait couru jusqu'à ne plus avoir de souffle, avait refusé de dormir et de manger pour mieux s'exténuer, avait porté les plus lourdes charges, bu de la tisane de saule et de sauge mêlés, puis, pour finir, avait avalé un bon demi-litre d'huile d'olive des lampes afin de se donner la chiasse. Naïvement, elle pensait que si tout sortait de son corps, l'horrible chose qu'elle avait en dedans et qui ne voulait pas la quitter serait expulsé avec le reste !

Toutefois, rien n'y avait fait ! Alors, elle avait chapardé quelques francs par-ci par-là, était allée mettre au clou sa médaille de baptême en disant qu'elle l'avait perdue, puis s'était rendue à l'adresse indiquée sur un journal afin de solliciter les services d'une faiseuse d'anges comme il y en avait tant. Une de ces matrones qui, pour quelques sous, vous perçaient sans états d'âme avec une tringle à tisser, faisant vite et bien ce que la nature, de bonne grâce, vous avait refusé.

Elle l'avait trouvée au 19, montée de la Grande-Côte.

Elle y était.

Une douleur fulgurante lui traversa le ventre et elle se demanda si, enfin, elle n'allait pas poser *la chose* là ! Mais ce n'était que de l'angoisse et, alors que son malaise passait, jambes tremblantes, elle franchit la porte sans tirer la cloche, comme on le lui avait dit…

9

Félicien Perrier introduisit sa clef dans la grosse serrure de la porte. Celle-ci était cossue, ouvragée, aussi céda-t-elle facilement lorsque les deux tours furent faits. Doucement, le médecin poussa l'huis et se glissa dans la demeure.

À l'intérieur, la maison, spacieuse comme une résidence bourgeoise, sentait le croupi et la naphtaline, odeur qui prenait à la gorge et envahissait la tête dès les premières bouffées. Mais de cela, le jeune homme n'en avait cure. Il avança sans pour autant allumer les lampes à gaz qui jalonnaient le vestibule, large et vaste comme une pièce de réception. Il ne tenait pas à se faire remarquer par un passant.

Comme il connaissait les lieux par cœur, il glissa sur le marbre blanc du sol et bifurqua, tel un patineur, vers une porte étroite qui se cachait sous l'escalier entre deux tentures. Une nouvelle fois, il sortit de sa poche une clef qui vint à bout de la gâche, ce qui lui permit de se couler dans l'entrebâillement offert.

Derrière, des marches paraissaient dégringoler dans les méandres de la terre. Mais il n'en était rien et, très vite, Félicien déboucha dans une salle basse et suintante qui puait la décomposition.

Comme elle ne comportait pas d'ouverture, il alluma les lampes qui aussitôt distillèrent une lumière jaunâtre qui s'en alla danser sur la voûte du plafond. L'air fut immédiatement envahi par l'odeur caractéristique du gaz brûlé ce qui masqua un peu l'humidité nauséabonde qui régnait dans la cave.

Il sourit.

Devant lui, un éventaire de cornues et de fioles encombrait la longue desserte qui traversait la pièce pratiquement de part en part. Il en approcha, alluma un réchaud à alcool sur lequel il posa un récipient rempli d'eau, puis contourna la table afin d'atteindre un plateau de marbre blanc rainuré sur son pourtour et percé de trous à chaque coin. Dessous des seaux espéraient, gueules ouvertes, leur pitance comme une meute affamée qui sentait venir l'heure de l'hallali.

Sur la table, installé bien en vue, un corps attendait.

Après avoir quitté sa veste, il s'enroula dans un grand tablier puis, armé d'une scie, commença à détacher la main droite du bras du cadavre. Il travaillait vite et précisément comme s'il mettait déjà en place, dans son esprit, toutes les manipulations à faire pour l'étape suivante.

Une fois le membre découpé, il le plongea avec une pince dans un récipient où de l'eau bouillait. L'odeur qui envahit rapidement la salle devint intenable. Sans en être pour le moins incommodé, il continua sa besogne, agitant le morceau par petites saccades, l'immergeant puis le retirant jusqu'à ce que le résultat lui semble satisfaisant. Alors, toujours impassible, il le posa à l'intérieur d'une bassine en faïence et entreprit, à l'aide d'un scalpel, de détacher la peau des chairs rétractées par le début de cuisson.

La manœuvre n'était pas simple, car il fallait décoller l'épiderme sans toutefois l'endommager, ce qui aurait été fatal. Lorsqu'il eut atteint la limite des doigts, il pratiqua deux petites incisions de part et d'autre du poignet puis coula son propre pouce sous la paume afin d'exercer une pression avec son index. Silencieux, il retint son souffle et d'un geste précis, comme il l'avait vu faire pour les lapins, retourna la peau comme un gant. Celle-ci, ayant gardé suffisamment d'élasticité grâce à une immersion maîtrisée, accepta de suivre le mouvement et glissa sans difficulté de la main qui s'en trouva, de ce fait, dépecée.

Un sourire illumina le visage de Perrier alors qu'il déposait le résultat de sa manipulation soigneusement au creux d'un nouveau récipient propre et le saupoudrait de talc.

— Parfait ! marmonna-t-il, satisfait de son expérience.

Puis il s'essuya sur son tablier et étala devant lui des feuilles vierges ainsi qu'un tampon encreur. Prudemment, il y appuya son pouce, l'imbiba puis l'écrasa sur le papier, afin qu'apparaissent, en négatif, les minuscules stries qui formèrent aussitôt un dessin bien spécifique. Il fit de même avec ses quatre autres doigts.

Galton[1] appelait cela des empreintes et soutenait qu'elles étaient toutes différentes. Envisager qu'aucune de par le monde ne fût identique transportait Félicien de joie. Il trouvait cette idée particulièrement novatrice et regrettait que la police, engluée dans un principe d'aveu, ne veuille pas adopter cette méthode efficace qui permettrait de réduire l'erreur judiciaire... tout comme elle allait mettre à mal la carrière des voleurs et des criminels ! L'Argentine avait déjà établi une base de données afin de coincer les récidivistes, et il se racontait que Scotland Yard, en Angleterre, appliquant le système Henry déjà testé au Bengale par l'inspecteur du même nom, s'apprêtait à faire de même !

Il se nettoya à nouveau les mains puis saisit, avec d'infinies précautions, la peau qui ressemblait maintenant à un simple gant. Il la retourna et souffla comme il l'eût fait avec un ballon de baudruche afin qu'elle se tende parfaitement. Puis, tout doucement, il entreprit de se glisser à l'intérieur afin de prendre la place du membre qui, un peu avant, l'occupait.

Bien qu'il n'ait pas de grandes mains, la gangue, appartenant à l'origine à une femme, était un peu juste. Toutefois, et ce malgré le traitement, elle avait

1. Francis Galton (1822-1911) a été le premier à mettre en place le système des empreintes digitales.

conservé son élasticité. Aussi, contre toute attente, parvint-il à l'enfiler sans trop de mal.

Paré de son enveloppe, il passa ses doigts un long moment dans ses cheveux afin de graisser le derme soumis à rude épreuve. Il les appuya ensuite sur une plaque de verre qu'il posa sur un support, debout sur la tranche.

Dans le but de poursuivre son expérience, il alluma une bougie dont il laissa la flamme noircir un plat qu'il tint au-dessus. Lorsqu'il y eut de la suie en quantité suffisante, à l'aide d'un scalpel, il la gratta et la fit tomber dans un tube à essai. Puis il rajouta la même quantité d'amidon de pommes de terre qu'il conservait à l'abri de l'humidité, dans une boîte, sur une étagère. Il en fallait peu, c'est pourquoi il n'en fit glisser qu'une pincée. Ensuite, avec son pouce, il boucha l'éprouvette et la secoua vigoureusement pour que son mélange soit bien homogène. Il sourit, satisfait du résultat, et entreprit de vider doucement son contenu dans un petit pulvérisateur en cuivre qu'il referma.

L'instant était décisif aussi prit-il mille précautions pour ne pas rater son expérience. Il actionna le piston qui servait de pompe, tout en dirigeant son vaporisateur vers la plaque précédemment mise de côté. Une fine poudre s'échappa de l'embout et nimba la lame sans pour autant s'y accrocher. Elle demeura quelques secondes en suspension, tel un petit nuage de fumée, et lorsqu'elle se dissipa, seules restaient sur le verre cinq magnifiques traces papillaires, empreintes laissées par le bout des doigts de son gant de peau enfilé auparavant.

Un cri de satisfaction emplit le laboratoire alors qu'il se penchait vers ses précieuses marques afin d'en admirer tous les détails. Il coucha la plaque sur une feuille vierge, et apparurent tout à coup, en noir sur le papier blanc, les figures cutanées des doigts du cadavre qui avait servi à mener à bien son intervention. Il approcha les empreintes qu'il avait réalisées, à l'encre, de sa propre main et les compara à son second relevé. Aucune similitude, à l'œil nu, n'apparaissait!

Non seulement il venait de trouver comment relever facilement ces traces, mais en plus, par la même occasion, comment flouer ceux qui, plus tard, le feraient aussi, et cela en modifiant les siennes!

Une jubilation perfide illumina son regard alors qu'il se débarrassait de son étrange fourreau. Il se tourna vers un sac en toile de jute abandonné à même le sol, tout près de la table d'autopsie, et le lança dédaigneusement à l'intérieur. Maintenant qu'il savait comment procéder, il n'aurait plus qu'à renouveler, à volonté, l'expérience!

Chapitre 4

Mercredi 29 décembre 1897

1

— Mon Dieu, comme ça empeste !

— Tais-toi !

— Me taire ? Ça empeste, te dis-je ! grommela Irina en ajustant son éternelle écharpe rouge contre son nez.

Il avait fallu beaucoup de persévérance pour pousser la journaliste à franchir les portes à double battant du bateau-morgue. Sur la passerelle branlante déjà, elle rechignait, mais lorsqu'elle avait dû pénétrer dans le corridor, son sang n'avait fait qu'un tour. Cependant qu'une odeur infecte la prenait à la gorge, le spectacle des corps alignés derrière la vitrine lui avait soulevé le cœur.

— Je savais que cela se faisait et qu'il était dans l'obligation du citoyen de se rendre ici afin d'identifier les cadavres… mais je n'aurais jamais cru que c'était ainsi, avait-elle murmuré en reconnaissant leurs deux victimes au nombre des étranges patients du lieu.

— Vous n'êtes jamais venue ? s'était inquiété un vieillard bizarre à l'épaisse barbe blanche.

— Non, jamais, avait-elle avoué.

— Il est pourtant du devoir de tout un chacun…

Elle lui avait retourné un regard de travers qui ne cherchait même pas à cacher le fait qu'elle se demandait de quoi ce vieux-là se mêlait.

— Je sais pertinemment cela ! Mais si j'ai pu supporter la vue d'une autopsie, je dois cependant avouer que ces corps présentés aux yeux de tous, comme un spectacle… comment dire… cela me…

— … choque ?

— Oui, c'est certainement ça.

Son interlocuteur avait pris un air chagrin comme si son jugement pouvait le toucher plus que tout autre visiteur.

— Regardez cette pancarte : *« Si vous reconnaissez quelqu'un, merci de prévenir le gardien. »* Certes, je la comprends, mais elle me désespère ! Garder les vivants, je peux le concevoir, mais garder les morts !

L'homme avait souri tristement puis s'était incliné devant la jeune femme dans une révérence *Grand Siècle.*

— Jean Delaigue, gardien de cette morgue, s'était-il présenté en mimant un baisemain.

Le sang d'Irina, pour la seconde fois depuis sa montée sur le bateau, s'était figé.

— Notre éminent docteur Lacassagne m'a fait prévenir que vous feriez partie du groupe qui, durant quelque temps, s'installerait dans la petite salle d'autopsie pour y travailler. J'espère que vous y serez bien à votre aise.

Elle avait piteusement acquiescé en offrant un pauvre sourire au vieil homme qui l'observait d'un air sympathique, mais amusé.

— J'habite de ce côté-ci du bâtiment, avait-il précisé en montrant l'autre bord de la plate, si vous avez besoin de quoi que ce soit, je serai toujours là pour les amis de mon cher maître.

Puis il s'était éclipsé en trottinant, l'abandonnant sous les regards de ses collègues qui, connaissant déjà l'ancestral intendant du bateau-morgue, l'avaient tranquillement laissée commettre une bévue sans intervenir.

— C'est un homme charmant, avait confirmé Félicien en tapotant contre la vitre qui les séparait des cadavres. Un peu *vieille France*, mais tellement plein d'attentions ! Lacassagne dit de lui qu'il a un flair fantastique pour dater les noyés qui sont repêchés dans le Rhône et la Saône. Et il se trompe rarement ! Il raconte aussi qu'il mourra sur son bateau tant il fait corps avec lui !

Puis sans rien ajouter, il s'était dirigé vers la salle d'autopsie, qui à l'autre extrémité du rafiot, à droite, les attendait.

— Bon, nous sommes venus là pour bavasser, pour nous plaindre ou pour travailler ? s'informa Perrier.

— D'autant plus que j'ai le service de midi à faire aujourd'hui, soupira Bernard en découvrant l'aménagement spécialement mis en place pour eux.

Répondant à la demande matinale de son nouveau protégé dont il pensait sérieusement faire son disciple, voire son gendre, Alexandre Lacassagne avait fait installer, dans cette pièce, tout ce dont le petit groupe avait besoin. Satisfait, il aimait la tournure que prenait la démarche de Félicien, tout comme il prisait le fait qu'il se soit encanaillé avec le jeune Lecuyer – un étudiant prometteur lui aussi – afin de mener à bien son entreprise.

Le troisième larron, que des subalternes lui avaient décrit comme une féministe polonaise travaillant pour un journal local, l'enchantait moins, il fallait bien l'avouer. Homme du Sud, sans être pour autant contre l'ouverture des universités aux demoiselles, il appréciait toutefois l'idée que les femmes bien nées demeurent chez elles afin de gérer leur maison. Mais les temps changeaient ! Et s'il voyait d'un bon œil tout ce que la science avait de moderne, son intelligence lui interdisait de juger une fille désirant s'habiller comme un garçon et vivre librement… du moment que ce n'était pas sa fille Jeanne !

Au grand dam d'Irina, Lacassagne avait suivi la première idée de Félicien et avait porté son dévolu sur le bateau-morgue pour y accueillir ses *agents secrets*, comme il les appelait déjà en plaisantant. Cet endroit était sinistre et ne poussait, de ce fait, pas les visiteurs à s'y attarder. De plus, son titre de professeur de médecine légale à Lyon en faisait le propriétaire attesté des lieux. Il était donc de toute logique d'en user selon son bon vouloir, du moment que les recherches demandées allaient dans le sens de l'expertise judiciaire, dont il était aussi le représentant !

— Et si nous bouclons cette affaire avant la police, il se passera quoi ? avait questionné Félicien soucieux de ne pas se retrouver dans le champ visuel des officiels.

— Je ferai un rapport afin de démontrer haut et fort l'utilité incontestable de la véritable science dans la résolution des enquêtes criminelles. Rapport que je présenterai au ministre s'il le faut !

Lacassagne était convaincu, Félicien plus prudent. Il avait pour les choses de la justice une réticence qu'il ne pouvait néanmoins exposer à son nouveau patron.

— Soit ! avait-il dit en posant ses notes sur la vaste table d'autopsie qui allait lui servir de bureau.

Depuis, il s'installait.

— Tu t'habitueras à l'odeur, murmura gentiment Lecuyer en dégageant doucement le nez d'Irina de dessous son foulard. Tu vois bien, Delaigue habite ici depuis de nombreuses années et cela ne l'empêche pas de respirer, de manger, de dormir comme tout un chacun.

— On me paierait que je ne dormirais pas là !

— Mais ce n'est pas ce que nous te demandons, coupa Félicien sur un ton irrité. Passe-moi ton croquis que je l'accroche, et mets donc un peu de pommade au camphre sous tes narines !

Trois tableaux d'école sur trépied avaient été placés en triangle, ménageant un espace au centre duquel les comparses pouvaient se mouvoir aisément. Le jeune médecin se saisit du dessin et le suspendit à l'aide d'une épingle de couturière sur le rebord d'un des cadres.

— Voilà maintenant, nous pouvons le voir et garder en mémoire la position initiale du corps. Bien... qu'avons-nous donc pour faire avancer cette enquête ?

— Procédons par ordre, proposa Irina tout en recouvrant, de bien mauvaise grâce, ses esprits. Nous avons le premier cadavre...

— Inscrivons-le sous le numéro un sur ce tableau, enchaîna Félicien en prenant une craie.

La jeune femme acquiesça. Rompue aux investigations journalistiques, elle avait appris à trier ses informations afin d'en tirer un article.

— Qu'avons-nous sur elle ? poursuivit-elle. Bernard, tu as déjà fait ton rapport d'autopsie, il me semble.

— Peu de choses en définitive. Nous savons que la victime a seize ans environ et est de classe moyenne à supérieure. Artisan installé, commerçant...

— Nous le supposons seulement, intervint Félicien.

— Oui, mais notons-le tout de même afin de différencier les milieux. Je reprends. Elle a été découverte au bout de quatre jours au moins, abandonnée dans une ruelle attenante à la montée Saint-Barthélemy, sous le tas de gravats d'un immeuble en démolition... ce qui explique que le corps n'ait pas été vu tout de suite. C'est un chien qui, en grattant, a fait apparaître son visage. Son décès pourrait dater du 22 décembre environ.

— Je consigne tout cela, indiqua Félicien en écrivant ce qu'énumérait son collègue.

— Bien. Pas de viol. Pas de trace d'agression. La victime semble avoir été portée sur le lieu où on l'a trouvée. De plus, pas de coups ayant pu provoquer la mort.

— Cause du décès ? demanda Irina avec le plus grand sérieux, en étalant un peu de pommade au camphre au-dessus de sa lèvre supérieure.

Assise sur le rebord de la table d'autopsie, un pied au sol et l'autre dans le vide, elle avait décidé d'afficher une mine résolument énergique et serrait les dents pour renvoyer l'image de quelqu'un de déterminé. Pourtant, tout autour d'elle l'angoissait.

— Une intervention invasive et barbare ayant permis d'ôter un embryon, mais ayant laissé sciemment le placenta. Cela a entraîné une infection qui s'est propagée dans le sang, sang que la victime a d'ailleurs abondamment perdu au point que les muqueuses étaient claires.

— Écrivons de même que nous ne nous sommes pas rendus sur les lieux du décès. De ce fait, nous ne pouvons pas savoir si, sur place, il y avait des détails que nous aurions pu relever.

— Par contre, nous avons pratiqué l'autopsie.

— Soit.

— Rien d'autre pour cette victime-là ? demanda Irina en s'improvisant maître de séance.

— Pas vraiment, reconnut Félicien.

— Bien ! Et que préconisons-nous ?

Les deux médecins se concertèrent du regard puis Lecuyer trancha :

— Un article dans les journaux afin d'inciter une famille relativement aisée, n'ayant pas de nouvelles de leur fille, à venir voir le corps à la morgue. Tu peux nous faire ça, Irina ? Avec un petit portrait, peut-être ? Ce serait parfait !

Le visage de la jeune femme s'assombrit, alors qu'elle consentait de la tête, en imaginant une mère reconnaissant, derrière la vitrine, la dépouille nue de son enfant.

— Mon Dieu, comme cela doit être horrible, souffla-t-elle en donnant libre cours à sa pensée.

— Oui, en effet..., confirma Bernard en comprenant ce qu'elle voulait dire.

Félicien haussa les épaules. Les épanchements sentimentaux ne l'intéressaient guère. Ce qu'il souhaitait, c'était dénouer des fils qu'il aurait lui-même pu prendre un malin plaisir à emmêler.

— D'accord pour l'article ! trancha-t-il sans ménagement. Je note. Mais encore ?

— Ce serait bien de connaître, je pense, les familles qui se sont plaintes d'une disparition auprès d'un commissariat de quartier, par exemple... mais je crains fort...

— Ta crainte est justifiée ! Nous n'avons aucun pouvoir... Lacassagne a bien insisté là-dessus.

— Je comprends, soupira la jeune fille, alors je ne vois plus rien, pour ce cas présent, que d'attendre la publication de l'article, avec l'espoir que quelqu'un se manifeste et nous éclaire sur l'identité de notre première victime.

— Moi de même ! renchérit Lecuyer.

— Soit, reprit Perrier, passons au cas suivant. Puisque les deux meurtres sont liés.

Ils approuvèrent et changèrent de tableau.

— Déjà ce corps n'est pas celui d'une inconnue… puisque tu l'as rencontrée.

Le jeune médecin haussa les épaules en soupirant.

— Je ne connais pas son nom, poursuivit-il plus tranquillement, mais nous savons comment le trouver… enfin, je l'espère, car je crains fort que le genre de maison où elle travaillait ne tienne pas de registres !

— Nous pouvons tout de même y aller afin de nous renseigner.

— Tout à fait !

— Approximativement le même âge que la précédente victime, reprit Bernard.

— Deux cibles presque du même âge. Pouvons-nous avancer que notre meurtrier recherche de très jeunes filles ? glissa la journaliste.

— Enceintes, de surcroît !

— Enceintes, de surcroît…

Perrier fit une moue dubitative.

— L'âge n'est peut-être que le fruit d'une coïncidence. Statistiquement, nous ne pouvons encore rien définir sans une nouvelle preuve. Par contre, nous pouvons déjà affirmer que cet assassin-là n'a pas de physique prédisposé. Pas de milieu social non plus !… Et pas de lieux de crime puisqu'elles ont été retrouvées dans des quartiers différents.

— La première, ruelle de la punaise… quartier Saint-Paul à Fourvière. La seconde, rue Mercière… près des Cordeliers dans la presqu'île.

Un silence se fit.

— Ce qui nous oriente évidemment, en conclut Perrier, vers le seul lien possible… les secteurs attachés à la grossesse…

— … ou à l'interruption de grossesse.

Félicien, cette fois-ci, adressa un sourire à sa compagne.

— Disposer de notre corps, intervint cette féministe invétérée, nécessiterait d'être un droit, et non un péché ! Nous devrions pouvoir nous en arranger comme bon nous semble.

Elle ravala sa salive.

— Certes, la loi de 1810 appelant à une peine de déportation toute personne usant ou pratiquant des avortements n'est pas appliquée. Mais tout de même ! Dans quelles conditions cela est fait ? Au lieu de médicaliser l'acte en entourant la femme de tous les soins nécessaires, cette dernière en est encore à devoir mettre sa vie en danger… et cela pour combien de temps, je vous le demande ? On se croirait au Moyen Âge !

Les deux hommes se regardèrent, surpris. Même s'ils savaient que leur collègue avait étudié la question dans le but d'écrire un article, ils devaient bien avouer qu'en tant que médecins le sujet ne les avait jamais interpellés.

— Il suffit de ne pas être enceinte, glissa un peu bêtement Bernard.

— Et tu as des solutions ?

— Heu… oui… l'abstinence !

— Ou le saut en vol, persifla-t-elle sur un ton un peu amer.

Bernard baissa les yeux.

— Je n'ai pas une grande considération pour les femmes qui usent de ce genre de méthode pour ne pas procréer, marmonna-t-il un peu pour lui-même.

— Le saut en vol ? fustigea sa collègue.

— Non… tu sais bien ce que je veux dire… l'avortement…

— Ah ça ! Je t'imagine bien marié et obligé de contrôler les naissances de ta famille !

Ce dernier tiqua.

— Mes parents ont bien réussi. Nous ne sommes que trois. L'homme de bien doit avoir suffisamment de retenue pour respecter son épouse.

— En défoulant sa hargne sexuelle sur de pauvres soumises qui n'ont que leurs corps pour vivre ? persifla Irina en plissant les yeux de colère.

— Nous ne sommes pas des animaux, rétorqua le jeune homme. Nous pouvons aussi nous abstenir.

Elle le toisa de toute la hauteur qu'elle n'avait pas vraiment, comparée à lui, et lui lança un regard assassin.

— Vous abstenir ? Va raconter ça aux *grisettes* qui tapinent dès l'âge de douze ans en plus de leur journée à l'usine et aux *lorettes* qui supportent tous les vices que la bourgeoisie masculine renferme, tout cela parce que *môsieur* respecte *mâdame* ! Elles font comment, elles, tu te l'es déjà demandé, pour ne pas mettre au monde des bouches à nourrir, inutiles dans une société qui ne pourrait leur offrir que pauvreté ?

— Tu me parais bien au fait, railla Bernard en se gaussant.

— Et toi, tu me parais bien sot ! Ou hypocrite... c'est au choix !

— Je ne te permets pas ! Tu ne sais rien de moi !

— Oh, mais je ne veux rien en apprendre ! D'ailleurs, je vous laisse, grommela-t-elle en franchissant la porte. Tout pue ici !

En passant dans le vestibule, elle croisa le gardien qu'elle faillit bousculer tant elle était énervée.

— Quelque chose ne vous convient pas, mademoiselle ? s'informa-t-il en soulevant poliment sa casquette.

Son ton aimable l'irrita. Elle le trouva obséquieux et grommela un « Comment pouvez-vous rester là ? » qui surprit le vieil homme.

— Les vivants n'ont souvent aucun intérêt pour les morts, lui expliqua-t-il en la laissant sortir. Pourtant, que sommes-nous sinon des morts potentiels qui demanderont du respect ? J'aime mes morts, mademoiselle, si étonnant que cela puisse paraître. Ils m'apportent calme et circonspection. Ils m'aident surtout à comprendre la futilité de la vie et l'inanité des biens matériels. Nous ne sommes rien que de la chair prompte à se putréfier ! Alors, pourquoi tant de vilenies et de heurts dans le monde ? Pourquoi tant de cris et de violence ?

Sa tirade l'avait épuisé. Il s'excusa et retourna doucement vers sa cabine comme si de rien n'était, la laissant plantée là avec ses questions et ses angoisses.

2

L'air était froid. Humide et froid autour d'elle. Et l'obscurité angoissante comme une gangue de boue qui lui aurait obstrué les yeux.

Gémir. Gémir. Pour ne pas pleurer.

Tout en elle brûlait. Tout en elle se consumait.

Allongée sur sa table de pierre glacée, elle le savait, elle attendait la mort. Celle-ci venait en petite visiteuse, lui prenant ses forces, lui grignotant ses réserves, lui ôtant toute envie de se battre.

Mon Dieu, comme elle regrettait son geste, car il n'y aurait pas eu pire infamie que… ça. Ce *ça* qu'elle avait vécu, auquel elle avait survécu, et qui la dévorait.

Elle avait mis longtemps à saisir ce qu'il lui était arrivé, ayant sombré dans un évanouissement fortuit tant la douleur était intense. Mais alors que sa conscience avait repris le dessus, alors que la sauvagerie de son supplice était venue se rappeler à elle en l'étreignant de souffrance, elle avait compris. Et toute l'ignominie de l'acte l'avait étouffée avec violence.

Tant de cruauté ! Tant de bestialité !

Elle hoqueta et du sang arriva à ses lèvres.

Elle aurait vingt ans dans deux jours, « l'année de leur mariage », avait toujours dit Baptiste. Et elle songea à cette vingtième année et à cette union qu'elle ne connaîtrait pas.

Son agonie était étrange, en fait. Elle lui laissait une lucidité perverse qu'elle n'aurait jamais pensé tolérable. Et parce qu'elle savait, elle pouvait en égrener toutes les minutes une à une avec une maturité qui, jusqu'alors, lui avait fait défaut.

Devenir adulte en mourant, n'était-ce pas là une curieuse gageure ?

Un nouveau hoquet. La fin était proche. Déjà, elle ne ressentait plus rien, comme étrangère à ce pauvre corps qui se tordait de douleur. Comme partie au-dessus de lui pour un voyage qu'elle espérait éternel et radieux.

Elle sourit à la lumière qui soudain vint l'atteindre. Dieu peut-être qui lui ouvrait, malgré sa faute, les portes du paradis.

— Tu ne tiendras pas le coup longtemps, dit la voix qui n'avait rien de divin. Tu as perdu trop de sang.

Un goût ferreux envahit sa bouche alors que des mains peu douces la tâtaient sans vergogne, faisant jaillir de ses entrailles des monceaux de tourment qu'elle ne pouvait supporter. Le sang, c'était bien ça, le sang qui coulait et se répandait. Ce sang qui s'en allait.

— Morbleu ! C'est une véritable mare ! Une bien belle hémorragie.

Les dernières larmes quittèrent les yeux de Rosalie et glissèrent sur ses joues avant de rouler de son cou à la table froide, alors que, dans une nausée douloureuse, elle s'agrippait à son bourreau pour un ultime sursaut.

3

Le vieux Chinois commençait à l'irriter en faisant mine de ne pas comprendre. Sans la présence de Lecuyer venu le rejoindre, Félicien en serait sans doute arrivé aux mains, secouant cet ancêtre sans plus de sollicitude. Pour l'instant, à demi caché sous son chapeau en pointe qui lui mangeait la moitié du visage, il demeurait là, bras croisés masqués par les manches amples de sa tunique chamarrée, à lui baragouiner des excuses dont il n'avait que faire.

— Fille pas bien avec toi ? Mille regrets... mille regrets... fille doit faire bien avec client roi... moi châtier elle si elle pas ouvert à toi vaste porte chatoyante de la plénitude merveilleuse.

Le jeune médecin s'enerva. Châtier une fille morte, voilà bien une faveur dont il se passerait !

— Je t'en donnerais de la porte chatoyante et de la plénitude merveilleuse, marmonna-t-il alors que Bernard lui dégageait la voie en repoussant le Chinois, afin de grimper à l'étage où ils n'étaient pas conviés.

— Vous pas monter... filles pas prêtes..., gémit-il en les suivant.

Rien n'y fit. Les deux hommes débouchèrent vivement dans la première salle où les attendait une attraction très surprenante.

Au milieu de la pièce, quelques gamines nues, à peine pubères, se livraient à des saynètes saphiques devant les yeux concupiscents de vieux barbons qui tiraient sur leur pipe avec des mimiques grotesques. Les deux médecins, en découvrant ce spectacle, comprirent instantanément pourquoi ils n'étaient pas les bienvenus dans cette partie fine. Les participants, des notables, à n'en point douter, avaient loué les lieux afin de ne pas être dérangés dans leurs agapes, et profiter pleinement de ce que le propriétaire leur avait concocté à l'heure de la sieste, au moment de la digestion.

— Pas bien... pas bien..., sermonna le vieux en les rejoignant. Pas bien ce que vous faire... moi me plaindre.

Félicien le toisa méchamment alors que Lecuyer, un peu troublé, se retenait au chambranle de la porte afin de ne pas tanguer.

— Messieurs, salua-t-il en mimant un garde-à-vous rigide et en claquant des talons, belle journée, n'est-ce pas ?

Il y eut quelques grommellements effarés dans l'assemblée. Les filles s'éclipsèrent comme par magie, alors que deux ou trois gros bonshommes faisaient mine de vouloir passer afin de quitter l'endroit. Félicien, cherchant la parade, se reprit aussitôt. Il y avait là quelques personnes influentes qu'il s'agissait de ne point trop choquer.

— Désolé pour ce fâcheux contretemps ! Nous avions rendez-vous ici avec mon ami... et voyez-vous comme c'est ridicule... mais nous nous sommes trompés d'heure !

Il fit semblant de regarder la montre gousset qu'il n'avait pas puis eut une grimace contrite en faisant mine de se retirer.

— Que décidons-nous ? lui souffla Bernard encore sous le coup de l'émotion.

— Ben, fichtre, nous filons !

Il allait s'exécuter lorsqu'un homme de belle prestance, grand, mince, le cheveu sombre un peu long et bouclé sur le front, sortit de l'ombre le sourire aux lèvres et lui glissa sans s'arrêter :

— Nous nous voyons beaucoup ces derniers temps, tu ne trouves pas ?

Le jeune médecin sursauta puis, reprenant son aplomb, posa un regard appuyé sur l'inconnu qui fit mine de se rajuster.

— En effet. Sans doute, les circonstances de la vie...

Son interlocuteur eut un sourire moqueur qui irradia son séduisant visage qu'un nez aquilin rendait atypique. Ses yeux foncés pétillèrent d'intérêt et il susurra :

— Si tu veux me revoir, tu sais où me trouver...

Puis il passa son chemin comme si de rien n'était, rejoignant la troupe courroucée qui n'arrivait pas à décider si elle devait poursuivre ou interrompre un si charmant rendez-vous.

— Tu le connais ? lui demanda Lecuyer, soudain suspicieux, alors qu'ils dévalaient l'escalier, traversaient la boutique et sortaient prestement de la fumerie.

— Qui ? s'informa évasivement son collègue déjà prêt à fulminer contre cette intervention pour le moins ratée.

— L'homme qui t'a parlé ?

— Quel homme ?

Félicien planta son regard sombre dans les yeux du jeune médecin, aussi celui-ci n'osa-t-il plus poser de questions. Néanmoins, cela ne l'empêcha pas de détailler son ami d'un air soupçonneux. Car, fichtre, il n'avait pas rêvé ! L'inconnu – celui qui portait une étrange chevalière au petit doigt de la main gauche et arborait une fleur blanche à la boutonnière –, celui-là même, avait bien parlé à Perrier comme s'ils étaient des camarades de longue date ! D'ailleurs, ce dernier lui avait répondu sans pour autant daigner le lui présenter !

Qu'avait-il dit ? Un truc comme… *qu'est-ce que vous trouvez* ? Ou *tu veux trouver quoi* ? Enfin, il y avait *trouvé* à l'intérieur de la phrase, de ça il en était certain !

Il réfléchissait encore au sens de ce qu'il pensait avoir surpris, lorsqu'une gosse drapée dans un kimono trop grand les tira par le bras dans un renfoncement coincé entre deux boutiques.

— Psitt ! fit-elle entre ses dents, alors que les deux garçons se laissaient entraîner.

Malgré le vêtement, ils reconnurent sans effort une des filles qui se produisait nue un peu avant à l'intérieur de la fumerie.

— Venez par là, ordonna-t-elle alors que Bernard s'étonnait de l'entendre s'exprimer pratiquement sans accent.

À l'abri des regards sous la montée d'escalier de l'immeuble, elle les scruta tour à tour puis sourit en découvrant Félicien.

— Je vous ai déjà vu, vous. Plusieurs fois, même, avec Eka, alors que j'étais avec votre ami.

Le fait que le prénom de la jeune morte soit enfin connu était une bonne chose ; le fait que son ami revienne sur le tapis en était une beaucoup moins agréable.

Félicien, tout en fronçant les sourcils, fit donc en sorte de prendre rapidement en main la suite de la discussion afin de ne pas laisser Bernard, déjà trop méfiant, se poser davantage de questions.

— Quel français parfait ! s'étonna-t-il en détaillant la prostituée. Quel est ton nom à toi ?

— Mee, je m'appelle Mee, monsieur, et si je parle bien votre langue c'est parce que j'ai été élevée dans une famille française en Indochine.

— De quel pays ?

— Cambodge, monsieur.

— Et tu as quel âge ?

Elle eut un petit rire nerveux et posa doucement son regard foncé sur le médecin qui, afin de l'apprivoiser, sourit.

— Je ne sais pas, monsieur. Je pense moins de vingt ans comme la plupart des filles ici. Les hommes riches de votre pays apprécient que nous soyons très jeunes afin de satisfaire leurs plaisirs.

— C'est honteux, s'insurgea Lecuyer, assailli une nouvelle fois par sa pruderie maladive.

— C'est comme ça, répondit-elle sans se départir de son visage aimable et serein.

— Et comment es-tu arrivée dans ce bouge ?

Un instant, elle hésita. Eka avait disparu et il se disait tellement de choses horribles sur les filles des bordels qui parlaient trop de leur vie !

— J'étais une petite esclave[1] achetée pour le plaisir des invités de la famille où je vivais. À la mort de la mère, le fils est revenu en France afin de toucher son héritage. Il m'a ramenée avec lui dans ses bagages. Mais comme je grandissais, il s'est vite désintéressé de moi et m'a cédée au vieux Lee contre quelques pipes d'opium.

— Morbleu ! jura Bernard, alors qu'il s'apitoyait sur le récit dramatique de l'existence de cette pauvre gosse. Comment des adultes osent-ils… ?

Il n'alla pas plus loin dans ses réactions intempestives, car déjà Félicien l'interrompait :

— Et pourquoi voulais-tu nous parler ?

Un voile d'inquiétude ombra, pour la première fois, le visage de la Cambodgienne, qui aussitôt baissa les yeux.

— Tu t'es dit que nous étions riches et que tu pourrais en profiter pour faire une passe non déclarée ?

— Non ! Pourquoi racontez-vous cela ?

— Alors ?

Le ton était devenu brusque et, dans un sanglot, la fille se mit à parler :

— Eka m'avait expliqué qu'elle était dans l'embarras… vous savez bien… Cela faisait plus de cinq mois

1. Alors que l'esclavage est aboli en France, les fonctionnaires en Indochine profitent impunément d'esclaves. Leur nombre était estimé à 100 000 rien qu'au Cambodge en 1864. En 1897, une nouvelle loi est promulguée sans grand effet. Encore aujourd'hui, le sujet de cet esclavage illicite est peu abordé.

qu'elle n'avait plus ce qui marque les lunes de la femme et elle craignait que cela se voie. Même si elle essayait de ne pas manger, elle avait déjà grossi et avait même pris des seins. Lee n'aime pas lorsque nous commençons à ressembler à des adultes.

— Que fait-il dans ce cas-là ?

— Lorsque nous devenons adultes ? Il nous revend à une maquerelle immonde qui nous envoie loin. Dans un port... à Marseille ou ailleurs... et là nous travaillons pour les marins.

— Je vois. Et pour Eka ?

— Elle ne voulait pas le dire à la femme de Lee qui est méchante, sans pitié pour nous, et qui nous bat pour nous faire avorter. Alors, elle a cherché comment le... faire passer... vite... avant que Lee ou sa mégère s'en aperçoivent.

— Et vous pensez qu'ils s'en sont rendu compte ?

— Je ne sais pas. Peut-être. Une autre fille lui avait donné une adresse pas très loin de là, mais le souci, c'est que nous n'avons pas d'argent. Alors, c'est difficile pour nous... Souvent, nous devons nous débrouiller entre nous comme nous pouvons. Mais comme il y a quelques mois une de nous est morte, Eka avait peur de finir comme elle, en se vidant de son sang dans la ruelle de derrière. Je l'ai plus revue depuis la dernière fois que vous êtes venu fumer, monsieur, et je m'inquiète.

Un long tressaillement glissa le long de la colonne vertébrale du jeune homme et il regarda Bernard de biais. Mais celui-ci, trop troublé par cette histoire, ne broncha pas.

— Tu me confirmes qu'Eka était la fille qui... enfin, la fille qui était à mon service lorsque je passais chez Lee ?

— Oui, monsieur.

— Bien... et tu sais d'où elle venait, elle ?

Mee hocha tristement la tête.

— Elle parlait peu... du Siam, je crois, mais je ne suis pas sûre.

— D'accord.

Un silence un peu lourd se fit. Soudain, la gamine, commençant à comprendre le pourquoi de toutes ces questions, pâlit.

— Vous l'avez retrouvée, monsieur? s'inquiéta-t-elle d'une toute petite voix.

— Oui, je le pense, Mee.

— Vivante ?

Son regard perdu erra de l'un à l'autre de ses interlocuteurs, alors qu'aucun des deux n'osait l'affronter.

— Elle est morte ? C'est ça ?

Cependant que Félicien paraissait indifférent à son désespoir, ce fut Bernard qui vint à son secours en la recevant dans ses bras.

— Elle est morte..., sanglota-t-elle contre la redingote du médecin. Elle est morte !

— Il faudrait que tu te rendes à la morgue afin de la reconnaître, glissa Perrier en s'impatientant.

Il savait maintenant tout ce qu'il voulait, aussi commençait-il à trouver les lamentations de la fille un peu longues.

— À la morgue ? Sur le vilain bateau où l'on finit avant de terminer à la fosse commune ?

— Non, la morgue aide à retrouver les gens sans nom..., tenta d'expliquer Bernard en la tenant à bout de bras. Justement, cela pourrait permettre à ton amie de ne pas être enterrée comme une inconnue. Si tu viens la voir, la police pourra faire une enquête et le vieux Lee devra lâcher le morceau sur son identité.

— La police... le vieux Lee...

Un masque de terreur figea son visage de gosse et, dents serrées, elle cracha soudain :

— Je n'aurais jamais dû vous parler. Eka me l'avait dit, vous êtes la peur... vous êtes la mort !

Et se dégageant de l'étreinte du praticien, elle s'enfuit brusquement, tout en tenant son kimono fermé autour d'elle.

— Qu'a-t-elle voulu dire ? s'inquiéta Lecuyer, alors qu'elle avait déjà disparu.

— Rien... laisse... elle était morte de frousse.

Et alors qu'ils ressortaient du passage étroit et malodorant, la phrase qu'il recherchait revint soudain à la mémoire du jeune médecin. L'homme à la chevalière avait murmuré à Félicien : « Tu sais où me trouver... » C'était bien ça... *Si tu veux me revoir, tu sais où me trouver...*

4

Au 85, nouvellement rue de la République, *rue de la Rê* pour les habitués depuis qu'elle n'était plus *Impériale*, l'effervescence n'était pas à son comble.

Alors que la catastrophe de la collision du train du Péage-du-Roussillon avait défrayé la chronique durant plusieurs jours, cette histoire commençait à lasser. Aussi, une certaine apathie, due sans doute aux fêtes de fin d'année si proches, régnait-elle dans les locaux du *Progrès de Lyon*. L'heure se prêtait plus à réfléchir à la manière dont on sauterait le pas vers la nouvelle année qu'à courir après le fait divers croustillant !

— Mam'zelle Missy nous fait l'honneur de sa présence, persifla un collègue affalé sur son bureau au moment où Irina entrait dans la vaste salle de la rédaction.

— Mam'zelle Missy t'em…

— Bergovski ! gronda Grobon en lui lançant un regard de reproche.

Cette dernière haussa les épaules et vint saluer son patron. Irina faisait partie des très rares femmes à travailler directement sur les articles. Les autres étaient à la dactylographie, chargées de retaper *au propre* les pattes de mouche des journalistes ou, mieux, s'occupaient du secrétariat ou du ménage. Il y en avait bien une qui gérait la *Revue des magasins* du *Progrès illustré*, supplément dominical de huit pages – une certaine Émilienne B. Toutefois, personne n'avait jamais vu son visage et l'on se demandait si la demoiselle n'était pas en fait tout simplement Jacques Mauprat, le chroniqueur qui animait les *Causeries* !

— Bien le bonjour, mam'zelle Missy, chantonna celui-ci en la découvrant près du bureau de Grobon.

Son surnom, la jeune femme le tenait, bien évidemment, de la dernière fille du duc de Morny qui affichait sans complexe son homosexualité et faisait couramment la une des journaux à scandale. L'interpeller ainsi plaisait à cette rédaction un brin conservatrice, surtout lorsque Irina leur faisait le grand plaisir de s'énerver.

— Tu sais bien qu'ils n'attendent que ça…, rigola son chef en lui tapotant le dos dans un geste paternel.

— J'ai *oune dèssin* à vous soumettre, expliqua-t-elle en lui tendant un papier tout en reprenant son accent polonais. Je l'ai fait *d'oune* morte dont *persounne nè* connaît *l'identitè… oussi* j'ai *pensè…*

Tout en saisissant le croquis qu'elle lui présentait, il ne put s'empêcher de lui lancer un regard suspicieux.

— Tu travailles pour la poulaille, maintenant ? questionna-t-il en découvrant le portrait de la première victime que, rapidement, elle était retournée faire à la morgue.

— Non… *enfun…* j'aide *oune* ami. C'est *umportant…*

Tout en détaillant le visage lisse et reposé de la morte, l'homme s'étonna :

— Et pourquoi elle et non une autre ? La morgue regorge de gamines perdues qui se sont jetées du pont ou de tapineuses étranglées dans un coin par leur lanternier[1].

— Parce que…

1. « Souteneur » en argot de l'époque.

Elle hésita. Comment obtenir ce qu'elle voulait sans dévoiler l'enquête dont Lacassagne les avait chargés ?

— Cette fille n'est pas *oune prostituèe*. Ni *oune noyèe*. Elle... elle a *soûrement oune* famille qui la *rècherche* et qui *s'unquiète*.

— Une parente à toi ?... Ou à ton amoureux, peut-être ?

Irina haussa les épaules.

— C'est *oune mèdècun*, tenta-t-elle d'expliquer sans trop en dévoiler. Il en a fait *l'outopsie* et s'est pris d'affection pour cette gamine propre *sour* elle, mais qui finira à la fosse *commoune* si personne ne *rèclame* le corps.

L'homme opina du chef.

— Tu as des amis dans ce nouveau milieu qu'est la médecine légale ? Félicitations ! Tu caches bien ton jeu. Pas Lacassagne, tout de même ?...

La suspicion, qui nichait dans les points de suspension de la fin de sa question, la mit mal à l'aise. Elle n'aurait jamais cru que sa démarche serait si difficile à faire !

— Non... non... *oune* de ses *èlèves* !

— Un de ses élèves ? Voyez-vous ça ? Il faudra que tu me le présentes, car cette nouvelle science, qui fait polémique notamment dans les milieux de la police, pourrait intéresser notre journal.

— Vraiment ?

— Oui ! Nous pourrions presque en faire une rubrique afin de vulgariser le sujet et expliquer à nos lecteurs avides de savoir ce qu'il en est vraiment.

J'imagine déjà ça de là : *Nécropsie d'un meurtre*... ça en jetterait, non !

— *Pouisque* vous le dites !

Il lui lança un regard amusé puis soupira.

— Je pourrais même te confier les articles. Un quart de page, voire une demie, avec un gros titre, hebdomadaire de surcroît. Admets que ce serait pour toi une belle promotion, et une manière sympathique de tirer la langue à tous ces fâcheux !

Les yeux de la jeune fille se mirent à briller et un surprenant frisson grimpa le long de sa colonne vertébrale alors qu'elle imaginait les tenants et les aboutissants de cette proposition. Accepter, c'était avoir la reconnaissance du milieu, voir son salaire augmenter et surtout signer de son nom en entier au bas de ses articles comme un véritable journaliste !

— Enfin, si tu connais vraiment des gens intéressants, bien sûr...

L'air pincé, elle lui jeta une œillade noire.

— Bien *soûr què* j'en connais ! Pour qui *mè prènez*-vous ?

— Soit ! Je veux le ou les rencontrer afin de finaliser le projet.

— Vous *voulèz lès*...

— ... rencontrer, oui ! Si ce sont tes amis, il ne devrait pas y avoir de problèmes, non ? Tu leur rends un service en diffusant le portrait de cette morte... et en échange, ils acceptent de m'être présentés afin que nous discutions. Où est le mal ?

— *Lè* mal ?

Elle imaginait la tête de Félicien si elle lui soumettait cette idée rocambolesque !

— *Lè* mal, répéta-t-elle en baissant les yeux. Soit ! *Jè* vous *ourganise* cela pour *lè débout dè* l'année. Mais, en *èchange*, vous *mè* passez ce *dessun aujourd'houi* même !

— D'accord, lui dit-il en tapant dans sa main comme l'aurait fait un maquignon sur un foirail. Topons là ! Et maintenant, explique-moi ce qu'il faut mettre sous ce joli dessin afin que quelqu'un se manifeste ?

Un peu inquiète, Irina s'exécuta toutefois.

5

Lacassagne avait fait enlever, le matin même, le corps de la seconde fille tuée. Il tenait tout particulièrement à réaliser lui-même l'autopsie dans son laboratoire afin que ses enquêteurs ne perdent pas de temps.

À la surprise générale, lorsqu'il revint avec les résultats de l'examen, il était accompagné d'un autre homme que Félicien et Bernard reconnurent comme un éminent professeur de clinique chirurgicale qui opérait à Lyon.

— Le professeur Anatole Barjouval, expliqua-t-il en voyant les regards interrogatifs de ses élèves, veut bien se pencher sur la dépouille de notre petite inconnue afin de nous dire si les points de suture relèvent du milieu médical ou sont... plus artisanaux.

Les restes d'Eka n'ayant pas encore été rapportés, le groupe d'hommes se rendit dans la salle où seule la première victime reposait sur une des dalles d'exposition. Comme il faisait froid en cette fin d'année, Delaigue n'avait pas cru bon de mettre en route la pompe qui inondait les tables, aussi le praticien l'ausculta-t-il sans encombre directement sur les lieux.

— Tirez les rideaux, demanda-t-il seulement afin que la vitre soit occultée, je ne voudrais pas qu'un visiteur puisse nous voir en train de triturer cette jeune personne. Avec tout ce qu'il se dit de détestable, dans les salons en ville, sur les façons de faire délictueuses de certains employés, cela pourrait faire bien mauvais effet !

L'assemblée émit un rire poli que l'homme accepta d'un regard entendu. Il n'était pas très vieux pour une personne qui avait ses responsabilités – tout juste la quarantaine et encore ! – mais il y avait chez lui une certaine insolence qui déplut aux jeunes médecins.

Sans ménagement, il ôta les linges qui masquaient les parties sexuelles du corps et se pencha sur la cicatrice avec la concupiscence d'un pingre s'inclinant devant son or.

— L'autopsie faite suivant la méthode de Letulle a bien failli compromettre mon jugement. Néanmoins, les points de suture de la césarienne sont bien visibles. La manière d'opérer diffère, certes, de celle employée pour refermer après l'investigation. Les parois sont précautionneusement rapprochées... Toutefois...

Il redressa la tête et reposa sa loupe, puis parut réfléchir avant de s'incliner à nouveau dans une sorte de prière étrangement grotesque.

— Non...

À la vue des simagrées du professeur, Perrier ne put résister et asséna un coup de coude dans les côtes de son ami et voisin. C'était burlesque et il se serait bien cru au théâtre de Guignol avec Gnafron faisant des courbettes ridicules.

— Je vous confierais que j'hésite... mais décidément non...

Il prit un scalpel et, délicatement, fit sauter quelques points afin d'étudier l'intérieur des chairs.

— Non pour quoi ? s'informa Lacassagne le plus poliment qu'il put.

— Non pour un travail de professionnel.

— Ah ?

La surprise envahit les personnes présentes qui la laissèrent librement transparaître sur leurs visages.

— Je comprends votre trouble, admit le spécialiste en secouant d'une main sa loupe et de l'autre son bistouri, néanmoins, je confirme... suture bien exécutée, mais n'émanant pas d'un chirurgien !

— Vraiment ?

— Vraiment ! certifia-t-il en se redressant tout à fait. Oh ! C'est soigné ! Première couture à l'intérieur, seconde à l'extérieur. Il est facile de dire que la... personne... s'est fait plaisir en agissant de la sorte. Comme un rituel. Un acte malsain accompli pour sa plus grande satisfaction au même titre que la césarienne elle-même.

Il se tut et posa sur son assemblée un regard d'aigle.

— Toutefois, pas l'œuvre d'un professionnel de la médecine.

La sentence était tombée et Lacassagne salua son confrère avec bienséance.

Alors qu'il le reconduisait à son fiacre sur le quai de l'hôpital, Lecuyer et Perrier eurent le même haussement d'épaules mécontent.

— Pourquoi ai-je le sentiment qu'il s'est moqué de nous ? marmonna Lecuyer en recouvrant pudiquement l'abdomen de la fille, d'un linge blanc.

— Peut-être parce que c'est le cas, soupira Perrier.

— Tu le crois capable de nous flouer ?

— Oui.

— Et pourquoi cela ?

Félicien eut un rire graveleux qui résonna dans la pièce avec un écho sordide.

— Soit il nous ment parce qu'il ne veut pas mettre en cause un hypothétique collègue... par solidarité pour le milieu médical. Soit il a retrouvé la signature de quelqu'un qu'il connaît... soit...

— Soit ? s'inquiéta Bernard qui craignait la troisième proposition.

— Soit il est coupable ! Tu as vu les étranges marques sur son cou. Sa femme doit être une tigresse.

— Ou sa maîtresse... mais de là à faire un bon coupable !

— Coupable de quoi ?

La voix chaude et légèrement chantante de Lacassagne venait de troubler leur conversation. Ils se reprirent et sourirent un peu bêtement en retournant dans la petite salle d'autopsie qui était devenue leur antre.

— Coupable d'un manque de clarté, lança Félicien en s'effaçant afin de laisser le professeur entrer le premier.

Il fallait dire quelque chose. Il l'avait fait !

— Barjouval n'est pas la personne la plus explicite qu'il y ait dans mon entourage, admit l'expert en posant un dossier sur la table de marbre. Toutefois, c'était le seul que j'avais sous la main et qui a bien voulu me suivre ici. En cela, soyons-lui reconnaissants.

— Bien entendu ! minauda Lecuyer afin de rattraper l'arrogance de son ami.

Un silence s'installa durant lequel Bernard, un peu gêné, en profita pour effacer un appareil génital féminin grotesquement dessiné sur un des tableaux, face à son pendant masculin qui tentait une pénétration.

— C'était afin d'expliquer la conformation de cette partie anatomique à Irina qui ne savait pas exactement comment cela fonctionnait, voulut-il se justifier, en rougissant comme un collégien pris en train de regarder des gravures grivoises.

Le visiteur hocha la tête avec amusement.

— D'ailleurs... à ce sujet ! Notre petite Polonaise n'est pas là ? s'enquit-il fort aimablement en changeant de sujet.

— Non, elle est à son journal. Elle a dessiné le portrait de notre première victime et se propose de le faire diffuser dans l'édition de demain.

— Bonne idée ! Bonne idée !

— De plus, continua Félicien en recouvrant son calme, nous avons l'identité de la seconde morte. Elle s'appelait Eka et venait apparemment du Siam. Elle travaillait dans une fumerie d'opium, petit passage de l'Argue, pour un dénommé Lee Shuang Su, qui y tient ce commerce en plus de la revente d'antiquités asiatiques douteuses. Sur sa filiation, son véritable nom et ses date et lieu de naissance, je crains que nos recherches n'aboutissent pas.

— C'est déjà bien ! se réjouit Lacassagne, que tout souci d'identification indisposait. Son patron veut-il reprendre son corps afin de l'enterrer suivant les rites de son pays ?

Les deux hommes se regardèrent un peu bêtement.

— Je dois avouer que, ni l'un ni l'autre, nous n'avons songé à lui poser la question, souffla Perrier un peu embarrassé.

— Qu'à cela ne tienne, vous irez lui faire cette demande ! En attendant, vous réalisez un bien joli travail, messieurs, et je vous en félicite.

Tout en parlant, il avait ouvert le dossier devant lui et commençait à en tourner les pages afin de pouvoir en ressortir les choses essentielles. À l'aide de son pince-nez qu'il tenait accroché par un cordon à son revers de veston, il parcourait les feuillets noircis de son écriture fine, quand son visage se figea au souvenir de l'information macabre qu'il devrait bientôt dévoiler à ses nouveaux collaborateurs.

— J'ai posé là le rapport de la dernière autopsie. Celle d'Eka justement. Nos conclusions sont à peu près identiques aux précédentes et ne diffèrent que sur deux ou trois points.

— Lesquels ? s'enquit Lecuyer.

— Tout d'abord, notre victime a été battue. J'ai noté diverses contusions *pre mortem* ainsi qu'une fracture du poignet, de deux côtes, et une lésion au niveau du crâne. Le meurtrier a dû s'acharner sur elle, mais cela n'a pas provoqué sa mort. De plus, notre victime a été violée... J'ai retrouvé de l'éjaculat frais. Une orientation vers un coupable de sexe masculin serait donc une bonne chose.

Bernard, choqué, ravala sa salive.

— Mais c'est un monstre, grommela-t-il en serrant les poings.

— Je ne vous le fais pas dire, mon cher Lecuyer ! Mais ce n'est pas le pire... malheureusement...

Félicien, que ce genre de considération n'affectait nullement, s'était approché de la table, sentant que la seconde information de Lacassagne se révélerait bien plus intrigante que la première. En cela, son instinct ne le trompait pas. D'ailleurs, les lèvres de plus en plus pincées du professeur ne pouvaient que laisser présager le pire.

Le geste soudain lent, il sortit de sa poche une petite boîte en métal ronde, comme on en vendait pour y mettre des bonbons, et l'ouvrit délicatement. Un bout de papier roulé, sale et taché, se trouvait à l'intérieur. Il le saisit du bout des doigts et le déplia précautionneusement.

— Qu'est-ce donc ? demanda Perrier en se penchant en avant.

— Le plus monstrueux message jamais transmis, reprit son interlocuteur d'une voix un peu rauque.

Alors que Lecuyer lui faisait passer deux pinces afin de tenir le rouleau ouvert, il le posa sur le marbre de la table. Ces deux collègues purent ainsi le déchiffrer plus aisément.

— Je pense que je suis visé, soupira Lacassagne en les dévisageant tour à tour. Regardez plutôt.

— « *Des pins de Nostredame à la babote que l'écusson observe, le clapas triomphe* », lut Bernard en retenant le côté du papier qui menaçait de s'enrouler à nouveau.

En entendant la phrase, Félicien avait pâli, comprenant illico d'où provenait ce bien curieux propos, mais aussi ce qu'il signifiait.

— Vous l'avez trouvé à l'intérieur d'elle ? demanda-t-il sans affectation apparente.

— En effet, admit son interlocuteur. En la place même du fœtus, fourré dans l'ouverture béante du placenta. Imaginez un peu ma surprise ! Jamais je n'aurais pu envisager pareille perversion !

— C'est certain ! hoqueta Lecuyer qui s'empressa de lâcher le manche d'une des pinces qu'il tenait toujours. Mais quel est ce malade capable d'une telle infamie ? Un homme, il va de soi. Intelligent, comme peut en attester son message.

— Je me répète, mais me visant…, enchaîna le professeur.

— Vous visant, reprit Lecuyer. Vous visant ? Est-ce le contenu énigmatique de la phrase qui vous fait dire ça ?

Perrier paraissait songeur. La réponse, évidente pour lui, n'était pas sans le surprendre.

— Montpellier. Il s'agit de la ville de Montpellier, expliqua-t-il en se mettant à arpenter la pièce dans un va-et-vient inquiétant. Les *Pins* et la *Babote* sont deux tours de l'ancienne enceinte de Montpellier. De la tour des Pins, Nostradamus disait que si les arbres qui poussent tout en haut tombaient, la cité serait détruite. Quant à la Babote, au siècle dernier, elle est devenue, jusqu'à la Révolution, un observatoire astronomique établi par l'Académie royale des sciences. Le cœur de la ville s'appelle, de par sa forme, *l'écusson* et il a été construit sur un *clapas*, mot qui en occitan signifie *tas de roches*... d'où le surnom des habitants couramment désignés comme les *clapassencs*. Quant au verbe *triompher*, je vois un rapport avec l'arc de triomphe qui est une porte. Ce qui donne : Des pins de Nostredame (une tour de la ville) à la babote (autre tour de la ville) que l'écusson (le centre historique) observe (clin d'œil à l'observatoire), le clapas (colline de rochers) triomphe (pour l'arc de triomphe). Montpellier ! C'était assez simple à trouver !

— Pour ceux qui connaissent cet endroit ! bougonna son ami en haussant les épaules.

Il n'avait pas tort.

— Il est vrai que j'y suis né, soupira-t-il en s'arrêtant brusquement, et que le professeur Lacassagne y a fait ses études de médecine.

— Tout comme vous, précisa ce dernier.

— Tout comme moi, confirma Perrier.

— Un point commun que nous avons. Sauf que je me sens concerné par ce message, alors qu'il n'y a pas de raison que vous le soyez.

— En effet. Personne ne me connaît. Par contre, un meurtrier vous apostrophant, cela paraît concevable.

Un voile d'inquiétude ombragea le visage de Lacassagne. Un fou l'interpellant, c'était une épée de Damoclès au-dessus de sa tête. Bien sûr, sa propre sécurité ne l'inquiétait pas. Mais c'était à sa famille qu'il pensait !

Jeanne et ses deux fils apparaissaient devant ses yeux alors que son collègue décryptait l'énigme à voix haute. Dès qu'il avait découvert le message au moment de l'autopsie, il y avait songé. Mais là, en écoutant le jeune homme, une angoisse beaucoup plus forte avait pris forme.

— Qu'est-ce que cela signifie ? s'alarma Lecuyer qui parfois se trouvait beaucoup trop émotif pour supporter la nouvelle charge qui lui incombait.

— Cela veut dire qu'il faut que vous envoyiez vos enfants à la campagne, dans de la famille, afin de les soustraire à un éventuel danger, trancha Félicien. Une maison ?

— Oui, à Villerest dans la Loire.

— Des proches pour s'en occuper ?

— Mes beaux-parents.

— Parfait ! Prévenez discrètement ces personnes et prenez vos dispositions pour que tout cela se mette en place dès aujourd'hui. N'attendez pas !

Lacassagne se rembrunit et il se retint à la table de marbre afin de ne pas montrer son émoi.

— Vous imaginez un risque réel ?

— Avec un tel individu, il ne faut rien laisser au hasard.

Tout en hochant la tête, le professeur admit qu'il avait raison. Il replia doucement le dossier contenant les résultats de l'étude d'Eka puis le fit glisser sur la table dans la direction de ses deux collègues. Ceux-ci gardaient un visage fermé.

— Essayez de réfléchir à d'éventuelles personnes qui pourraient vous en vouloir, suggéra Félicien en recommençant son va-et-vient désagréable. Allez chercher loin dans vos souvenirs, l'esprit est parfois trouble. Notez tout ! De l'étudiant que vous avez surpassé au coupable que vous avez contribué à faire arrêter. Votre vie est riche. N'omettez aucun détail. Pensez aux prisonniers que vous avez pu importuner ou aux collaborateurs dont vous avez pris la place... Centrez-vous tout de même sur un homme de préférence, puisqu'il y a eu viol, intelligent, car capable d'imaginer un rébus... suffisamment cultivé pour ne rien ignorer de l'appareil reproducteur de la femme...

— Mes collègues... voyons...

Le jeune médecin arrêta net ses allées et venues et dévisagea son mentor du coin de l'œil.

— Ce n'est pas à vous que j'apprendrai que nous sommes tous des assassins en puissance... prêts à passer à l'acte du moment qu'un petit grain de sable enraye la machine.

— Ce n'est pas ma théorie.

— Oui, mais c'est votre pensée profonde.

Il avait fait mouche. Les traits de Lacassagne se firent soucieux.

— Je vous tiens informé des personnes susceptibles de convenir à votre description. Maintenant, si vous le permettez, je vais mettre ma famille à l'abri de ce fou.

Il serra les mains d'un air soudain préoccupé puis sortit sans plus de formalités.

Dans le corridor, ils l'entendirent héler le vieux Delaigue, qui vint le saluer, puis la porte se referma sur lui, les laissant seuls avec leurs interrogations.

6

Bernard Lecuyer s'était bien gardé de laisser transparaître quoi que ce soit. À coup sûr, ses deux complices se seraient moqués de lui.

— C'est gentil d'être venu.

La voix était douce et charmante et le regard d'un noisette pétillant à rendre envieux tous les écureuils du parc de la Tête-d'Or !

Elle portait une petite robe bleue dont on découvrait la simplicité sous son mantelet assorti. Sur la tête, un chapeau blanc avec un nœud sur le côté, un peu fripon, qui mettait en valeur l'ovale de son visage aux traits réguliers et le châtain de ses cheveux. Une paire de gants et un sac complétaient la parure, à laquelle le jeune médecin ne prêta pas attention tant il était ému de la voir là près de lui !

Ils s'étaient rencontrés la veille au hasard de la rue. Alors que Félicien s'était éclipsé pour traînailler Dieu sait où comme à son habitude, et qu'Irina travaillait soi-disant sur un article, il était allé boire un pot, pas très loin de l'hôpital, afin de tromper son ennui. Il n'était pas coutumier du fait, ne prisant que peu l'alcool, mais la journée avait été fatigante et il se sentait un peu trop seul.

Il avait touché cinq francs pour avoir participé à l'autopsie de la première victime, cela pouvait bien lui autoriser cinquante centimes de vin !

Il sortait de la gargote en se demandant si sa folie dépensière irait jusqu'à lui permettre un gratin de macaronis ou des tétons de Vénus[1] chez la mère Brigousse, quartier des Charpennes, au Tonkin, lorsqu'une jeune femme l'avait pratiquement assailli ! Elle lui avait expliqué qu'elle était venue voir sa sœur pour lui faire une surprise. Or celle-ci n'était pas là. Il lui fallait donc retourner à la Croix-Rousse, où elle habitait. Mais de nuit, comme elle était nouvellement installée à Lyon et ne connaissait pas la ville, elle n'arrivait plus à s'orienter et ne savait pas quel omnibus il lui fallait prendre !

De ce fait, se trouvant perdue, elle avait osé l'aborder pour lui demander son chemin, car il avait une bonne figure et l'air sérieux.

Bernard avait cette capacité à ne se méfier de rien... et surtout pas des jeunes femmes éplorées !

---

1. Grosses quenelles, en forme de seins, qui faisaient fureur auprès des jeunes gens.

Il l'avait reconduite chez elle, avec égards, comme l'homme bien élevé qu'il était.

— Bien belle journée, reprit-elle pour dire quelque chose.

Ils s'étaient donné rendez-vous devant sa porte, celle-là même où il l'avait laissée la veille, et marchaient maintenant comme un couple de tourtereaux, profitant d'un pâle rayon de soleil pour déambuler sans but au fil des rues. Elle souriait.

— Je ne sais pas si cela est digne d'une jeune femme honorable, murmura-t-elle alors que la nuit commençait à poindre, mais nous pourrions boire un verre chez moi afin de conclure ce bien agréable moment. En toute amitié, bien sûr !

Le mot « chez moi » fit bondir le cœur du médecin qui suivit aussitôt la belle jusqu'au premier étage de son immeuble. Elle y vivait seule, lui expliqua-t-elle, et travaillait pour assurer son existence. Elle avait été mariée, mais son époux était mort deux ans après leur union d'une mauvaise pneumonie. Ils n'avaient pas eu d'enfant. Bien sûr, la solitude lui pesait souvent, mais il fallait faire avec, puisque c'était son lot…

Ému, il lui embrassa la paume de la main.

L'appartement était charmant, empreint de douceur et de sérénité, un peu à son image. Fort bien tenu, il donnait sur la rue par une fenêtre sur laquelle des pots de fleurs vides attendaient le printemps.

Bernard croyait vivre un rêve éveillé.

La suite lui donna encore plus raison.

Alors qu'elle posait devant lui deux petits verres à fond épais dans lesquels elle versa un doigt de muscat, elle plaça discrètement sa main sur son épaule. Un parfum de roses envahit les narines du jeune homme cependant que les portes enchanteresses d'un monde insoupçonné s'ouvraient à lui. Il retint fort son souffle afin de ne pas perturber cet instant magique et peut-être, en rompant le charme, voir se volatiliser sa conquête. La gorge serrée, héroïquement comme un courageux petit soldat, il tentait vainement de dompter un désir dévastateur qui montait fougueusement jusqu'à l'en étouffer, cherchant à calmer le jeu en s'affirmant que sa compagne, qui le frôlait si naïvement, était réellement quelqu'un de respectable que l'on ne troussait pas à la hussarde contre un mur.

— Je... nous, bafouilla-t-il avec la gaucherie de celui qui ne sait rien de l'amour sinon l'acte en lui-même.

Elle sourit encore et délicatement, après avoir posé la bouteille, glissa ses lèvres sur les siennes dans un chaste baiser.

— Clarisse !

Elle s'appelait Clarisse et, n'y tenant plus, il la saisit par la taille afin de la basculer sur ses genoux.

— Tout doux... tout doux, mon ami..., murmura-t-elle en répondant toutefois à son étreinte.

Elle avait allumé la lampe à pétrole et des reflets roux foncé dansaient dans ses cheveux. Avec grâce, elle se leva, recula d'un pas puis se mit à défaire la longueur de boutons minuscules qui fermait sa robe. Celle-ci tomba à ses pieds. Elle ne portait pas de corset, aussi se dévoila-t-elle en chemise et en jupons, belle comme une apparition virginale dont il ne pouvait détacher son regard.

— Clarisse…, répéta-t-il.

Ce à quoi elle répondit en ôtant ses cotillons.

En la découvrant presque nue face à lui, il hésita encore. Puis, n'en pouvant plus, il se leva brusquement jusqu'à renverser sa chaise, et l'enleva dans ses bras afin de l'emporter dans la chambre d'à côté !

7

— Bernard n'est pas là ? demanda Irina en entrant dans la salle d'autopsie.

— Et toi, tu es encore là ? s'inquiéta Félicien en la voyant apparaître alors que la nuit tombait. Tu ne crains plus que les morts viennent te tirer les oreilles ?

Il était plongé dans l'étude du dernier rapport d'autopsie, à la lueur d'une lampe un peu pâlotte. Elle haussa les épaules, mais il ne la regardait pas.

— J'ai dit que ça puait ici, je n'ai pas dit que j'avais peur ! répondit-elle en relevant bravement le menton. Et puis j'ai suivi ton conseil : la pommade au camphre a quelque chose de souverain contre les effluves cadavériques.

Le visage impassible, il daigna enfin la détailler.

— Où donc as-tu traîné aujourd'hui ?

— J'étais au journal.

— Tout ce temps ?

— Eh bien oui, monsieur ! Il faut bien que je travaille de temps à autre si je veux pouvoir survivre ! J'ai écrit le texte pour accompagner le dessin puis j'ai dû reprendre un article que mon patron m'avait demandé de rectifier. À ce sujet, le portrait paraîtra dès demain.

Félicien la regarda en coin, cherchant à trouver sur elle des indices pouvant étayer d'autres versions possibles. Il était sûr qu'elle leur cachait quelque chose sur sa vie privée. Un amant... une maîtresse peut-être... et curieusement, le jeune médecin avait envie de savoir. De percer son secret tout comme il avait déjoué son accent.

— Tu couches ?

— Avec toi ? s'informa-t-elle un brin provocatrice.

— Non, avec ton patron ?

Elle poussa un soupir excédé, façon de se donner du temps, jugea-t-il. Comme pour cacher une gêne. Ou un émoi.

— Tu insistes... je t'ai déjà dit non ! Je suis chez eux comme en famille !

— Alors, avec sa femme ?

— Comment oses-tu ?

— Sa fille ?

Il eut un rire bref.

— Son chien !

— Félicien, tu es impossible ! Et rustaud avec ça... Je suis venue ici pour travailler et je me retrouve en train de subir un questionnaire quelque peu inconvenant, avoue-le ! Je suis sûre que tu as bu.

Le jeune homme haussa les épaules de dédain, mais ne s'admit pas pour autant vaincu. Il approcha de sa collègue et se mit à lui tourner autour en la reniflant comme si les parfums qui émanaient d'elle allaient l'informer sur le sujet qui lui tenait à cœur.

— Et cesse donc de te prendre pour un chien !

— Le chien ! Nous y voilà à nouveau ! Tu avoues ! Le chien !

— Grossier personnage ! maugréa-t-elle entre ses dents. Tu me déçois !

Quelque peu surprise par cette attaque subite qu'elle n'avait pas anticipée, Irina recula jusqu'à cogner le marbre froid de la table d'autopsie.

— Te décevoir ? Mais que t'ai-je promis, Irina, pour que tu juges mon attitude décevante ? Rien, ma belle... rien ! Je ne suis qu'un goujat qui s'assume. Un paria qui s'en honore. Un fou qui aime s'aliéner plus encore ! Je suis aussi malsain... mais ça, l'avenir te le prouvera... et même tortionnaire. Je me délecte de voir la peur dans le regard des gens !

Il se tut tout en s'approchant dangereusement d'elle. Le lieu. Les odeurs. La mort. La nuit glacée qui enveloppait les choses dans une gangue poisseuse. Elle trembla.

— Tu frémis, chuchota-t-il près de son oreille. Oh ! Comme j'aime cette peau sur laquelle je peux sentir courir le frisson. Ton duvet blond qui se hérisse. La même chair de poule que l'on retrouve sur les morts. Et ce tressaillement morbide qui grimpe le long de ta colonne, je le perçois aussi. Il me comble. Il me ravit. M'entraîne vers des sphères troublantes où le passage entre vie et trépas se tient en équilibre sur un fil. Funambule grotesque qui hésite et qui tombe du mauvais côté.

Sa main était sur son cou, prête à serrer. Sa bouche était sur sa peau et la frôlait, jouant avec les courants nerveux qu'il y faisait naître comme un pianiste avec les touches de son clavier. Elle n'était qu'émois, oscillant dangereusement entre plaisir et angoisse. Terreur et jouissance.

— Je resserre un peu plus mes doigts et tu n'es plus.

Il savourait. Le remugle prenant des lieux l'envahissait jusqu'à lui donner le vertige. Il faisait corps avec lui, s'étourdissant de la mort roide comme d'une douce fragrance entêtante.

— Fais-moi l'amour, ronronna-t-elle alors qu'il escomptait un cri.

Lui faire l'amour...

Il déglutit et l'instant sublime se suspendit brusquement, arrêtant les minutes dans un souffle retenu.

Puis plus rien.

Le silence.

Ensuite, contre toute attente, il la lâcha et elle le contempla, goguenarde, à moitié assise sur la table d'autopsie.

Ces yeux pétillants de malice. Ce visage empreint de moquerie. Non, elle n'avait pas eu peur !

Il recula d'un bond, comme brûlé, puis, tel un collégien honteux, il sortit de la pièce sans un mot, tête basse. Elle l'entendit ouvrir la porte et la repousser dans un claquement sec. Alors, et alors seulement, elle se redressa tout à fait, mit machinalement de l'ordre dans sa tenue puis, fermant les yeux, elle rejeta la tête en arrière avec un sourire carnassier.

Chapitre 5

Jeudi 30 décembre 1897

1

Lorsque Bernard se réveilla au petit matin, la lumière n'entrait pas encore dans la pièce à travers les fentes des persiennes. Il s'étira, étonné de se trouver sur un bon matelas de laine, suffisamment large pour l'accueillir bras tendus en croix. Puis il s'ébroua et, pour finir, la vit.

Elle était plantée au pied du lit, juste derrière le montant de bois aux arabesques ouvragées, et lui souriait doucement à la lueur de la lampe à pétrole. Sereine.

— Tu as bien dormi ? dit-elle en s'approchant de lui.

— Comme un loir ! admit-il en l'attirant.

Dans sa tête, les souvenirs se reconstituaient afin de retisser la toile de sa soirée. Une vague de chaleur bienfaisante l'envahit lorsqu'il se rappela qu'ils avaient passé la nuit ensemble à s'aimer.

— Tu n'es pas déçue ? demanda-t-il un peu bêtement en l'embrassant dans le cou.

— Déçue ? Mon Dieu, pourquoi le serais-je ?

— Parce que c'était la première fois que je passais la nuit avec une femme. Jusqu'alors, je n'avais connu que des filles...

— Chut..., dit-elle seulement en lui posant deux doigts sur les lèvres. Je ne veux pas savoir. Par contre, je suis heureuse d'être ta première maîtresse !

Elle sourit doucement puis reprit :

— Et moi, je ne t'ai pas surpris en te cédant si vite ? Ce n'est pas très digne d'une femme sérieuse que de se donner à un amant rencontré la veille. Mais vois-tu, lorsque tu m'as serrée dans tes bras, je n'ai pas su résister. Tu m'attirais tant ! Durant la nuit, j'ai eu peur qu'au matin tu me juges mal.

— Grande folle ! gronda-t-il en se moquant d'elle. Comme je t'aime déjà !

Il voulut la basculer sur lui, mais elle refusa.

— Tout doux, mon ami ! Je te quitte. Le devoir m'appelle et si tu chiffonnes mes habits, je serai en retard pour travailler.

— Travailler ? s'inquiéta-t-il en ne pouvant masquer sa surprise.

— Oui-da ! s'exclama-t-elle amusée. Et comment penses-tu qu'une jeune veuve puisse gagner un salaire honorablement sinon en travaillant ?

Elle lui fit un clin d'œil coquin tout en se dégageant de son étreinte.

— Un café chaud t'attend sur le bord du fourneau. J'ai mis un bol sur la table, du pain et du fromage si tu souhaites manger. J'ai sorti aussi, pour l'occasion, un pot de confiture de ma marraine. Elle habite en Normandie et m'en fournit à Noël.

Elle lui envoya un baiser alors qu'elle approchait de la porte.

— Tu peux rester ici le temps qu'il te plaira, et même attendre mon retour en fin d'après-midi. Tu trouveras de quoi manger dans le placard. Il y a un peu de barbotton[1] dans la casserole en fonte.

Elle parlait vite, cherchant à ne rien oublier. Étourdi par son dynamisme, il la regardait faire.

— Ah, oui ! Si tu décides de partir et de ne pas m'attendre, tire seulement la porte. Il n'y a pas de voleurs ici, nous sommes tous entre amis dans l'immeuble.

Un dernier signe de la main et elle disparut.

Quand le calme revint, il s'aperçut qu'il ne lui avait pas demandé ce qu'elle faisait, pas plus qu'elle ne s'était inquiétée de son travail. Il haussa les épaules et se retourna contre l'oreiller de plumes qui sentait encore son odeur de rose, bien décidé à ne sortir de sous l'édredon que lorsque le soleil serait déjà haut dans le ciel…

2

— Vous êtes seule ? dit Lacassagne en pénétrant dans la salle d'autopsie.

---

1. Sorte de ragoût de pommes de terre cuites à l'étouffée dans lequel on ajoute parfois des carottes.

Étonnée par cette présence si tôt le matin, Irina sursauta.

— Oui.

Il la dévisagea un peu cavalièrement, surpris de se retrouver en tête à tête avec elle, alors qu'il espérait trouver Perrier à sa place.

Elle n'était pas vilaine, bien qu'un peu classique. La trentaine, peut-être moins. Une bouche trop grande et des yeux d'un bleu passé, trop clair pour sa peau laiteuse. Une taille dans la bonne moyenne pour une femme, toutefois desservie par un physique musclé plus proche de l'allure masculine que de la fragilité gracile encore très prisée en cette fin de siècle. De plus, ce costume gâchait tout ! Pourquoi vouloir singer les hommes alors qu'on était une demoiselle acceptable ? Tout cela pour le brave professeur demeurait une énigme !

— Je vous souhaite le bonjour, se reprit-il soudain en s'apercevant qu'il avait dérogé à la plus élémentaire des politesses.

C'était la première fois qu'il la rencontrait sans personne autour d'eux. Penaud, car bousculé dans ses principes, il resta un instant la main en l'air, ne sachant s'il devait lui serrer la sienne ou se pencher pour effleurer sa peau. Pour toute réponse, elle eut un rire cordial et un geste qui mit fin à son hésitation. Dans un salut franc, elle glissa sa paume dans la sienne, ce qui coupa court à toute incertitude.

— Ne soyez pas réservé avec moi. Traitez-moi plutôt comme un de vos étudiants. Ni plus ni moins.

Je ne désire pas de faveur. Agissez comme si j'étais un homme !

Il sourit, amusé, malgré ses *a priori* qu'il ne pouvait museler.

— Soit, soupira-t-il en lui tapant sur l'épaule, si c'est ce que vous demandez.

— Je le souhaite, en effet ! J'aime cette enquête que vous avez confiée à Félicien et dans laquelle il m'a entraînée.

— Vous faites une bonne équipe, il me semble, et vous vous entendez tous bien. C'est important la complicité lorsque des personnes prévoient d'avancer côte à côte.

Au son de sa voix, elle comprit qu'il se demandait si la relation qu'elle entretenait avec l'un des deux garçons outrepassait l'amitié cordiale et si oui, avec lequel ? Vu son regard un peu fuyant, il n'envisageait pas une seconde que l'un d'eux ne soit pas son amant, sinon pourquoi aurait-elle été là, après tout ? Cette logique implacablement masculine ne l'offusqua toutefois pas, tant elle était son lot quotidien. Les choix d'une femme ne pouvaient qu'être dictés par ceux de son conjoint, que diable ! Où était donc le problème ?

— Tout à fait, minauda-t-elle dans un demi-sourire, alors que ce qui s'était passé la veille au soir, entre Félicien et elle, lui revenait en mémoire.

Quelque chose gênait Lacassagne, c'était certain ! Sa présence à la morgue, sans doute, incongrue lorsqu'on la savait néophyte en médecine. Ou tout simplement le fait qu'elle était seule ici, et qu'il craignait de la compromettre !

Un peu à court d'idées quant au sujet de conversation à aborder, il secoua la tête, cherchant une idée qui ne venait pas.

— Vous avez dormi là, s'étonna-t-il soudain en découvrant quatre chaises poussées côte à côte et des draps mortuaires abandonnés dessus.

— Oui, je suis restée tard et je n'ai pas eu le courage, ensuite, de sortir de nuit afin de rentrer chez moi.

— L'odeur ne vous incommode plus ? J'avais cru comprendre...

Les mots tombaient, un peu plats, et flottaient sans consistance.

— Je m'y suis habituée, répondit-elle. Sur les conseils de Félicien, j'utilise maintenant du camphre.

Le nom de Félicien une nouvelle fois dans sa bouche le fit légèrement sursauter et son regard en devint plus hostile, comme si soudain il avait identifié une menace à même de contrecarrer ses projets.

— Vous n'avez pas eu froid ? Delaigue aurait pu vous prêter une couverture.

— J'ai gardé mon manteau...

— Et vous étiez... seule ?

Elle sourit à ce soudain interrogatoire qui ne voulait pas dire son nom.

— Oui, Félicien m'a quittée vers les neuf heures après une discussion houleuse. Quant à Bernard, il a purement et simplement disparu de la circulation depuis hier, en fin de journée !

Une lueur passa dans le regard du professeur qui préféra jeter son dévolu sur les planches vermoulues du rafiot plutôt que de croiser les yeux d'Irina.

— Rien de grave avec le jeune Perrier, j'espère ?

— Non, des problèmes de... personnalité, tout au plus ! Il n'a simplement pas l'habitude qu'une femme lui résiste.

— Ah ?

— Mentalement, je précise, compléta-t-elle sur un ton enjoué après quelques secondes de silence, car il n'y a rien de plus entre nous... Mais voilà que je m'épanche sur des sujets personnels sans grand intérêt pour vous. Veuillez m'en excuser ! poursuivit-elle un brin perfide, comprenant bien, qu'au contraire, elle ne faisait qu'attiser sa curiosité.

Lacassagne, malgré lui, prit un air soulagé, mais il refusa toutefois la chaise qu'elle lui tendait. Des questions lui brûlaient à l'évidence la langue, mais il n'osait pas les poser.

— En fait, que me vaut l'honneur d'une visite si matinale ? reprit-elle en s'asseyant une fesse posée sur la table d'autopsie, comme elle avait coutume de le faire.

Il eut un petit rire qu'elle ne voulut pas interpréter comme narquois.

— Je souhaitais m'entretenir avec le docteur Perrier, essentiellement pour donner suite à notre conversation d'hier.

Réellement indécis, il hésita. S'il réfléchissait bien, ce devait être la première fois qu'il risquait de s'entretenir avec une femme de sujets d'ordre professionnel ! Une femme qui, en plus, le prenait de haut et n'affichait même pas un respect hiérarchique !

Il y avait bien des servantes à l'hôpital, mais il avait très peu affaire avec elles. Quant aux secrétaires, il les évitait le plus possible, estimant leur indécence trop évidente. On les disait souvent de mœurs légères, promptes à rechercher une alliance bien placée qui les sortirait de leur condition. Il ne souhaitait pas côtoyer de telles personnes, peu respectables, qui ne pouvaient que trouver sa situation de veuf attractive !

Il se gratta la tête et fronça les sourcils.

Cette jeune Bergovski était d'un autre acabit. Rien d'équivoque en elle ! Même s'il ne parvenait pas à comprendre ses motivations. Car tout de même, pourquoi une jeune fille bien sous tous rapports souhaiterait-elle vivre ainsi toute sa vie, sans se fixer et en portant un pantalon ?

— J'ai deux nouvelles pour vous trois, finit-il par lâcher en capitulant devant le sourire charmant de son interlocutrice. Une intéressante, mais aussi une bien triste, qui me gâche un peu l'effet de la première.

— Vraiment ?

— Oui et cela n'arrange pas nos affaires.

— Qu'est-ce donc ?

— Un nouveau corps vient malheureusement d'être retrouvé.

La stupeur la fit se raidir.

— Mon Dieu, le monstre... murmura-t-elle simplement, lorsque l'accablement fit place à de la rage.

J'ai lu hier au soir le rapport d'autopsie d'Eka qui m'a outrée par ses détails machiavéliques. Et voilà que maintenant vous me dites qu'il récidive ! Encore une jeune fille, je suppose ? Et toujours le même protocole ?

— Je le crains. Je suis venu aussitôt que je l'ai appris.

Il ravala bruyamment sa salive avant de poursuivre d'une voix un peu rauque.

— Ainsi... vous avez lu mon rapport d'autopsie ?

— Oui ! confirma vivement la journaliste en arpentant la pièce. Très complet. Très riche en informations. Et ce message... que dire ? Les mots me manquent...

— Je suis désolé, je ne voulais pas toucher votre sensibilité de femme... J'aurais préféré...

Irina s'arrêta brusquement et repoussa une mèche de cheveux qui s'était échappée de son chignon. Elle sursauta, comme surprise.

— Pardon ? Non... non... Je suis plus révoltée qu'émue. Comment dire ? Tant de barbarie me donne une furieuse envie de retrouver le plus vite possible ce monstre ! Comprenez-vous ?

Il hocha la tête en signe d'approbation et ne put retenir un sourire discret, tant la véhémence que la journaliste avait mise dans sa réplique était plaisante à entendre.

— Où le meurtre a-t-il eu lieu, cette fois-ci ?

— À la Croix-Rousse, expliqua-t-il, de plus en plus intrigué par la personnalité de son interlocutrice.

— Morbleu, encore un autre quartier !

Sur un plan de Lyon épinglé au mur, elle fit une nouvelle marque.

— Saint-Paul, les Cordeliers et maintenant la Croix-Rousse ! Quel point commun entre ces trois endroits ? S'il continue, le bougre va nous faire visiter tout Lyon !

Elle cherchait à faire de l'humour afin de masquer la bouffée de violence qui l'assaillait à l'en étouffer.

— Comme je le hais, marmonna-t-elle entre ses dents. Toucher aux femmes ! Quelle vilenie !

Instinctivement, peut-être parce qu'il était subjugué sans se l'avouer, la main de Lacassagne prit la sienne et la serra entre ses doigts.

— Vous y arriverez, j'en suis sûr ! Un tel monstre ne peut rester impuni.

Elle le remercia d'un sourire puis se dégagea promptement.

— Et la police, où en est-elle ? demanda-t-elle plus sereinement.

— La police ? Où voulez-vous qu'elle en soit ? Elle piétine ! Des corps déposés en pleine nuit sans que quiconque puisse apercevoir quoi que ce soit. Jamais le même endroit, mais toujours le même protocole. Personne ne sait comment le meurtrier connaît l'état des filles. De plus, les milieux diffèrent du tout au tout. De quoi y perdre son latin ! J'ai eu vent que le commissaire Montial, chargé de l'affaire, souhaitait ratisser large en faisant visiter, par ses sbires, tous les lieux où l'on pratique notoirement des avortements clandestins.

— Cela veut dire qu'il a une piste et qu'il pense que ces filles avaient entrepris la même démarche. Celle de ne pas garder leur enfant !

— Il semble que cela soit plausible, admit le professeur.

— Il a donc une longueur d'avance sur nous, car, même si nous avons envisagé ce fait, nous n'avons malheureusement pas les moyens humains pour faire ce genre de descente… Il va nous distancer, je le sens.

Alors qu'Irina s'inquiétait, Lacassagne eut un geste paternel spontané. Il effleura de ses doigts le front de la jeune femme, là où une mèche rebelle échappait à son chignon.

— Jusqu'à présent, dans les affaires criminelles, la science ne servait que de piètre faire-valoir à la Justice, lui expliqua-t-il en regrettant son geste. Bientôt, ce ne sera plus pareil, vous pouvez en être certaine ! Nous vaincrons, je peux vous l'assurer ! D'ailleurs, vous trouverez toutes les informations dans ce nouveau dossier.

Il hésita, un peu troublé. Contrairement à ce qu'il avait craint, la jeune femme n'avait pas cherché à le repousser.

— Vous direz à votre collègue Perrier qu'il y trouvera la liste des personnes dont il souhaitait avoir les noms, continua-t-il comme pour lui-même. Vous lui expliquerez aussi que j'ai fait mon possible pour me souvenir de tout… et que ma famille est maintenant en lieu sûr. Voilà…

Il parut faire mentalement le point.

— Vous y découvrirez de même la bonne nouvelle, poursuivit-il en évitant tout de même son regard. Celle qui fait que j'ai réussi à convaincre le procureur de la République du bien-fondé de votre action. Pas encore un véritable laboratoire de service d'anthropométrie travaillant main dans la main avec la police, ne rêvons pas ! Mais une légitimité basée sur un besoin de tester sur le terrain des données novatrices qui ne demandent qu'à être expérimentées. Vous n'avez pas de nom officiel, je le déplore ! Toutefois, j'ai l'immense privilège d'être votre chaperon, ce qui m'honore.

Il se racla la gorge, alors qu'elle restait muette.

Sa peau était douce si près de la tempe, et ses cheveux fins comme des cheveux d'enfant. Il n'était pas coutumier de ce genre de gestes qu'il jugeait déplacés ! Les circonstances peut-être. Ces meurtres, sans doute…

— Mais je parle… je parle… Je vous laisse plutôt prendre connaissance des documents ! s'excusa-t-il hâtivement.

Puis, sans plus de formalités, il prit congé, l'abandonnant seule, plantée au milieu de la pièce, avec ses doutes et ses questionnements.

3

— Debout, là-dedans !

Sans respecter les convenances, Irina pénétra dans la chambre dont la porte était entrouverte et se planta au pied du lit étroit afin de réveiller son occupant. Comme celui-ci ne bronchait pas, elle souleva brusquement le drap et l'édredon qui le recouvraient pour que le froid le stimule et le fasse réagir.

Il dormait nu malgré l'hiver, alangui sur le ventre, et un instant, suspendu rien que pour elle, elle détailla ce corps qui s'offrait, détendu, encore imprégné des exhalaisons chaudes du sommeil. Des fesses pleines, des jambes musclées, un dos charpenté. Ses doigts surpris se tendirent vers les petites marques boursouflées qui s'alignaient, bien proprement sur trois rangées, du bas de sa nuque au bas de ses omoplates. Mais elle ne les toucha pas... se contentant de se demander comment il avait bien pu se faire toutes ces cicatrices, autant de traits obliques tracés, comme au fer rouge, sur sa peau mate.

Brusquement, il se retourna et son premier regard fut pour elle. Il le lui planta comme il l'aurait fait d'un couteau et elle en perdit le souffle tant la violence qu'elle y perçut avait de quoi saisir. Sa main, véritable étau, enserra son poignet et ne le lâcha pas.

— L'étude que j'ai faite de toi me poussait à penser que la vue d'un corps nu d'homme ne pouvait que t'épouvanter... surtout lorsque le réveil le met dans de si troublantes dispositions.

Toujours prisonnière de ses doigts, elle eut un regard froid vers son bas-ventre et nota qu'il n'avait pas jugé bon d'attribuer cette belle réaction impressionnante au seul charme de sa présence matinale auprès de lui.

— Je te rappelle que c'est toi qui as fui, hier au soir, lorsque je t'ai proposé de faire l'amour.

Son visage était impassible et elle continua à le détailler, le poussant à se rebiffer. Sous l'insulte, il l'attira violemment sur lui et elle trébucha en tombant sur son torse.

Un instant, leurs bouches se frôlèrent, mais elle releva la tête en arrière afin de s'éloigner de lui. Puis, toujours en le fixant, elle se cambra et glissa sur sa peau.

En deux secondes, elle lui avait échappé et se redressait d'un bond.

— Une fille est morte, annonça-t-elle sur un ton monocorde en époussetant ses vêtements, aussi cesse donc de te pâmer outrancièrement, enfile quelque chose et suis-moi !

Bousculé par la nouvelle qu'il prit comme une gifle, il n'ajouta pas un mot et s'exécuta en silence.

— Tiens, Bernard a découché, constata-t-elle en pénétrant dans la chambre voisine. Tu le savais ?

Déjà, Félicien, tout en se boutonnant, arrivait sur le palier.

— Non, il ne m'a rien dit. Mais tu as raison, le lit n'est pas défait, reconnut-il sans faire aucune allusion à ce qui venait de se passer.

— Cachottier que ce Bernard qui, tout en me jurant une passion sans limites, nous laisserait supposer qu'il est encore puceau ! continua-t-elle sur le même ton indifférent. Et voilà qu'il nous plante là tous les deux sans un mot d'explication.

— En effet, c'est troublant…

Un peu dépités par le manque de confiance de leur ami qui n'avait pas cru bon de s'épancher auprès d'eux, ils errèrent dans la pièce vétuste, à la recherche de Dieu sait quoi... un indice qui leur donnerait le lieu de sa destination. Félicien en profita pour s'ébrouer dans la cuvette, jouissant de l'eau glacée que lui-même n'avait pas pris soin de monter, alors que, de son côté, Irina retournait quelques affaires.

— C'est peut-être elle ? se demanda-t-elle en contemplant un portrait photographique un peu flou.

— Non, ça, c'est sa sœur, Thérèse. Elle a environ dix-huit ans. Il m'en a déjà parlé.

— Ah bon ? Elle est mignonne.

Alors que Perrier, en toute licence, se coiffait avec le peigne de Bernard, Irina continuait son manège.

— Du beau linge...

— Fils de médecin enrichi.

— Une carte de vœux sans adresse et sans nom... mais prête à être envoyée à... sa famille... *Mes chers parents, recevez par avance*... et bla-bla-bla... et bla-bla-bla !

— C'est un sentimental.

— Une boîte en métal contenant une... seringue Pravaz.

Ils se regardèrent tous les deux en souriant, assaillis par la même idée amusante.

— Héroïne, tu crois ?

Déjà, la jeune femme se moquait.

— Lecuyer se laissant aller à des langueurs doucereuses ?

— Il ne serait pas le premier !

Elle haussa les épaules dans un signe de dédain.

— Ne confonds pas Bernard et Félicien, persifla-t-elle en ouvrant une trousse de suture utilisée. Le premier est intègre ; le second dépendant.

— Aucunement ! Je n'ai jamais touché à l'héroïne. Je laisse cela aux dames de la bonne société !

— Aux dames de la bonne société ? s'étonna-t-elle.

— Oui, il est pour le moment de bon ton de tenir une seringue toute prête sous sa jarretière afin d'en user si nécessaire.

— Tu veux dire… ?

— Oui. Il paraît que c'est particulièrement appréciable pour tromper l'ennui.

— Mais n'est-ce pas dangereux pour la santé ?

— Je ne pense pas. Les pharmaciens en vantent les mérites dans toutes leurs réclames et le milieu médical juge avoir découvert là un moyen de sortir de l'addiction à l'opium.

— Voilà donc quelque chose pour toi ! persifla Irina.

— N'exagérons rien ! Je ne suis pas dépendant.

Elle reposa la boîte et se retourna vers son ami.

— C'est toi qui le dis, mais lorsqu'on regarde tes yeux… et puis je ne vois pas d'un bon œil toutes ces substances à la mode. À mon avis, elles ne sont pas très saines !

— Mes pupilles vont très bien, par contre, toi, je ne te savais pas si prude.

Elle grimaça comiquement puis s'en retourna à ses découvertes.

— En attendant, dénicher une seringue chez un médecin, c'est comme s'étonner qu'il puisse avoir une trousse pour les sutures ! Tout cela est...

Elle laissa sa phrase en suspens et ils se regardèrent à nouveau, leurs pensées suivant le même cheminement.

— Tu n'as pas honte ! grommela-t-elle un peu contrite en s'apercevant qu'elle avait eu une idée similaire. En plus, si c'était lui, sa boîte de sutures ne serait pas là puisqu'il y a eu un nouveau crime.

Elle s'empêtrait dans ses paroles et il la laissait faire. Il avait été troublé de la découvrir au bord de son lit, aussi fallait-il bien qu'il lui fasse payer cet émoi !

Comme elle rougissait, il eut un rire déplaisant.

— Parce que tu peux imaginer que Bernard soit coupable ? se moqua-t-il en quittant la chambre et en enfilant son manteau. La force de la persuasion ! Irina, voyons ! Un peu de logique ! On est presque certains maintenant que le meurtrier en veut à Lacassagne. Je n'imagine pas le rigoriste Lecuyer s'en prendre à notre mentor ! Et puis notre ami est un couard, pas un tueur en série !

Il s'arrêta net comme si une idée fulgurante traversait son esprit.

— ... de plus, ajouta-t-il avec emphase, il est justement ce que je viens de dire... notre ami !

De son côté, sans prendre garde aux derniers propos de son collègue, la jeune journaliste griffonnait une adresse sur un morceau de feuille qu'elle déposa sur la table.

— J'ai déjà fait cela à la morgue. Comme ça, il saura où nous retrouver en rentrant !

Soudain, elle sursauta.

— En fait, c'est quoi cette histoire sur Lacassagne ? Pourquoi serait-il visé par le tueur ?

Perrier était sur le palier, il recula de quelques pas afin de l'apercevoir par l'embrasure de la porte.

— Un indice un peu sombre qui s'est révélé à l'autopsie.

— Le message dans la matrice ?

Surpris, il fit demi-tour et revint vers elle.

— Tu as été prévenue ?

— Oui, j'ai lu le rapport, hier au soir, après ton départ et ce matin j'ai vu Lacassagne.

— Il a pris la peine de se déplacer jusqu'à la morgue ? s'étonna le jeune homme.

— Oui. Il m'a expliqué qu'il avait une liste de noms pour toi... et que nous devenions légaux grâce au procureur de la République qui a donné son accord.

— Très plaisante information !

— Tout à fait... Mais c'est aussi comme cela que j'ai su pour le nouveau meurtre...

Au rappel de ce dernier fait, le médecin eut un frisson presque agréable.

— Viens, dit-il simplement en tirant Irina par la main, ne traînons pas !

4

Lorsque Bernard avait daigné se lever, un pâle soleil hivernal était déjà haut dans le ciel. Cela l'avait mis de bonne humeur et il avait songé que ça faisait longtemps qu'il n'avait pas si bien dormi. Le matelas sans doute. L'endroit aussi, reposant à souhait... et puis sa nuit délicieusement fatigante.

Il avait dévoré le fromage, bu deux bols de café fumant puis était parti après avoir tout rangé, non sans oublier de laisser un mot d'amour sur le lit.

— Vous m'avez fait courir, lança-t-il en découvrant ses deux amis affairés.

— Et toi, tu as découché, persifla Irina comme si ce fait la rendait jalouse. Voilà une drôle de mentalité !

Planté devant eux, Bernard rougit violemment sans pouvoir masquer son trouble. Avec toute cette histoire, il avait complètement oublié la journaliste et la passion qu'il était censé avoir pour elle ! Bien beau cœur d'artichaut en vérité !

— Je...

Elle le regarda torturer ses mains en les broyant l'une contre l'autre, se délectant de son émoi. Puis soudain, elle éclata d'un gros rire qui surprit le jeune homme autant qu'il le déstabilisa.

— Elle est gironde, j'espère ! plaisanta-t-elle en posant une bise sonore sur la joue du médecin. Aime-t-elle au moins ce que tu lui fais ? Y prend-elle du plaisir ?

— Irina !

Il trouva sa question inconvenante, mais en même temps fut rassuré de la voir tellement bien accepter la chose.

— Eh bien quoi… « Irina ! » se moqua-t-elle. Pourquoi, grands dieux, ma demande serait-elle grossière ? Ne suis-je pas ton collègue de travail avec qui toutes les conversations, même les plus oiseuses, sont permises ?

Elle gloussa à nouveau.

— Sais-tu qu'en fait, je suis fort aise d'être débarrassée de ce béguin bien encombrant qui te donnait des yeux larmoyants de cocker ? Tu étais là à guetter mes signes de tendresse. C'en était déplorable !

— Je te remercie !

— Quoi ? Tu n'es pas satisfait ? Nous voilà enfin libres, toi et moi ! Libres de discuter comme de vieilles connaissances, libres d'agir comme cela nous convient, libres de devenir les meilleurs copains du monde sans que le mot amour en soit à troubler ce merveilleux rapport d'amitié qui nous unit.

Malgré les paroles encourageantes de la jeune femme, il ne put s'empêcher de froncer les sourcils.

— Tu aimes Félicien ? C'est ça ?

Le rire se transforma en dérision alors que ce dernier, interpellé, haussait les épaules tout en s'accroupissant à côté du cadavre.

— J'ai l'impression d'avoir devant moi un succédané de Lacassagne ! railla Irina en secouant la tête d'un air désespéré. Un homme qui se dit que si une femme est là, ce n'est sûrement pas parce qu'elle aime ce qu'elle fait, mais bien parce qu'elle est la maîtresse d'un des protagonistes mâles ! Félicien n'est pas aimable, tu devrais déjà le savoir !

Contente de son bon mot à double sens, elle tapa sur le bras de Bernard puis enchaîna sans lui laisser le temps de rien ajouter.

— Fille d'une vingtaine d'années. Enceinte comme les précédentes. Avortée comme les précédentes.

— Violée ? soupira-t-il, contraint d'entrer dans son jeu.

— Non.

— Ah ! C'est déjà ça !

En suivant les indications de la journaliste laissées dans sa chambre, à son retour de chez Clarisse, il était aussitôt venu les rejoindre sur les lieux du troisième homicide. Comprenant que la conversation avec Irina était définitivement close, il se pencha par-dessus l'épaule de Félicien et découvrit le corps de la nouvelle victime, en chemise, étrangement figée.

— Bizarre comme elle est droite, fit-il remarquer en s'inclinant un peu plus.

— Normal, elle n'est pas morte là.

— Vraiment ?

— Non, les points de lividités cadavériques ne correspondent pas, daigna expliquer Perrier, qui jusqu'à présent s'était tenu à l'écart de la discussion. De plus, sa température ne correspond pas au froid extérieur du matin. Elle est plus haute.

— Ça veut dire qu'on l'a déplacée une fois morte ? questionna Lecuyer en s'accroupissant à son tour, car le sommet de sa tête touchait la voûte du réduit.

— Oui. Il faut qu'elle ait été déplacée au moins douze heures après son décès pour que les marques rouges, déjà fixées, ne bougent pas et que la rigidité en soit à ce stade.

— Il y a donc peu de temps qu'on l'a jetée là.

— C'est possible.

L'endroit où elle avait été déposée ressemblait à une caverne. C'était une sorte de recoin, bas sous plafond, aménagé sous le grand escalier de la rue Pouteau, au second niveau derrière la grille. Un commerçant avait aperçu ses pieds en contrebas, alors qu'il ouvrait sa boutique située sur le palier du dessus. Il n'avait rien vu d'autre, et rien entendu non plus. C'était à y perdre son latin !

Leur regard sonda les alentours, comme si le meurtrier pouvait toujours être là, tapi derrière une porte, tous mus par l'étrange impression d'être guettés. Pourtant, autour d'eux, rien ne bougeait sinon l'agitation habituelle de la rue à cette heure de la matinée.

— J'ai le sentiment que nous arrivons de plus en plus vite sur les lieux, murmura Bernard en baissant la voix, comme si l'agresseur pouvait l'entendre. Notre criminel deviendrait-il moins vigilant ?

— Ou alors il nous provoque, faisant en sorte de prendre des risques pour jouer avec le feu, grommela son collègue en tâtant la cicatrice grossière qui barrait le ventre de la suppliciée. Regardez. De moins en moins de soin pour refermer. Cela devient hâtif. Bâclé. Un peu comme si la fin approchait.

— Quelle fin ? s'inquiéta Irina.

— Une impression étrange...

Elle haussa les épaules de déplaisir.

— Tu crois que la fin, ce peut être un acte contre... enfin visant... heu... Lacassagne ?

— Je ne sais pas ! marmonna Perrier en se redressant dans un soupir. Je souhaite seulement que tel ne soit pas le cas.

Il sortit un instant la tête du réduit où reposait le corps de la jeune morte. Un soleil matinal d'hiver le surprit et lui fit cligner les yeux.

— Peut-être sa victime a péri trop vite, suggéra la journaliste, enlevant du charme, si l'on peut dire, à l'acte lui-même. Vous voyez... comme un obsédé du mal qui ne trouverait d'intérêt que dans les cris de douleur de ses proies.

Félicien grommela tout en reprenant son inspection minutieuse de la dépouille.

— Tu n'as pas tort, Irina, admit-il en tirant sur les chairs tout juste jointes de la cicatrice. Cette fille n'a plus une goutte de sang dans les veines. Hémorragie massive ! Elle est morte très vite. C'est d'ailleurs pour cette raison qu'elle est si raide. Les saignements provoquent une rigidité quasi immédiate après le décès.

— Et tu suggères que le fait qu'elle soit morte « très vite » aurait enlevé « du charme » à l'acte ? C'est bien cela ? se risqua Bernard.

— Oui, confirma la jeune femme. Imagine un être suffisamment barbare pour ne se sustenter que de la souffrance humaine.

— Un fou ? Un évadé de maison d'aliénés ? enchaîna-t-il.

— Non, au contraire ! coupa Perrier. Plutôt une personne asociale par son fonctionnement, mais parfaitement insérée dans la vie de tous les jours. Lacassagne, sur ce sujet, distingue trois catégories bien particulières. Le criminel de pensée qui est souvent un fou et pour lequel joue, le plus souvent, un facteur héréditaire. Celui-ci tue plutôt de façon aléatoire, d'une manière anarchique, sans rechercher des critères particuliers. Le criminel d'acte qui est le criminel le plus fréquent, puisque, la plupart du temps, il tue occasionnellement à la suite d'une émotion : jalousie, colère, vengeance... Il ne récidive pas, en règle générale, et regrette souvent son acte. Reste ensuite le criminel de sentiments, celui qui nous intéresse ici, et qui est le plus dangereux, car il est réfléchi et surtout... incurable.

Il ponctua son explication d'une grimace inaccoutumée.

— Calculateur... Froid... Ayant une absence d'émotions... Intelligent, très intelligent même... Pervers à l'extrême..., continua-t-il d'une voix laconique, les yeux dans le vague. Il prend du plaisir à tuer, trouvant des satisfactions dans une sorte de raffinement. Il entretient un jeu dans lequel il pose ses propres codes. La traque l'intéresse. Provoquer ceux qui le traquent aussi.

— Tu parles de toi ! trancha sa collègue en éclatant de rire, ce qui le fit sursauter.

Pour toute réponse, il lui jeta un regard glacé qui la mit mal à l'aise. Toutefois, elle s'obstina à se moquer de lui, adoptant une attitude provocante qui le poussa à se relever rapidement. Irrité.

— Alors, prends garde à toi, car ce criminel-là ressemble à Monsieur Tout-le-Monde. Aussi, je serais, de ce fait, très dangereux !

Elle avisa le corps raide à ses pieds et le toisa en se tenant bien droite.

— Je risque de finir ainsi ? Dis-moi, aurais-tu un quelconque ressenti contre Lacassagne ?

Il haussa les épaules et allait s'éloigner de la scène du crime, lorsqu'il découvrit un détail insolite qui retint son attention. Coupant court à la discussion, il se saisit de la main de la dépouille et, brusquement, écarta les doigts resserrés qui cédèrent dans un craquement sinistre.

— Regardez... Bernard, une pince ! Merci.

À l'intérieur de la paume, comme il s'y attendait un peu, il trouva des résidus de cheveux et des traces de sang.

— Elle s'est défendue, constata Irina en souriant. Merci, ma belle, pour ta collaboration !

À l'aide du côté plat d'une spatule, Félicien recueillit ce qu'il y avait sous les ongles de la victime. Son esprit novateur s'envola alors vers une époque où il serait sans doute plus aisé de faire parler ces prélèvements. Peut-être par leur structure ou leur composition...

Il avait entendu dire que déjà un chercheur avait établi qu'il existait plusieurs types de sang de groupes distincts. Une grande avancée qui permettrait certainement de sauver des vies !

En attendant, pauvres indices d'une société en devenir, il déposa ses précieux échantillons dans une boîte qu'il referma avec soin.

— À ton avis Bernard, ce serait quoi son milieu social ?

— Au premier regard, je dirais ouvrier. Cette fille travaillait, et depuis longtemps déjà. Nous sommes à la Croix-Rousse, aussi pencherais-je pour les soyeux.

— Fille de canuts ?

— C'est fort possible ! Regarde, encore un petit quelque chose pour ta boîte à indices.

Fièrement, du bout de sa pince, il présenta des étoupes de fil de différentes couleurs, jusqu'alors prisonniers de la chevelure.

— C'est une tisseuse, à n'en point douter !

— Assurément ! constata Irina en se penchant à son tour. C'est vraiment très bien, les gars !

Elle fit une pause.

— En attendant, c'est vraiment bizarre. J'ai l'impression étrange de l'avoir déjà croisée... mais où ? Je n'arrive pas à m'en souvenir !

Elle avait terminé la tâche qui lui était impartie, ayant croqué le corps dans sa position initiale, puis le visage en portrait. Elle rangea son matériel dans un sac qu'elle portait en bandoulière, et glissa les mains dans ses poches.

Même si l'hiver n'avait pas été jusqu'alors neigeux, il y avait dans l'air comme une humidité lourde laissant craindre les premiers flocons avant la fin de l'année. Surtout depuis qu'un nuage masquait le soleil déjà bien timide.

Alors que les deux médecins avaient repris leur étude, un bruit de pas se fit entendre en cadence contre la pierre de l'escalier.

— Morbleu ! Les policiers, mugit Bernard en regardant autour de lui afin de chercher une issue pour fuir.

— Rien à faire, nous sommes coincés ! maugréa Perrier en le rejoignant sur le palier, devant le réduit.

Il savait pertinemment qu'ils n'avaient rien à craindre, intervenant sur ordre du représentant de la criminologie lyonnaise. Toutefois, affronter ces hommes de terrain ne l'intéressait guère, préférant se complaire dans un anonymat discret.

Déjà, ils étaient là.

— Mais ce sont nos *Lacassagniens* ! persifla le commissaire Montial en arrivant à leur hauteur. Quel bon vent vous amène, messieurs ? L'odeur du sang, des tripes et des boyaux sans doute. Vous devriez flâner du côté des nouveaux abattoirs. Il y aurait là-bas, il me semble, matière à combler votre vice et à satisfaire vos bas instincts !

C'était un homme petit et maigre, vêtu à l'ancienne mode des policiers d'une redingote noire cintrée à la taille et boutonnée de tout son long sur deux rangs. Cela lui donnait une allure de croque-mort, surtout si l'on ajoutait à la panoplie un col blanc rigide, une cravate noire, un chapeau melon un peu râpé, de gros brodequins à clous et des gants mités.

Son œil d'aigle détailla ses interlocuteurs à la manière d'un inquisiteur, puis soudain son visage tanné se figea dans une espèce de rictus, qui se voulait un sourire. Satisfait.

— Messieurs et... madame... veuillez me pardonner cette méprise fâcheuse, dit-il en ôtant son couvre-chef pour une sorte de salut mesquin. J'ai eu, sur l'instant, quelques doutes sur votre identité, chère amie. Toutefois, votre charmant minois vient promptement de dissiper cette bévue.

Figée de crainte, Irina n'osait plus bouger.

— Ah, ça ! réagit Félicien prêt à s'énerver. Que nous voulez-vous ? Nous sommes ici en toute légalité, en train de faire le travail que le professeur Lacassagne nous a demandé !

L'homme, dédaigneux, le scruta rapidement, tout en continuant une activité étrange qui le poussait à évoluer autour de la jeune journaliste comme un chat autour de sa proie.

— À vous, rien ! grommela-t-il avec mépris. Je sais bien que de hautes instances vous protègent afin que vous puissiez exercer votre jeu de dupes, par lequel vous espérez nous tourner en ridicule. À vous rien, mais à elle, si...

Le sang de Bernard se figea.

— Elle est avec nous, s'indigna-t-il en se glissant entre son amie et le commissaire, afin d'empêcher ce dernier de tourner autour d'Irina.

— Je sais... je sais cela aussi... mais ce n'est pas ce fait qui m'intéresse.

— Eh bien, quoi ?

Alors que ses hommes se positionnaient en cercle sur les marches comme pour les empêcher de fuir, les bloquant sur le balcon suspendu situé sur le côté de l'escalier, Montial se pencha vers la jeune fille en minaudant.

— Pourrais-je voir, madame, puisque de dame il s'agit bien là, votre certificat de travestissement, s'il vous plaît ? murmura-t-il en tendant une main de rapace sous son nez.

Irina pâlit.

— Je...

— Vous ne l'avez pas ? C'est bien cela ?

— Je...

— Qu'est-ce donc que cette entourloupe ? maugréa Bernard en toisant le petit homme de toute sa hauteur.

— Laisse faire, supplia la journaliste en ravalant douloureusement sa salive.

— Le certificat de travestissement, messieurs, est un document officiel que toute femme – si nous pouvons appeler ces espèces d'individus *des femmes* – doit faire établir tous les six mois afin d'obtenir le droit de porter pantalon... en fournissant, bien entendu, une raison valable ! Notre jeune amie, n'ayant, sans doute, pas de raison valable ou se pensant tout bonnement, de par ses protections, au-dessus des lois, ne paraît pas pouvoir nous produire cet acte pourtant obligatoire. L'avez-vous ? insista-t-il en réitérant sa question.

Irina fit non de la tête alors que son tourmenteur jubilait.

— Voilà bien ce dont je me doutais ! Pas de certificat de travestissement... vous savez ce que cela veut dire ?

— Qu'est-ce que cela veut dire ? aboya Bernard qui n'en pouvait plus de tant de bêtises.

— La prison, cher monsieur, la prison pour irrespect de la loi.

Et joignant le geste à la parole, il héla deux policiers qui vinrent encadrer la jeune fille en la prenant chacun par un coude.

— Messieurs, conduisez-moi, sous bonne garde, cette... disons... personne, au commissariat et jetez-la dans une cellule en attendant que le juge décide du montant de son amende... ou de sa déportation !

Bernard allait bondir, mais Félicien le retint d'un bras tendu devant lui.

— Laisse, marmonna-t-il alors qu'il regardait s'éloigner Irina, tu n'y pourras rien. Il est dans son droit et il le sait bien !

5

Clarisse écarta le bord de son voile blanc et se pencha au-dessus de la patiente allongée dans un lit.

— Cela ne devrait plus tarder, murmura-t-elle à la femme qui, les traits crispés, se tordait de douleur.

Comme pour conforter ses dires, un nouveau spasme envahit le corps de l'accouchée, douleur qu'elle accompagna en appuyant sur le ventre rebondi. Cela faisait des heures que le travail avait commencé, n'aboutissant à rien. L'enfant refusait de naître !

— Je vais chercher le docteur pour qu'il voie où en est l'ouverture du col, chuchota-t-elle en se voulant rassurante. En attendant, vous souhaitez que je mette un linge humide sur votre front ? Ou peut-être que je vous serve un peu d'eau ?

Elle lui sourit. La femme, à bout de forces, ébaucha un signe de tête que Clarisse prit pour un acquiescement. Délicatement, elle lui essuya le visage puis approcha un verre de ses lèvres gercées. C'était son premier enfant, et, au train où allaient les choses, il ne verrait pas le jour vivant.

Dans l'autre grande salle, elle rencontra le médecin qui faisait son tour auprès des malades. Celui-ci la suivit non sans exprimer son scepticisme sur le bien-fondé d'une action.

— Mais docteur, pourquoi ne pas tenter la césarienne ?

— Parce qu'il est trop tard et que ces techniques récentes ne s'adaptent pas à son cas. Le col refuse de s'ouvrir. Nous ne pouvons même pas utiliser les forceps !

La future mère était soyeuse. Elle avait attendu longtemps avant d'oser franchir la porte de ce tout nouvel hôpital, craignant sans doute de ne pas avoir le droit… ou tout simplement par crainte d'y mourir… Elle voulait accoucher chez elle, comme la plupart des femmes, avec l'aide de la matrone du quartier.

Le médecin souleva la couverture et mit son stéthoscope sur le ventre de la parturiente. De l'autre côté du cornet, il posa son oreille et chercha les battements du cœur de l'enfant, en vain.

— Aucune chance, Clarisse, trancha-t-il sans égard pour sa patiente. Il est mort. Je ne peux plus rien faire pour eux.

Un grand vide envahit la jeune servante.

— Faites quelque chose, supplia-t-elle en rattrapant le praticien qui déjà partait. Vous ne pouvez pas la laisser comme ça. Ouvrez son ventre ! Sortez le bébé ! Sauvez-la au moins elle... s'il vous plaît.

Celui-ci la prit par le bras avec un air sévère.

— Cessez donc vos enfantillages, Clarisse ! Nous sommes ici dans un hôpital et vous avez été jusqu'ici une bonne aide, alors ne gâchez pas tout en vous donnant en spectacle aussi inutilement. Cette patiente va mourir, tout comme le petit qu'elle porte vient de le faire ! C'est ainsi ! Nous ne pouvons pas faire de miracles, nous ne sommes pas Dieu !

Il allait partir en la lâchant puis se ravisa.

— Voilà pourquoi notre charge, quoi qu'en disent les fâcheux, ne pourra jamais être attribuée à une femme, enchaîna-t-il en fronçant les sourcils. Vous êtes trop sensible et vous vous laissez bien trop facilement envahir par vos nerfs qui alors vous dominent. De plus, votre manque d'intelligence n'admet pas les vicissitudes de l'existence humaine avec suffisamment de tempérance. Vous voulez tout, sans comprendre que le tout n'est rien et que le savoir seul permet l'expérience. Sur ce... donnez-lui un peu de laudanum afin de calmer son mal et tenez-vous prête à préparer son corps pour la famille. Son dernier souffle est pour bientôt !

6

L'œil rivé à son microscope, Félicien tournait et retournait la lamelle qui emprisonnait les cheveux trouvés dans la main de la dernière victime. Il paraissait serein, mais intérieurement il fulminait.

Depuis le départ d'Irina pour le commissariat de police, il leur avait été impossible d'obtenir des nouvelles. Aussi, de guerre lasse, Perrier avait fini par prévenir Lacassagne, se sentant, dans cette histoire-là, un peu comme un gamin venant se plaindre d'un copain au maître d'école. Ce dernier l'avait rassuré en lui confirmant que, jusqu'alors, aucune femme sans certificat de travestissement n'avait été punie par la loi. Le *jusqu'alors* n'avait pas été pour lui plaire et lui avait laissé un goût âcre dans la bouche.

Machinalement, de sa main libre, il nota sans relever la tête : cheveux épais, raides, presque roux, d'une longueur d'environ quinze centimètres, sans racine.

En soupirant, il changea de lamelle et se pencha tout aussi préoccupé vers ce qu'il avait récolté sous les ongles de la fille. Que lui arrivait-il ? Voici qu'il s'inquiétait pour les autres. C'était à en rire !

Il allait enlever le verre dont le contenu ne lui apportait rien lorsqu'un élément attira son attention.

Il régla un peu plus les loupes et fronça les sourcils. Une sorte de bourre se dissociait des cellules.

Il pensa à ce qu'avait dit Bernard sur le lieu où la dépouille avait été retrouvée.

— Encore de la fibre des bobines... Logique, si elle était soyeuse.

Toutefois, il ouvrit la lamelle et, de la pointe d'une pince, écarta les peluches duveteuses qui se détachèrent sans problème. Il les isola et les transféra sur une autre plaquette afin de pouvoir les observer plus aisément.

Dès le premier coup d'œil, il vit la différence entre ce qui aurait dû être un fil de soie et ce morceau de mohair plus grossier. Il visualisa rapidement une scène imaginaire où la victime, dans un dernier sursaut, griffait son bourreau tout en fermant ses doigts sur un lainage. Il soupira. Un lainage, mais pas de la flanelle. Un cardigan ? Un tricot de corps ? Une écharpe... oui, mais rouge... Cela l'intriguait.

— Pas de nouvelle d'Irina ? s'inquiéta Bernard en entrant.

— Non. J'ai demandé à Lacassagne de se renseigner, mais, pour le moment, elle n'a pas été relâchée.

— C'est tout de même du n'importe quoi, cette histoire-là ! grommela-t-il en posant son manteau sur la patère vers la porte. Est-ce qu'on nous met des amendes à nous ?

— En même temps, tu ne portes pas de robe, se moqua Félicien en pouffant, le nez dans son microscope.

— Et la toge du maître de chaire, tu appelles cela comment ?

Cet argument ne parut pas satisfaire le jeune médecin. Il marmonna quelque chose qui demeura inaudible pour son collègue.

— Où en es-tu ? reprit-il en changeant de sujet.

— Où j'en suis ? Notre bourreau a les cheveux châtains tirant sur le roux, raides, épais si j'en crois la grosseur d'un seul échantillon. Un peu long, car, sur quinze centimètres, je n'ai pas de racine. Il porte aussi un lainage rouge relativement grossier au niveau des fibres, ce qui me fait penser à du tricotage et non du tissage.

— Rouge comme l'écharpe d'Irina ? C'est assez rare.

— J'en conviens ! Et c'est d'ailleurs ce qui me tracasse. De plus, il doit avoir sur la peau, peut-être au poignet ou alors au cou, deux voire trois traces bien marquées d'une griffure d'ongles. Car j'ai retrouvé, avec le sang qu'il y avait, des morceaux d'épiderme.

— Comme en présentait notre cher professeur Barjouval, au moment de sa visite, persifla Lecuyer en se penchant à son tour vers le microscope.

Perrier dévisagea son ami puis eut un sourire entendu.

— Ma foi, tu as tout à fait raison ! s'enthousiasma-t-il en assénant une bonne claque dans le dos de son collaborateur. Le voilà bien notre coupable idéal ! Expert en chirurgie. Trois belles marques dans le cou. Menteur de surcroît. Et je suis sûr qu'il est jaloux de Lacassagne. En plus, je ne l'aime pas !

— Cet ultime critère ne permet pas, il me semble, d'en faire véritablement un suspect !

— Oui, mais c'est tout de même un argument de poids ! affirma Félicien en riant sous cape.

Il n'aimait pas la tournure que prenaient les événements, mais il était confiant. Tôt ou tard, leur meurtrier allait commettre une erreur et leur équipe serait là pour le cueillir... Enfin, il l'espérait, car le procédé avec lequel ce dernier opérait avait de quoi surprendre en cette époque où les criminels semaient encore des indices derrière eux, comme le Petit Poucet ses cailloux.

Celui-ci était méthodique, ordonné et ne laissait rien au hasard. Pas une trace de chaussure ! Pas le moindre témoin... On aurait dit qu'il connaissait les nouveaux moyens d'investigation avant Lacassagne lui-même ! Les déjouant alors qu'ils n'étaient même pas mis encore en application !

— Un scientifique peut-être, marmonna-t-il sans se préoccuper de Bernard.

Cette laine sous les ongles de la victime était son premier faux pas. Tout comme les griffures qu'il devait dissimuler. À eux maintenant d'exploiter cette faille, si faille il y avait !

En réfléchissant, il avait ôté de la lamelle un des cheveux trouvés dans la paume de la jeune morte, et l'étirait entre ses doigts.

— Au fait, je ne sais pas si tu y as fait attention, se mit à expliquer Lecuyer en sortant Félicien de ses réflexions, mais j'ai écrit sur un des tableaux les noms que nous propose Lacassagne. J'ai mené ma petite enquête rapide et deux sont morts, un est déporté à vie et, d'après ce que j'ai pu savoir, un quatrième serait parti enseigner en Amérique. Tu vas trouver ça stupide, mais j'ai l'impression que c'est une perte de temps pour nous. Je crois que nous allons attendre les résultats de la dernière autopsie avant de chercher à en apprendre plus.

— Tu escomptes un nouveau message ? grommela son collègue en inspectant avec attention le cheveu qu'il tenait toujours en main.

— Pourquoi pas ?...

— Hum... Tu vas bientôt te révéler plus macabre que moi.

Perrier lança un sourire idiot à son ami.

— Il ressemble aux tiens à s'y méprendre, reprit-il aussitôt tout en posant son regard sur l'opulente tignasse de Bernard.

— Très drôle..., bougonna ce dernier en haussant les épaules. Il n'y a rien de mieux qu'un cheveu châtain tirant sur le roux pour ressembler à un autre cheveu châtain tirant sur le roux !

— C'est certain ! Tant que nous ne saurons pas comment faire parler ce genre d'indice afin d'en trouver le propriétaire, nous en resterons à ces bien piteuses constatations, soupira-t-il en saisissant une plaque de métal rangée sur un rayonnage.

En deux jours, grâce aux bons soins de leur mentor, la salle vétuste de la morgue s'était transformée en laboratoire plus ou moins honorable. Des étagères couraient maintenant sur trois longueurs de murs, et un grand établi de bois était venu compléter la table d'autopsie jusqu'alors seul support leur permettant à la fois de prendre des notes et de travailler. Comble du luxe, un bureau avait été livré la veille. Il trônait fièrement vers les tableaux qui avaient été poussés à l'arrière.

— Tu fais quoi ? lui demanda Lecuyer en se penchant sur son épaule.

— Les cheveux sont sensibles à l'hygrométrie. J'ai constaté que ceux des femmes s'allongeaient volontiers à l'humidité. Le ciel nous annonce de la neige, je la sens moi-même à... de vieilles cicatrices.

Patiemment, tout en parlant, il avait fixé chaque extrémité du cheveu aux pinces rivées sur le support. Puis il en prit minutieusement la mesure et la nota.

— Si nous avons à faire à un cheveu féminin, celui-ci sera légèrement plus long dans les heures à venir, affirma-t-il un sourire aux lèvres en relevant la tête vers Bernard qui tressaillit.

— Vraiment ?

— Je l'espère !

— Et ne crains-tu pas que toutes tes pratiques finissent par te faire ressembler à ces cartomanciennes qui lisent dans les lignes de la main ou dans le marc de café ?

Perrier eut un soupir navré. Il posa son expérience sur la tablette où il l'avait prise et se retourna vers Lecuyer afin de lui tapoter l'épaule.

— L'avenir nous le dira, mon ami. L'avenir nous le dira...

Puis il avança vers un des tableaux et ramassa une craie tombée au sol.

— Au fait, tu as su ce qu'Irina avait retiré de ses recherches sur la Croix-Rouge ? poursuivit Bernard en changeant de sujet.

— Je n'ai pas pensé à lui en parler lorsque je l'ai vue.

À la manière des images d'un des *Voyages à travers l'impossible* de Méliès, petits films qu'il adorait par-dessus tout, Félicien se remémora, en saccadé, sa dernière rencontre avec Irina. Et instantanément lui revint, là au fond des tripes, la même violence érotique qui l'avait envahi lorsqu'il lui avait serré le cou. Les fragrances entêtantes de sa peau fraîche, savon et rose, lui fouettèrent les narines comme à la seconde où il l'avait attirée à lui.

Il ravala sa salive un peu bruyamment afin de retrouver son souffle et se cramponna au dossier d'une chaise.

Son trouble soudain devait être palpable, car son ami lui demanda ce qu'il avait. Ce qu'il avait ? D'un regard noir, il fusilla Lecuyer qui ne broncha pas. Ce qu'il avait, grands dieux ! Cette envie puissante d'aimer au point de vouloir faire disparaître l'autre, de le posséder au-delà de la mort... il l'avait déjà connue... il ne souhaitait plus la vivre...

Félicien allait apostropher son collègue pour tout ce qu'il n'était pas et ne serait jamais, lorsqu'il entendit un grattement à la porte. D'un pas décidé, il alla ouvrir : c'était le vieux Delaigue, la casquette entre les mains en signe de déférence, accompagné de deux personnes aux visages décomposés. Son émotion tomba aussitôt et il se mit à respirer plus aisément.

— Monsieur Delaigue, salua-t-il mielleusement, madame, monsieur…

L'homme en question paraissait gêné et triturait un journal plié en accordéon. Perrier comprit aussitôt. Le travail d'Irina avait fait son œuvre et, grâce au portrait paru dans *Le Progrès de Lyon*, les parents de la première victime étaient là devant lui !

— Ces gens ont lu l'article de ce jour, confirma le gardien. Vous savez ? La petite jeune fille… enfin, voilà, je voulais que vous soyez présent lorsque je tirerai le rideau.

— Pas de soucis. J'arrive.

Alors que Bernard s'installait au bureau afin de relire des dossiers, Félicien suivit le groupe. Doucement, Delaigue les invita à se placer devant la vitre puis il saisit des cordons de la tenture coulissante. Le geste avait quelque chose d'un tantinet théâtral, mais convenait, par son côté dramatique, à la solennité du moment.

D'un coup d'œil aguerri, le jeune médecin évalua la situation. La femme – la mère à n'en point douter – paraissait au bord de l'évanouissement tant la douleur qu'elle supportait la ravageait. Sobre dans son long manteau foncé boutonné jusqu'au bas, elle conservait un visage fermé, pensant retenir sa peine en ne laissant rien transparaître derrière son mouchoir.

L'homme, quant à lui, semblait plus bonhomme de par sa physionomie, bien que chez lui l'inquiétude figeât ses traits comme sous une couche de cire.

Ils se plantèrent devant le lourd rideau de velours noir, raides comme des statues de sel, et attendirent que le vieux gardien veuille bien le faire glisser afin de dévoiler l'horrible spectacle qu'il dissimulait.

Toujours en retrait, Félicien se demanda ce que pouvaient bien éprouver, au fond d'eux-mêmes, des gens qui examinaient des cadavres en redoutant de trouver, parmi ces dépouilles alignées, un parent ou un ami. D'un nouveau coup d'œil, il jaugea la scène. Dans le cas présent, ces personnes-là venaient reconnaître leur propre fille, ce qui devait être encore plus inhumain !

À son signe de tête, Delaigue, sobrement, tira sur les liens de soie torsadée et la petite salle d'exposition apparut ainsi que ses curieux occupants allongés sur les dalles. Aussitôt, les mains de la femme se crispèrent sur la rambarde de fer qui séparait la vitre des visiteurs alors que ses yeux ne se détachaient plus d'un des corps présentés. Soudain, elle chancela.

— Madame !

Déjà, le gardien était là et lui passait sous le nez un flacon de sels sorti de sa poche.

— Vous reconnaissez quelqu'un ? intervint Félicien sur un ton professionnel.

L'homme hocha piteusement la tête.

— Notre fille, souffla-t-il en entourant de son bras les épaules de son épouse.

Alors que le rideau se refermait, cette dernière poussa un petit cri de désespoir.

— Venez vous asseoir dans la salle d'au…

Perrier retint le mot qui aurait pu effrayer plus encore les proches de la jeune morte et les fit pénétrer dans la pièce. Depuis qu'ils l'occupaient, l'odeur de putréfaction s'était un peu dissipée, surtout grâce à Irina qui n'arrêtait pas de brûler du papier d'Arménie, censé purifier l'intérieur de la morgue ! Il s'en félicita, car aucun lieu n'étant prévu pour recevoir les familles éplorées, il devait admettre que l'endroit n'était pas des plus rassurants avec ses planches de bois noirâtres, son parquet disjoint imbibé d'humeurs putrides et ses vasistas en hauteur battus par les vents.

— Vous êtes… ? commença-t-il alors que, prévenant, Lecuyer les invitait à s'asseoir.

— Armand Letaillier. Je suis négociant en vins et spiritueux, quai Pierre-Scize. Et voici mon épouse, Louise Letaillier, née Mauricet.

— Et vous reconnaissez… ?

Il eut un hoquet.

— Notre seconde fille… Marthe-Louise-Adélaïde… elle a… pardon… elle avait seize ans depuis le 18 octobre dernier.

— Très bien. Vous certifiez ainsi avoir identifié le corps de Marthe Letaillier, votre fille cadette âgée de seize ans, en la dépouille exposée sur la dalle de gauche, à l'avant ? C'est bien cela ? répéta Bernard tout en notant sur le registre spécialement prévu à cet effet.

— Oui, c'est bien cela.

— Puis-je vous demander depuis combien de temps vous ne l'avez pas vue ?

L'homme hésita et jeta un coup d'œil rapide vers sa femme qui ne broncha pas.

— Depuis le 22 décembre au matin.

Surpris, Félicien releva les yeux vers son interlocuteur.

— Et est-ce indiscret de savoir pourquoi vous n'avez pas recherché votre enfant dès le 22 décembre ?

— Parce que…

Il déglutit douloureusement.

— Parce que cette dernière était partie chez sa marraine, à Grenoble, durant les fêtes de Noël. Nous l'avons laissée à la gare de Perrache afin qu'elle y prenne le train.

Un silence pesant envahit la salle. Ainsi donc, ces parents avaient reconnu leur fille Marthe sur le journal, alors qu'il la pensait en vacances chez une proche ? Voilà bien ce qui expliquait leur absence d'inquiétude et pourquoi ils ne s'étaient pas présentés plus tôt !

— Et sa marraine ne s'est pas plainte de ne pas la voir arriver à l'heure convenue ?

— Nous lui avons adressé un pli tantôt après avoir découvert le portrait de Marthe. Nous attendons sa réponse.

— Je comprends mieux, enchaîna Bernard tout aussi surpris que son ami. Et… devait-elle voyager seule ?

Le père parut outré en entendant la question. Sa fille était quelqu'un de bien, élevée suivant des valeurs morales très strictes !

— Non, bien sûr ! s'offusqua-t-il en fronçant les sourcils. Son professeur de chant, une personne de confiance, l'accompagnait.

— Son professeur de chant ? Pouvez-vous m'en dire plus ? reprit Félicien sur un air étonné.

L'homme tenta de chercher de l'aide auprès de sa femme, mais comme celle-ci, à moitié étourdie par la nouvelle qui l'avait détruite, ne bronchait pas, il poursuivit un peu hésitant :

— Je ne suis pas trop au fait de tout cela, voyez-vous. C'est plutôt à mon épouse que revient ce genre de responsabilités. Je sais que c'est quelqu'un en qui elle met toute sa confiance, sinon elle n'aurait pas laissé Marthe partir en sa compagnie ! Notre cadette a... avait une très belle voix et étudiait le chant lyrique depuis plusieurs années déjà.

Le jeune médecin imagina un *géronte* moustachu qui sentait le rance et ne put retenir un sourire.

— Aucune nouvelle de cette personne ?

— Non, aucune nouvelle.

— Donc, je résume, Marthe ne devait pas voyager seule et vous connaissiez son chaperon. Toutefois, celui-ci ne vous a pas signalé que votre fille n'était pas montée dans le train avec lui ? C'est bien cela ?

— C'est bien cela...

— Soit ! Et puis-je vous demander si votre fille... comment dire... fréquentait ?

— Un amoureux ? C'est ce que vous voulez savoir ? Si notre petite Marthe était fiancée à quelqu'un ?

— Oui.

— Non, elle n'était pas promise ! Le seul homme qu'elle voyait, je viens de vous l'expliquer, c'était son professeur de chant ! Pourquoi me demandez-vous cela ?

— Son professeur de chant ? s'étonna Lecuyer en grimaçant.

Eu égard à la pauvre femme éplorée qui demeurait figée, comme impassible, un peu en retrait de son époux, Perrier n'osait poser les questions qui lui paraissaient essentielles.

— Son professeur était donc un homme ? enchaîna-t-il à la suite de Bernard.

— Oui... Quelqu'un de tout à fait respectable qui mène la chorale le dimanche matin à l'église Saint-Paul.

— Quel âge ?

— La cinquantaine bien entamée. Peut-être plus. On le pense veuf. Sans enfants. Un homme courtois, discret. Très compétent.

— Et vous ne craigniez pas... enfin, vous voyez ce que je veux dire ? Car enfin, votre fille était jeune, naïve, désirable. Une proie facile en somme.

— Comme vous y allez ! S'inquiéter ? Non ! Pourquoi l'aurions-nous fait ? La première année, Monsieur Maurin venait en personne, à la maison, donner ses cours. Puis il a eu un accident et a été immobilisé plusieurs semaines à son domicile. Sachant pertinemment que notre fille ne craignait rien avec lui, nous l'avons alors, à partir de ce moment-là, fait déposer en fiacre, au bas de son immeuble, puis reprendre à la sortie. C'était tout près.

Il eut un froncement de sourcils.

— Mais, je le répète, quel lien avec le décès de notre pauvre enfant ?

Perrier croisa les bras et se renfrogna à son tour.

— Marthe était enceinte, marmonna-t-il précipitamment en articulant peu, de sorte qu'un esprit troublé ne puisse le comprendre.

— Quoi ?

— Parlez bas !

Le père de famille sursauta. Il y avait dans le ton autoritaire du médecin et dans la vulgarité de sa révélation de quoi le révolter. Toutefois, ses yeux se posèrent sur sa femme qui n'avait pas réagi et revinrent sur son interlocuteur qui étrangement souriait.

— Je conçois votre courroux, néanmoins, j'ai besoin que vous soyez objectif. Y a-t-il eu un changement dans le comportement de votre fille ?

Un changement ? Le commerçant se repassa, en accéléré, les ultimes semaines de la vie de sa fille Marthe, du moins ce qu'il en connaissait. Des joues qui avaient rosi. Un entrain plus particulier. Et puis un teint cireux. Des cernes verdâtres. Un manque d'appétit... Un dégoût même pour le chant. Comment n'avait-il rien vu ? Et sa propre mère, pourquoi n'avait-elle pas compris que l'irréparable avait été commis ?

— De quoi est-elle morte ?

Les détails morbides ressurgirent à l'esprit de Félicien et il imagina les désagréments que ces révélations produiraient. Non que cela lui causât des états d'âme, mais il n'avait pas envie de devoir affronter des épanchements fâcheux. De ce fait, il para au plus pressé et maugréa :

— Avortement clandestin.

L'horreur envahit le visage de l'homme qui tourna vers son épouse, toujours sous le choc, un regard vide.

— Ne lui dites pas…, implora-t-il.

Tous ces sentiments exacerbés dérangeaient tout à coup Perrier. L'irritaient.

— C'est vous qui ferez comme vous voudrez, trancha-t-il en lui serrant un peu brusquement la main. Je vous laisse avec mon collègue pour les derniers détails.

Il allait quitter la pièce, un peu cavalièrement, lorsque soudain il se pencha à nouveau vers son interlocuteur.

— Comment s'appelle ce professeur de chant, déjà ?

Le visiteur chancela sous la question pressante.

— Maurin. Antoine Maurin. Il habite montée Saint-Barthélemy.

— Je vous remercie.

Puis, sans plus de formalités, il sortit.

7

— Alors, t'es dans l'embarras, que tu dis ?

— Oui, confirma Irina le plus sérieusement du monde.

— T'en as pourtant pas la dégaine ? Tu ressembles à une tribade[1].

---

1. Ancien terme pour définir une lesbienne.

— P't-être... mais c'est pas le cas !

— Et donc, tu voudrais que je te refourgue une adresse pour momignarder en purée[1] ?

— Oui...

La femme, la trentaine fatiguée, lui décrocha un regard suspicieux. Assise sur un banc face à la journaliste, jambes écartées sous un jupon pisseux, coudes sur les genoux et mains sous le menton, elle la détailla avec une application toute militaire.

— Tu tapines dans le beau monde ?

— Non.

— Non, mon œil ! Encore une irrégulière qui nous mange notre pain !

— Non... mais...

Irina s'emmêlait. Elle n'aurait jamais pensé qu'obtenir l'adresse d'une avorteuse de la part d'une prostituée serait si difficile ! Voilà bien plus d'une heure que la soumise était entrée et qu'elle était assise à ses côtés, dans cette cellule infâme qui puait la vinasse, la sueur et l'urine, cherchant à banaliser son incartade dans le milieu pénitentiaire en le mettant à profit, sans toutefois y parvenir.

— Qui me dit que t'es pas de la rousse et que tu vas pas leur manger le morceau, hein ? Avec toutes ces histoires de filles qui se font trucider et qu'on leur enlève leur bourdon !

— Ben... rien... mais si tu ne veux pas m'aider pas grave... je me débrouillerai.

---

1. Avorter.

Irina soupira et renversa la tête en arrière en fermant les yeux.

— T'es là pour le travestissement ? demanda une seconde tapineuse, plus en retrait, qui venait de se faire jeter dans la cellule quelques minutes auparavant.

— Oui.

— T'en es, de la gougnoutte ?

— Ben non, puisqu'elle est grosse !

— Ben, ça empêche pas !

— Pour sûr ! Mais elle dit qu'elle est pas une satin.

— Ah ? Et alors, pourquoi tu te frusques comme un gland ?

— Pour mon travail.

— Et qu'est-ce tu fais ?

Irina sourit et rouvrit les yeux en les regardant.

— J'écris dans les journaux… *Le Progrès de Lyon.*

Un sifflement admiratif reçut sa confession. La seconde fille se rapprocha et se serra contre la première sur le banc.

— Tu veux dire que tu racontes des choses qui sont imprimées dans le babillard ?

— Oui.

— Alors que t'es une femme ?

— Eh bien, oui.

— Ah ! Je comprends mieux tes hardes ! Et tu parleras de nous ?

— Je pourrais.

— Avec notre portrait ?

— Pourquoi pas ?

— Comme des gens de la haute ?

— Comme des gens de la haute !

— Tu t'rends compte, la Mouche, toi et moi en première page ?

Elles éclatèrent de rire et prirent la pose comme des célébrités. Irina en profita pour sortir de son sac le calepin et le crayon qu'étrangement le policier qui l'avait conduite au cachot lui avait laissés après l'avoir fouillé.

— Ne bougez plus, mesdames, commanda-t-elle en mouillant le bout de sa mine de plomb d'un peu de salive.

— Tu entends, elle nous donne déjà du *mesdames*, se gaussa celle qui se nommait la Mouche, surnom dû sans doute au gros grain de beauté qu'elle avait sur la joue.

En quelques traits, la jeune journaliste croqua les deux prostituées, qui, comme des élèves studieuses, s'appliquaient à ne pas remuer. Le portrait leur parut convaincant, car, quelques minutes après, elles se levèrent et applaudirent bruyamment.

— C'est quoi, ce raffut ? demanda un policier en approchant des barreaux.

— Regarde, l'Ernest, la donzelle nous a dessiné la figure, comme à des gens de la haute ! Vois un peu comme ça nous ressemble !

Celui qu'elles appelaient Ernest se pencha un peu afin d'admirer le croquis que la plus vieille des deux brandissait.

— En effet, vous voilà rendues immortelles comme les grands de ce monde ! Bon… c'est pas tout, mais toi, là, Irina Bergov… je sais plus quoi…

— Bergovski… Irina Bergovski…

— Oui, eh bien, toi, la Polonaise ! Je dois te faire sortir. Tu dois me suivre.

— D'accord, obtempéra cette dernière en rangeant son matériel de dessin.

— Elle se tire ? s'inquiéta la Mouche qui s'était fait une copine.

— Paraît... elle a des appuis... et des hauts !

Les deux filles sifflèrent entre leurs dents et alors qu'elles étreignaient la journaliste avec effusion comme de vieilles connaissances, la plus âgée lui murmura à l'oreille :

— Va voir la Mathilde au 19, montée de la Grande-Côte, second étage, et dis-lui bien que tu viens de ma part, la Maraude. T'hésites pas, car, pour ces choses-là, y vaut mieux ne pas attendre !

8

Pour accéder à la montée Saint-Barthélemy depuis la morgue, près du pont de la Guillotière, il ne devait pas y avoir un kilomètre. Félicien décida de le faire à pied. En grimpant par l'étroite rue de la Bombarde que l'énorme chambardement rénovateur n'avait pas encore atteinte, il aurait tôt fait de rejoindre l'appartement du professeur de musique !

Celui-ci vivait au numéro 28, dans un petit logis au quatrième étage d'un immeuble fatigué, dont la façade s'ornait de larges arcades. Au premier, il reconnut le bruit facilement identifiable des métiers à tisser qui, derrière leurs grandes fenêtres, rythmaient la journée des habitants. Lorsqu'il accéda au dernier, une odeur de saindoux et de chou mêlée à celle dérangeante des latrines lui arriva de plein fouet. Les portes y étaient plus basses et défraîchies, le palier plus étroit, signes évidents que le professeur de chant de Marthe ne devait pas rouler sur l'or.

Un carton écorné sur lequel était inscrit, dans un délié à l'encre violette, le nom d'Antoine Maurin lui indiqua l'endroit où il devait frapper... ce qu'il fit.

Un petit homme sec, au teint jaunâtre, aux cheveux en bataille et aux yeux d'un bleu étrange, vint lui ouvrir en hochant la tête dans un salut rapide. Le médecin eut beaucoup de mal à identifier en ce personnage un fieffé coureur de dot, capable de détourner du droit chemin une jeune fille éduquée selon des principes stricts. Néanmoins, c'était bien à Antoine Maurin qu'il avait affaire ; le surprenant individu le lui confirma.

— Félicien Perrier, annonça-t-il sans lui tendre la main, je suis chargé d'une enquête scientifique sous la direction du professeur Lacassagne.

Une vague de déconvenue passa sur le visage de Perrier alors qu'il entrait, et le rendit chagrin. Car en fait, si cet homme n'avait pas fui, c'était sans doute parce qu'il n'était pas le coupable escompté.

— Le décès de Marthe ? soupira son hôte doucement, sans paraître surpris.

Il avait une voix de soprano, ce qui lui octroyait encore plus de singularité, une de ces voix haut perchées que l'on avait plus coutume d'entendre sortir d'une gorge féminine que d'un organe masculin.

L'endroit dans lequel il le fit pénétrer était petit, mais d'une propreté frôlant la maniaquerie. Une pièce éclairée par quatre minuscules fenêtres alignées les unes à la suite des autres servait de salle à vivre. S'y trouvait un piano droit orné de bougeoirs qui faisait face à un buffet imposant, vieux témoin d'une période faste déjà lointaine. Au centre, une table et six chaises du même acabit occupaient tout l'espace, en trônant sur un tapis oriental usé. Le professeur de chant aurait eu des revers de fortune que cela n'aurait pas étonné Félicien qui, en bon limier, considérait les lieux afin qu'aucun détail ne puisse lui échapper.

— Ma mère m'a légué tout cela, expliqua-t-il en suivant le regard de son visiteur. Un peu encombrant, mais je ne peux m'en séparer. Les sentiments, vous comprenez...

Perrier ne comprenait pas. Par contre, il imagina aisément la jeune Marthe, debout tout contre le tabouret de velours rouge, accompagnant d'une voix légère le dénommé Maurin au piano. Ce modeste logis avait-il abrité leurs amours coupables ?

Il avança de quelques pas et découvrit une cuisine sur la gauche. Il en conclut que la porte de droite conduisait à la chambre.

— Puis-je ? dit-il sans attendre la réponse.

Tout comme le reste de l'ameublement, le lit était envahissant et devait grincer à ameuter le voisinage.

Il en sourit, ne pouvant se résoudre à imaginer la douce enfant élevée dans les principes d'une bourgeoisie montante, se vautrant, en plein cœur de l'après-midi, entre les bras maigrelets de son professeur, et cela sur le satin de l'édredon rouge.

« Il devait être du genre à défaire le lit avant », spécula-t-il alors qu'une grimace de dégoût déformait son visage.

Toutefois, le postulat même ne fonctionnait pas. Trop de différences entre ces deux personnes ! Seule la musique, peut-être… et l'ennui.

L'ennui, plaie des jeunes filles de milieux aisés et des femmes de la bonne société en général. Que connaissait-il après tout de Marthe, sinon les détails intérieurs de son corps mort ? De ses goûts, de ses pensées intimes, il ne savait et ne saurait jamais rien !

Alors, une Marthe plus fantasque vint s'étirer entre les draps de ce lit qu'il imagina en bataille. Elle avait lu en cachette *Madame Bovary* et rêvait de sortir de sa routine quotidienne en découvrant le plaisir de l'amour physique. Le vieux Maurin, avec ses allures d'épouvantail défraîchi, devenait le seul homme susceptible de lui accorder un peu de temps sans chaperon. De faire naître en elle des pensées érotiques. Mais le vieux Maurin était un rustaud qui ne maîtrisait en rien le corps de la femme. Quelques séances de jambes en l'air, et la belle enfant s'était retrouvée enceinte sans bien comprendre pourquoi.

Soudain, l'émoi touchant qui rosit le teint s'était mué en peur. Cette peur sournoise qui ravage les traits et grise la mine. Le père avait décrit tout cela !

Le sang n'était plus venu. Des nausées matinales l'avaient anéantie. Le ventre blanc et palpitant comme un oisillon s'était arrondi. Mais que faire ? Comment revenir en arrière ?

D'abord le déni avec ce sentiment que tout allait rentrer dans l'ordre dans un claquement de doigts. Ne plus y réfléchir. *Cela passerait.*

Les semaines qui devenaient des mois.

Mais *cela* n'était pas passé, alors il avait fallu *le* faire passer. Mais comment ? Était-ce lui qui avait réagi le premier en lui disant qu'elle devait trouver une avorteuse ? Savait-elle même, pauvre jeunesse sans expérience, que l'on pouvait échapper à son destin en tuant sa faute avant l'heure ? En effet, que connaissait-elle vraiment de la vie ? L'ignorance était telle chez les filles de la bourgeoisie que tant d'obscurantisme en devenait alarmant !

Perrier grommela en se détournant du lit.

Échapper au joug familial n'avait pas dû être une mince affaire.

Noël avait été une bonne occasion et sa marraine une opportunité merveilleuse. Marthe avait émis le désir d'aller la voir. Antoine Maurin, qui avait de la parenté dans la même région, l'accompagnerait. Que pouvait-on craindre d'Antoine Maurin, professeur de chant de son état, que l'on disait veuf, mais que Perrier imaginait plus sûrement vieux garçon ? Celui-ci n'avait rien du fougueux chevalier des contes, capable de mettre en péril la réputation d'une jeune fille de bonne famille… et encore moins sa fleur !

La mystification avait été construite, pierre après pierre, et, de fantasque, Marthe en devenait menteuse. La lettre avait été écrite. Elle annonçait à sa marraine son changement de date pour son arrivée. Juste le temps de se reprendre après l'avortement, cachée dans l'appartement au 28, montée Saint-Barthélemy. Tout avait été bien calculé... machiavéliquement bien calculé... sauf l'impensable !

Marthe avait croisé la route d'un tueur.

Marthe était morte !

— C'est bien ainsi que cela s'est passé ? questionna Félicien en réapparaissant brusquement devant son hôte.

Celui-ci, occupé à servir un peu de liqueur dans de petits verres à pied, sursauta et faillit bien salir le napperon crocheté de la table avec le contenu de sa bouteille, tant l'interrogation le surprit.

— Pardon ? hoqueta-t-il en tremblant, alors que le jeune médecin s'apercevait qu'il avait entièrement construit la trame dans sa tête.

Le visage interloqué de Maurin faillit lui provoquer une hilarité soudaine. Sa bouteille toujours en main, ce dernier tremblait comme s'il venait de surprendre le diable en personne débouchant de sa chambre à coucher.

— C'est vous qui avez poussé Marthe à monter cette histoire avec sa marraine pour qu'elle puisse se faire avorter ? poursuivit-il en se reprenant.

Le temps que son interlocuteur, encore troublé, daigne lui accorder une réponse, il le détailla avec plus d'attention. Le teint jaunâtre en devint tanné par le soleil, l'allure s'assécha sous la contrainte d'une maladie tropicale, ses yeux, ses petits yeux trop clairs, sans pupille, et ronds comme des boutons de culotte…

— Vous fumez ? lança-t-il en changeant intempestivement de sujet.

— Je ? Pardon…

— Fumez-vous ?

— Heu… non…

— Je ne parle pas d'un simple tabac, s'impatienta Perrier.

— Comment cela ?

— Ne faites pas l'innocent !

— Je ne comprends pas.

— Vous ne comprenez pas quoi ? Vous avez pourtant passé plusieurs années en Indochine. Cela se voit à votre attitude imprégnée d'un maniérisme tout asiatique, à cette photographie encadrée, installée en bonne place sur le buffet, de votre mère posant sous des palmiers près d'un pousse-pousse, et surtout, à votre physique touché par le paludisme.

Le petit homme chancela.

— J'y suis né, chuchota-t-il mollement sans bien saisir ce qui lui arrivait et où voulait en venir son bien curieux visiteur. Mon père y était négociant. Mais… mais comment avez-vous su pour le paludisme ?

— Votre manche de chemise qui présente de minuscules taches d'un bleu facilement reconnaissable ! Or, le bleu de méthylène est utilisé depuis quelques années déjà pour combattre les effets du paludisme.

Quant à l'opium, il est d'usage d'en fumer lorsqu'on a vécu en Asie et à plus forte raison quand on est atteint de cette maladie. Il suffit de voir vos pupilles pratiquement absentes qui vous donnent un regard de fou tant vos iris sont bleu clair.

Une grande excitation envahissait le jeune médecin au fur et à mesure qu'il parlait. Il avait soudain l'impression que l'étau se refermait sur le coupable. Car coupable, Maurin le redevenait ! Et alors qu'une nouvelle histoire s'écrivait dans son esprit, à la satisfaction se mêlait un étrange sentiment de désarroi. Oui, vraiment, tout était simple. Bien trop simple ! Un criminel, servi là sur un plateau ! Un criminel passif qui ne fuyait même pas !

— Vous vous rendez couramment à la fumerie du vieux Lee, n'est-ce pas ? C'est la seule fréquentable dans tout ce Lyon bien-pensant.

— En effet, reconnut le professeur en baissant la tête.

— Vous y avez rencontré Eka qui vous a fait son numéro savant, poursuivit Perrier de plus en plus dépité devant ces aveux faciles. Douce et charmante Eka qui vous a rappelé votre vie oisive, là-bas, dans ces lointaines contrées dont on ne revient jamais tout à fait. Vous l'avez revue en dehors de la fumerie, à la barbe du vieux Lee. Vous l'avez ramenée ici... et vous l'avez engrossée, piètre amant que vous êtes, tout comme cette pauvre Marthe !

— Non ! hurla littéralement Maurin. Non, je ne connaissais pas cette Eka dont vous parlez. Et à plus forte raison, elle n'est jamais venue chez moi !

— Vous mentez !

— Non, je ne mens pas ! Je me rends chez le vieux Lee, je veux bien l'admettre, mais je m'y fournis seulement. J'ai appris, au Cambodge, à préparer mes pipes et je n'ai besoin de personne pour cela !

La confession un peu rapide laissa Félicien abasourdi. Toutefois, il avait vu juste.

Un nouveau coup d'œil vers celui qu'il était venu interroger et ce dernier revêtit brusquement l'habit d'un vil personnage aimant les petites filles. Un garçon brimé par une mère abusive. Un garçon ayant peur des femmes et se tournant, dans un pays où, soi-disant, les gamines y sont peu farouches dès leur plus jeune âge, vers des enfants à peine pubères. Il l'imagina consommant de toutes jeunes Asiatiques dans des bordels infâmes puis, revenu en France, détournant ses élèves. Il n'était plus le sage professeur débauché par une Marthe fantasque, mais bien un pervers appréciant les enfants et les jetant lorsqu'elles se retrouvaient enceintes.

Planté devant l'une des fenêtres, Félicien jubilait du désarroi de Maurin, qui, toujours debout près de la table, devait se sentir acculé.

L'enquête tout entière prit forme dans l'esprit surchauffé du jeune homme. Marthe découverte non loin d'ici sur la colline de Saint-Jean, Eka près de son lieu de travail pour brouiller les recherches… Restait la dernière victime. Celle qui venait d'être retrouvée à la Croix-Rousse et dont on ne savait encore rien. Quel lien pouvait-il bien y avoir entre une petite tisseuse et ce professeur de chant ? Rencontrée par hasard ? Séduite comme les autres ? Y en avait-il eu d'autres, de ces pauvres gosses tombées entre les griffes de ce tueur à l'apparence anodine ? De ces victimes disparues sans que personne n'ait jamais fait le lien entre elles et qui étaient mortes parsemées dans toute la ville, dans l'indifférence générale ?

Vacher courait les bergers et les bergères. Maurin engrossait des gamines pour les faire avorter ensuite.

Mais bien sûr ! Là était le vice. Les engrosser pour mieux les soulager ! Et quel soulagement ! Rien de moins qu'une ouverture dans le ventre afin de sortir le rejeton du péché !

— Votre mère est pieuse ?

— ... était...

— Était pieuse ?

— Oui.

— À l'absolu ?

— Que voulez-vous dire par là ?

— Extrêmement croyante ?

— Oui. Elle était très... comment dire...

— Autoritaire ?

L'homme leva un regard perdu vers la photographie jaunie alors que Perrier frémissait.

— Oui, lâcha le professeur.

La main gauche du médecin glissa dans ses cheveux afin de masquer son trouble soudain. Puis il se reprit, hésita, retira ses doigts et les regarda comme si c'était le diable avant de refaire le même geste, mais avec sa main droite. Il secoua la tête afin d'éclaircir au plus vite ses pensées.

— Elle vous enfermait des heures, à genoux sur une règle en métal, en vous adjurant de prier Dieu afin que les démons qui vous habitaient vous quittent ?

— Oui.

— Elle vous faisait dormir sur un sommier de bois, soi-disant pour faire de vous un homme ?

— Comment le savez-vous ?

— Alors, vous vous êtes réfugié dans votre tête, continua Félicien sans répondre à sa question. Vous avez perdu la notion de l'existence et vos sentiments se sont amenuisés au point de disparaître. L'opium, seul, est resté votre ami, car allongé sur une couche, près d'une pipe, tout reprend un sens. Tout redevient normal. Plus rien ne vous agresse.

Tout en parlant, des morceaux d'idées s'empilaient, s'emboîtaient dans son esprit alors que, faisant fi de ses propres souvenirs, des images fugaces surgissaient sans crier gare. Des sons. Des odeurs. Mee qui se dandinait dans son kimono trop grand. Lecuyer qui s'offusquait. Pourquoi s'offusquait-il déjà ? Cependant qu'une autre gosse figée dans la mort lui faisait signe sous l'escalier où le commerçant l'avait trouvée.

— Depuis combien de temps donniez-vous des cours de chant à Marthe ?

— Deux ans, il me semble.

— Et quand êtes-vous revenu en France ?

— Bientôt trois ans.

— Vous veniez du Cambodge ?

— Oui.

— Pourquoi êtes-vous rentré ?

Le regard du petit homme s'égara un instant en direction du gros buffet étouffant qui emplissait tout autant la pièce que l'atmosphère, tellement son odeur de cire était puissante et son apparence monumentale, et glissa une nouvelle fois vers la photographie.

— Lorsque ma mère est morte, j'ai hérité des biens qu'elle avait encore en France et qui lui venaient de sa famille. Je me suis toujours mal entendu avec mon père qui était un noceur invétéré. Je l'ai laissé là-bas. J'ai vendu le bel appartement rue de la République, ce qui m'a constitué une rente, puis j'ai pris ce logement dans lequel j'ai installé les quelques meubles que j'avais gardés.

— Vous étiez fils unique ?

— Oui.

— Malgré les particularités de son caractère, vous aimiez beaucoup votre mère ?

— Oui. Nous étions très proches.

Cambodge. Fumerie. Jeunes filles. Et alors que Mee se dandinait toujours dans sa tête, l'évidence apparut au médecin, brusque, dans sa vérité la plus nue. La plus crue.

— Lorsque vous êtes revenu, vous aviez Mee dans vos bagages, n'est-ce pas ? Et vous l'avez échangé contre de l'opium à volonté chez le vieux Lee… c'est bien ça…

Un vertige dut submerger Maurin, car de là où il se trouvait, Perrier le vit chanceler. De jaunâtre, son teint vira au vert, alors que ses mains ne savaient plus si elles devaient ranger la bouteille dans le placard ou prendre un des verres posés sur la table.

— Vous êtes un salaud, Maurin !

— Mais... Je ne vous permets pas ! Je... je...

— Quoi ? Vous ne me permettez pas !

— Je vous défends !

— Vous me défendez ? Je rêve !

Déjà, Maurin hoquetait, la gorge emprisonnée entre les mains de Félicien qui avait bondi sur lui. Les doigts de ce dernier blanchirent en se contractant sur la peau parcheminée de son hôte. Il s'entendit déglutir, sentant monter, tout comme la veille avec Irina, l'envie impérieuse, urgente, irrésistible, de serrer plus encore.

Maurin était arrivé en France avec la petite Mee, une esclave sexuelle qui satisfaisait les amis de la famille depuis sa plus tendre enfance. Il était revenu avec elle, comme on emporte un souvenir. Pour ne pas avoir le mal du pays. Pour garder auprès de soi un peu de ce que l'on avait aimé. Pour ne pas être seul aussi.

Toutefois, la vie avec Mee, à Lyon, ne devait pas être facile. Les commérages. Les difficultés d'adaptation de la gamine. Et puis il lui fallait gagner sa vie avant que son pécule ne fonde ! Son seul atout ? Le chant qu'il travaillait depuis toujours. Mais comment gagner la confiance des parents comme professeur en vivant avec une Asiatique ? Alors, il avait échangé Mee contre de l'opium dans la seule fumerie qu'il avait trouvée. Chez Lee. Où il avait rencontré Eka...

Question : pourquoi n'avait-il pas tué Mee ?

— Je... je ne pouvais pas garder Mee ici..., ânonnait le professeur de chant en tremblant de tous ses membres. Elle était bien mieux avec les siens. Elle se lamentait. Quant à Marthe, je l'ai attendue... oh, comme je l'ai attendue ! Mais elle ne voulait pas... elle disait que je ne serais pas à ma place chez l'avorteuse... si j'avais su... si j'avais su...

Le cerveau du médecin fonctionnait vite essayant de ne pas perdre le fil malgré ses doigts qui enserraient toujours le cou du pantin collé au mur.

Réponse : parce qu'il n'avait pas tué Marthe et encore moins Eka !

— Je l'aimais ! Oh comme je l'aimais ! Elle était mon soleil. Ma vie... Nous voulions partir tous les deux au Cambodge, mais... cet enfant... c'était trop tôt... nous n'aurions pas pu l'élever...

Une histoire ordinaire prenait la place de la fiction. Banale à mourir. À en mourir...

Une histoire d'amour basique entre un joli cygne et un vilain canard. Un très jeune cygne qui dépérissait et un vieux canard froussard qui avait peur des femmes et leur préférait les jeunes filles, plus malléables, moins intraitables... plus accessibles.

— Le nom et l'adresse de la faiseuse d'anges ! ordonna sèchement Perrier sans tenir compte des jérémiades de Maurin.

— Jeanne Petit, avoua-t-il à bout de souffle.

— Son adresse ? Son adresse ou je serre plus fort !

— 4, montée du... du Chemin... du Chemin-Neuf...

— Tu l'as trouvée comment ?

— Petite annonce...

Félicien, comme dégoûté, lâcha le petit homme avec une grimace de dédain. Elle était à deux pas ! Marthe était à deux pas et son amant n'avait même pas cru bon de se rendre sur place afin de savoir ce qu'elle était devenue !

— Ta couardise m'écœure, dit seulement le médecin en filant vers le corridor.

— Qu'adviendra-t-il de moi ? se plaignit Maurin tout en reculant contre la cloison.

L'effroi le terrassait plus encore que la faute. La lueur qu'il avait vue dans les yeux de son agresseur l'avait submergé et, estimant sa fin prochaine, il se laissa glisser le long du mur jusqu'à s'affaisser, pauvre tas de chiffes molles, sur le plancher religieusement ciré.

— Va au diable ! hurla Perrier en claquant la porte derrière lui.

9

Clarisse entoura de son bras le cou de la jeune femme et l'embrassa sur la joue.

— Tu as traîné où ? murmura-t-elle en lui caressant les cheveux.

Irina haussa les épaules et baissa la tête.

— En prison.

— En prison ? Ma pauvrette ! Serre-toi vite là, contre moi, que je te console.

En deux mots, la journaliste lui raconta ses déboires.

— Je suis sûre que tu as pris des piquantes dans ton trou à rats. Tu dois avoir besoin d'un bon bain ! Tu veux que je te prépare un baquet avec une eau bien fumante ? Cela te délassera…

Un peu comme une enfant qui s'en remet entièrement à un adulte, Irina se laissa faire. Lorsqu'elle avait été libérée, ses pas l'avaient conduite chez la jeune femme pour y trouver du réconfort et elle ne le regrettait pas.

Déjà, cette dernière, en bonne assistante médicale, lui ôtait ses vêtements un à un.

— Mon Dieu que tout ça sent mauvais ! railla-t-elle en prenant soin de poser les habits sales dans une corbeille d'osier prévue à cet effet. J'ai l'impression de dépouiller une pauvre gueuse traînant dans les bas-fonds.

Alors qu'elle avait terminé de la déshabiller, elle contempla la jeune fille avant de l'enrouler dans un drap propre.

— Tu as maigri, il me semble. Depuis que tu vis ici, je trouve que tu ne prends pas soin de toi.

Puis, sans attendre la réponse, elle tira d'un grand placard un baquet qui y était rangé. Ensuite, elle vida l'eau qui chauffait sur le fourneau et poussa son invitée à y pénétrer.

— Quelques gouttes d'eau de rose… ferme les yeux… ne réfléchis plus…

Irina, sans un mot, s'exécuta.

Clarisse était la seule personne qu'elle avait gardée de sa vie d'avant. Avant Lyon, avant le journalisme.

Avant cette nouvelle existence qui lui allait bien. Sur sa demande, elle était venue la rejoindre lorsqu'elle avait appris que le nouvel hôpital de la Croix-Rousse recherchait des servantes pour leur maison d'accouchement. Sa présence lui manquait.

Déjà Clarisse fouillait les placards en quête de vêtements.

— Je te préviens, je n'ai pas d'habits d'homme à ta mesure !

Les yeux fermés, du fond de sa baignoire, Irina eut un petit rire narquois.

— Tant que je n'ai pas mon papier de travestissement en bonne et due forme, je suis astreinte à porter des robes ! Alors, un peu plus tôt ou un peu plus tard...

— Cela te changera ! Il y a si longtemps !

Un silence gêné s'établit un instant, mais Clarisse y mit rapidement fin d'un ton enjoué :

— Je suis sûre que cela t'ira encore très bien ! murmura-t-elle en exhibant une tenue marron. Regarde celle-là ! Classique, sans fioriture inutile. Tu vas l'aimer.

Elle posa la robe sur le dossier d'une chaise puis doucement, à genoux contre le baquet, elle lui prit l'éponge des doigts. Elle frotta tout d'abord les épaules et la nuque de la jeune femme puis, avec délicatesse, glissa un peu plus bas sur sa poitrine inexistante.

— Puisque tu le dis, soupira Irina. Puisque tu le dis...

10

La nuit tombait lorsque Perrier arriva devant la vieille porte cloutée du 4, montée du Chemin-Neuf. Une petite épicerie sombre en occupait le bas. Comme tout le quartier qui menaçait de s'effondrer, l'immeuble était vétuste et le corridor d'entrée d'une saleté repoussante. Il entra toutefois et chercha une indication afin de savoir à quel niveau vivait Jeanne Petit. Les murs lépreux dont le plâtre s'écaillait par plaques sentaient l'urine et le moisi. Il plissa le nez en signe de dégoût et, au lieu de se diriger vers la cour arrière, il prit l'escalier de bois qui grimpait sur la gauche vers les étages.

Comme un peu partout dans le vieux Lyon, le premier abritait les bistanclaques. Le second servait aux commerçants. Jeanne Petit, de condition plus modeste, habitait donc, tout comme Maurin, au troisième ! Là s'arrêtait la comparaison. En fait, son logement n'avait qu'un unique avantage, celui de posséder une vue magnifique. En effet, la bâtisse, accrochée à flanc de colline, surplombait sa voisine d'en face, si bien que de la fenêtre le regard pouvait passer par-dessus les toits et découvrir toute la ville. Mais c'était bien le seul privilège ! Pour le reste, un linoléum défraîchi et craquelé par endroits annonçait la fin d'une époque, alors qu'une tapisserie arrachée par pans dénonçait le peu de moyens des occupants. Quant aux meubles, pratiquement inexistants, ils se résumaient en une table bancale, un banc avachi, deux chaises à moitié éventrées et une paillasse miteuse. Si l'on enlevait au décor le poêle à charbon qui devait faire office de cuisinière, il ne restait pas grand-chose !

— Vous lui voulez quoi à la Jeanne ? aboya le colosse qui, mégot au bec, le fit entrer dans l'unique pièce à vivre.

Il ne devait pas avoir plus de trente ans, mais l'alcool et le travail avaient fait de lui un vieux avant l'âge et, facilement, on aurait pu lui en donner cinquante. Ses manches de chemise, roulées sur ses avant-bras, permettaient d'apercevoir des tatouages au dessin naïf, néanmoins explicite. Témoignages de séjours en prison sans doute. Cela ramena Lacassagne dans les pensées de Perrier et il se demanda si le professeur se serait penché sur les détails de ces représentations et s'il en aurait fait des croquis.

— J'aimerais lui parler de… vous savez bien… ce pour quoi les dames la consultent.

L'homme roula des yeux suspicieux et le jeune médecin aurait sans doute fini dehors si une petite bonne femme replète, sortie de nulle part, n'était venue le tirer de ce mauvais pas.

— Laisse, le Celou. Je gère ! Allume plutôt la loupiote, que notre visiteur ne nous pense pas pingres à vivre dans le noir.

Sur les ordres de sa moitié, le *Celou* se désintéressa de lui et, en grommelant, s'en alla s'asseoir près du poêle. Il omit toutefois d'enflammer la mèche de la lampe à pétrole qui trônait au milieu de la table.

— C'est-y pour vot'e dame ? s'enquit fort aimablement son hôtesse en lui décochant des sourires mielleux.

Perrier eut, un instant, du mal à raccrocher la question de Jeanne Petit à sa démarche personnelle. Puis comprenant qu'elle se méprenait sur sa visite, il eut un regard rapide en direction du colosse avant de remettre les choses à leur place.

— Non, j'aimerais savoir si vous pouvez me parler d'une certaine Marthe, une petite jeune fille bien sous tous rapports, qui serait venue vous consul... vous voir un peu avant Noël ?

De mielleux à coller les mouches, le sourire se figea dans un rictus qui fit lever l'œil de son géant de mari. Le ton aussi devint plus mordant et l'obscurité plus hostile.

— Et qu'est-ce que ça peut vous foutre ? mugit-elle en se campant bien droite face à son visiteur, les deux poings sur les hanches.

En venant ici, Perrier se doutait bien que l'approche ne serait pas facile. L'avortement était passible de déportation et, même si les autorités ne s'en inquiétaient pas, permettant aux faiseuses d'anges de passer des petites annonces dans les journaux, il n'en restait pas moins que de se vanter de ce genre d'activités à un inconnu pouvait se révéler dangereux.

— Je ne vous veux aucun mal, tenta d'expliquer le jeune homme. Je suis médecin légiste et j'ai pratiqué l'autopsie de Marthe. Je travaille à l'Hôtel-Dieu avec le professeur Lacassagne.

— Autopsie ? répéta son hôtesse un peu plus calmement.

— Oui. Vous savez ce que c'est qu'une autopsie ?

— Non.

Félicien hocha la tête.

— C'est un acte qui permet, en ouvrant le corps d'un cadavre, de connaître les raisons qui ont causé son trépas.

Un silence se fit durant lequel la maîtresse de maison en profita pour enflammer, à la place de son homme, la mèche de la lampe. Une lumière jaune, d'abord dansante, envahit la pièce alors qu'au-dehors les réverbères des rues s'allumaient aussi.

— Mais faut-y bien être mort pour se faire découper de la sorte !

— Certes. Mais Marthe est décédée.

Un nouveau silence emplit l'appartement que ni Jeanne ni son mari n'eurent le cœur d'interrompre.

— Vous ne le saviez pas ? demanda plus doucement Perrier en avançant vers elle.

— Ben, non..., soupira l'avorteuse en essuyant un semblant de larme au coin de l'œil. La petiote Marthe... elle n'est plus ?

— C'est pour cette raison que je suis là.

Une inquiétude suspicieuse envahit soudain le visage de son interlocutrice.

— C'est que je lui ai rien fait à la Marthe, moi ! se justifia-t-elle en frottant fébrilement les paumes des mains contre son tablier. Lorsqu'elle s'en est allée, z'était ben bien vivante !

— Je vous crois.

La confirmation du médecin parut la calmer et un semblant de sourire envahit son visage.

— Z'êtes bien bon !

La réflexion amena un rictus amusé sur le visage de Perrier, alors que, dépitée, la femme s'asseyait tout en lui présentant une chaise.

— Je vous en prie, remercia-t-il en déclinant l'offre de s'asseoir.

— C'est qu'on veut pas des noises avec la rousse, nous.

— Vous n'en aurez pas.

— Qui m'le dit ?

Dans un haussement d'épaules, Félicien lui fit comprendre qu'il ne pouvait rien lui apporter comme preuve.

— Marthe s'est présentée seule chez vous vers le 23 décembre, enchaîna-t-il sans la regarder. Elle est entrée. Elle a payé d'avance. Vous lui avez dit de s'allonger. Comment avez-vous procédé ? Tringle de parapluie ?

— Aiguille de tapissier. C'est la Denise d'en bas qui me les fournit.

Une grimace narquoise sur le visage, il fixa soudainement la femme qui frissonna. Il avait amorcé la confession, ne restait plus qu'à attendre maintenant la suite.

— Sur le lit ?

— Non… non… vous êtes fou ! Pour tout saloper ? Je mets une toile cirée sur la table et je les fais monter dessus.

— Puis vous les percez ?

— Oui. C'est le plus rapide et le plus sûr ! Paraît que je suis experte en la matière. J'ai fait pas mal de bonnes femmes plusieurs fois et elles ont toujours été soulagées. En cinq ans de métier, jamais aucune noise ! Au premier sang, je les renvoie dans leurs foyers pour qu'elles fassent l'avorton chez elles, comme si de rien n'était. Ni vu ni connu, j't'embrouille ! Les maris sont heureux et les curés se disent que c'est de Dieu que ça vient.

— Et pour Marthe ?

— Pour Marthe ?

Elle se releva et parut chercher dans ses souvenirs.

— Tout pareil. J'ui ai dit de rentrer et d'attendre que le têtard tombe tout seul, comme pour de vrai.

— Vous ne lui avez rien conseillé de plus ? D'aller voir une autre personne ou de se rendre quelque part ?

— Ben, non… Nous, les femmes, nous sommes faites pour les couches. Soit ça passe. Soit ça casse. Moi, j'aide à casser, mais après Dieu voit ben pour le reste.

— Dieu ? grommela Félicien sur un ton narquois.

Jeanne avait trop parlé. À nouveau sur la défensive, elle se leva brusquement et, les poings sur les hanches, prit un air arrogant pour lui répondre.

— Et qu'est-ce que j'en sais, moi ? Dieu ou le diable ! Lorsqu'elle a franchi la porte, avec un linge entre les cuisses, elle était ben sur ses deux guibolles, la p'tite Marthe ! Une costaude malgré ses mines de bourgeoise à la communion. Le sang était venu, tout se passait comme ça doit se passer !

— Pas d'hémorragie ?

— Que non ! J'l'aurais pas mise dehors. Pour qui vous me prenez ?

Mauvaise soudain, elle avançait sur lui comme pour l'affronter physiquement.

— J'ai de l'honneur, moi ! Même si j'suis une bougresse ! Allez, du vent... du balai ! Je vous ai assez fait la causette ! Tirez-vous !

Le ton n'était plus affable, aussi Perrier ne demanda-t-il pas son reste, et, à reculons, franchit-il le seuil en sens inverse.

— Tenez pour votre temps perdu, dit-il simplement en glissant une pièce dans la main qui, menaçante, s'agitait maintenant devant lui, à hauteur de son nez.

Chapitre 6

Vendredi 31 décembre 1897

1

Debout au milieu d'une pièce vide, fenêtre béante sur une aube glacée, sœur Siobhan, pieds nus, le visage pâmé leva les yeux vers le ciel. Elle ne disait mot, la bouche seulement entrouverte sur une sorte de râle muet, d'extase secrète. Puis doucement, sans pour autant bouger, elle fit descendre les manches de sa robe de crin qu'elle laissa pendre de chaque côté, simplement retenues par la corde qui lui ceignait la taille.

Un buste maigre apparut, diaphane au point de sembler irréel. Seuls deux seins minuscules accrochés à un torse strié par des côtes saillantes rappelaient sa condition de femme. Sans cela, on l'aurait presque prise pour un ange dont les ailes brisées l'obligeaient à demeurer sur terre.

Puis soudain, comme elle suivait minutieusement le cérémonial d'une règle coutumière, elle se jeta contre la pierre froide du sol et resta longtemps ainsi, bras en croix, jambes jointes, immobile.

Lorsqu'elle eut fini, elle se releva tout en ramassant par terre une sorte de baguette qui se terminait étrangement par de nombreuses lanières auxquelles des plombs pendaient à chaque extrémité. Dans un geste mécanique, comme si son esprit, ailleurs, ne commandait pas sa propre main, elle se mit à se frapper le dos. De plus en plus brutalement. De plus en plus rapidement.

Le cinglement frénétique du cuir dans l'air faisait un bruit sordide, mais elle ne bronchait pas. Impassible, elle continuait à s'infliger la discipline comme si son corps ne ressentait rien. Comme si elle frappait une autre qu'elle.

Cela dura longtemps. Jusqu'à ce que le bras, épuisé par son forfait, demeurât ballant le long de la hanche. Alors, elle lâcha le fouet qui tomba à ses pieds, et, toujours sans un mot, remis sur ses plaies béantes, la haire de crin qu'elle avait rabattue et qu'elle portait en guise de chemise.

2

Félicien était, malgré l'heure matinale, de très bonne humeur. Debout devant un des tableaux, un large sourire illuminait son visage, alors qu'avec un chiffon, il effaçait du profil effectué le fait que le criminel recherché était un homme.

— Pourquoi fais-tu ça ? questionna Bernard sans comprendre. Viol égal homme !

— Parce qu'il n'y a pas eu viol sur Eka, fanfaronna son collègue, du moins pas *ante mortem.*

— Et qu'est-ce que cela change ?

— Tout, mon ami... tout ! J'ai ausculté sa dépouille cette nuit et je peux te certifier que la pénétration vaginale a eu lieu bien après le décès de la pauvre fille. Le relâchement des tissus et la fraîcheur du sperme ne laissent aucun doute là-dessus !

— Pourtant, c'est Lacassagne qui a fait l'autopsie, rappela Lecuyer sur un ton sceptique. Tu remets son savoir en cause ?

— Aucunement ! Il aura été, je le pense, trop troublé par le contenu macabre du placenta et aura fait l'impasse sur le détail qui m'a frappé. Nous ne sommes que des humains avec nos défaillances et nos incertitudes.

— Il est vrai. Donc, une femme redevient possible.

— Oui.

— Cela ne nous arrange pas.

— J'en conviens.

Et alors qu'il poursuivait, il saisit cette fois-ci une craie afin d'inscrire le nom et le prénom de la première victime.

Marthe Letaillier.

— Je suis comme Lacassagne, enchaîna-t-il satisfait. J'aime que les inconnus reprennent leurs identités. J'aime que cette petite Marthe soit enterrée sous son véritable patronyme...

— Toi ? rigola Bernard. Décidément, aujourd'hui me réserve bien des surprises !

Un grand rire répondit à sa réflexion et Perrier haussa les épaules d'un air amusé, alors qu'il continuait en inscrivant le nom d'*Antoine Maurin*.

— Tu es allé le voir ?

— Oui.

— Tu aurais pu m'attendre !

— Tu étais de garde à l'hôpital depuis hier au soir. Il fallait agir vite.

— Tout de même...

Malgré ses protestations vaines, Lecuyer ne put étouffer un bâillement. Il avait été, en effet, d'astreinte toute la nuit. Aussi, enchaîner avec ses recherches aux côtés de Félicien lui promettait une journée difficile ! D'autant plus que c'était la dernière de l'année et qu'il s'était juré de la terminer en beauté !

— Mais réveille-toi donc ! hurla son collègue au paroxysme de l'excitation. Tu ressembles à un gros mollusque.

La comparaison avec le mollusque fit froncer les sourcils de Lecuyer qui finit, de guerre lasse, par approcher.

— Et tu en as conclu quoi ?

D'un coup d'œil en coin, son ami le jaugea. Les traits tirés, des cernes sous les yeux. Il n'y avait pas que les gardes pour permettre ce résultat-là. Bernard devait donner de sa personne, et pas que pour le travail. Une femme devait être là-dessous. C'était sûr ! Foi de Perrier !

— Rien qui vaille vraiment.

Le mensonge était gros, mais son compagnon le goba sans difficulté. Son esprit n'était, à l'évidence, pas très bien raccordé, aussi c'était le moment rêvé pour faire des impasses sur ce que Félicien n'avait pas envie de lui confier ! Il ajouta seulement un nom pour que le groupe devînt un trio : *Jeanne Petit*, avorteuse de son métier.

— Tu as trouvé le nom de l'avorteuse ! siffla le médecin, admiratif. Tu n'as pas perdu ton temps !

— Si... car elle ne sait rien. Marthe était bien vivante lorsqu'elle est partie de chez elle.

— Et tu la crois ?

— Oui. Si nos affaires sont liées, je ne vois vraiment pas pourquoi une femme comme elle, avec une capacité de réflexion si réduite, irait mettre des messages énigmatiques dans le placenta de ses patientes. Il ne faut pas méjuger les gens, mais tout de même ! Il y a parfois des limites à l'esprit humain. Et je te jure que tous ceux que j'ai rencontrés hier ne valaient pas la peine que l'on se penche ou que l'on s'apitoie sur eux.

— Tu es bien dur, fit remarquer Lecuyer en hochant la tête en signe de désapprobation.

— Non, je suis objectif. Cela m'évite de m'égarer inutilement sur des sentiers qui sont sans intérêt.

— Maurin n'est donc pas coupable ?

— Je l'ai cru durant quelques minutes, en convint Perrier.

— Et pourquoi ce revirement ?

— Parce qu'Antoine Maurin est bête.

— D'accord. Antoine Maurin est bête. Et l'avorteuse l'est aussi ?

— Non, elle est cupide.

— De mieux en mieux ! Mais la cupidité...

— La cupidité ne donne pas la capacité d'imagination. Cette femme ne sait même pas écrire et tu voudrais qu'elle échafaude des plans machiavéliques ?

— En effet..., soupira Bernard.

— « En effet »..., plagia Félicien dans une grimace comique que son ami ne trouva pas à son goût.

— Tu as mangé du lion, ronchonna son collaborateur. Tu me sembles bien acerbe envers tous.

— Non, j'ai côtoyé l'imbécillité et cela me donne des ailes. Me conforte sur mes capacités et sur mes pouvoirs de raisonnement.

— Rien que ça !

— Rien que ça. Voilà bien un homme qui laisse crever par mollesse, par peur d'agir, de s'impliquer, de vivre vraiment... celle qu'il dit aimer... si toutefois ce mot a quelque signification dans son esprit étriqué ! Un homme qui n'apprécie que les petites filles par crainte de devenir un homme, castré qu'il a été par une mère sans âme ! Un homme qui par frousse abandonne une gosse... cet homme ne mérite pas d'exister ! Nous avons tous le pouvoir de devenir infâmes ou augustes, quel que soit notre départ dans la vie. Là-dessus, je rejoins pleinement Lacassagne ! L'éducation donne le pouvoir d'être si l'on veut bien s'en donner la peine. Maurin parasite notre monde comme le cancrelat malodorant qu'il est !

La craie au bout de ses doigts volait sur le tableau pour constituer un triptyque nébuleux qui se croisait en un point nommé Marthe. *Maurin, Jeanne et l'inconnue.* Mais qui pouvait bien être cette inconnue, jeune avait dit la faiseuse d'anges, et qui avait payé pour l'avortement ? Une amie ? Une sœur, peut-être, mise dans la confidence... Jeanne lui aurait demandé de l'accompagner parce qu'elle trouvait que Maurin, trop pleutre, n'y aurait pas été à sa place ?

Affaire de femmes...

Il griffonna une série de points d'interrogation.

— Le père Letaillier a bien dit que Marthe était leur fille cadette ?

— Oui, je crois, souffla Lecuyer un peu fatigué par les hypothèses du médecin.

— Tu crois ou tu en es sûr ?

— Je ne sais plus.

— Tu dois savoir !

— Vous me fatiguez, Félicien Perrier ! grommela le jeune homme qui n'arrivait décidément plus à suivre le cheminement de la pensée de son ami. Souviens-toi plutôt que nous devons partir tantôt.

— Partir ? Mais pour aller où, morbleu ?

— À l'hospice des indigents, quartier des Brotteaux. Lacassagne nous y attend pour un cours de phrénologie.

Il avait oublié. Cela lui fit faire la grimace.

— Mais j'ai encore mille choses à accomplir...

— Eh bien, tu les exécuteras plus tard !

— Pas possible !

— Il le faudra, pourtant. D'ailleurs, il est l'heure de s'y rendre.

Cela dit, Lecuyer quitta sa longue blouse qu'il avait enroulée autour de lui, et se dirigea vers la porte.

— Mais pas si vite ! se plaignit son acolyte.

— Si ! Nous devons étudier les caractéristiques des crânes des personnes vivant dans la rue et ainsi lier le faciès aux mœurs.

Perrier eut une moue qui refléta bien le fond de sa pensée.

— Déjà ! Je croyais que c'était pour plus tard... que j'avais encore un peu le temps. Suis-je obligé d'y aller, d'ailleurs ? Je ne prise pas trop cette théorie qui, à mon avis, est obsolète et manque de plus en plus de sérieux. J'ai besoin de me faire confirmer l'histoire de la sœur aînée et si possible de la rencontrer.

— Bien sûr que tu es obligé ! Je te laisse imaginer la tête de ton protecteur en se rendant compte de ton absence. Diantre, tu continueras ton enquête plus tard !

Félicien paraissait contrarié et fulminait intérieurement.

— T'ai-je dit que Maurin connaissait Mee et l'avait ramenée en France ?

— Non, ça non plus tu ne me l'as pas dit... Mais est-ce important pour notre enquête ou n'est-ce qu'une coïncidence ? Ne viens-tu pas de me raconter que Maurin était trop bête pour être le coupable ?

— Pure coïncidence, je l'admets, mais je tenais à ce que tu le saches !

— Félicien...

En entendant son prénom, le jeune médecin eut un haussement d'épaules désabusé, puis, comme son collègue, entreprit de quitter son grand tablier.

— Tu pourrais sortir ton pantalon de tes bottes, grommela ce dernier en le détaillant, on dirait un cavalier qui a perdu sa monture. D'ailleurs, tu es bien le seul homme que je connaisse qui mette des bottes en ville !

— Pratique en hiver ! De plus, pour piétiner au milieu de la sciure ensanglantée, tu admettras que ce n'est pas ce qu'il y a de pire ! Regarde-toi avec tes chaussures basses ! Tu dois avoir les orteils trempés et gelés de surcroît !

Bernard contempla machinalement ses pieds tout en devant reconnaître que Perrier n'avait pas tort.

— Allez, viens ! Un fiacre nous attend ! Nous allons être en retard.

3

L'escalier était glissant. Noir, humide et glissant. Seule une lampe à pétrole distillait une faible lueur qui permettait de voir où il était possible de mettre les pieds sur des marches de pierre encombrées de tout et de n'importe quoi.

— Ta tête !

Machinalement, malgré l'angoisse qui l'étreignait, elle se courba sous la voûte trop basse et continua sa descente aux enfers.

En bas, au centre d'une minuscule cave en berceau qui suintait de toutes parts, un tréteau de bois sur deux trépieds servait de table. Très vite, celle qui l'avait accueillie en recouvrit le dessus avec une vieille toile huilée d'une couleur douteuse, salie et très peu nettoyée. Elle posa une chaise tout près du rebord et, sans plus de formalités, lui ordonna de monter sur le plateau et de s'y étendre, ce qu'elle fit sans discuter.

— Depuis combien que t'es prise ? maugréa-t-elle en ouvrant à moitié la bouche.

Elle fumait une sorte de mégot rabougri et grisâtre qu'elle tenait dans un coin de ses lèvres, et sur lequel elle tirait en parlant, ce qui rendait son élocution encore plus difficile.

— Quinze jours que je devrais avoir eu mon temps.

— Mazette ! T'as pas traîné !

— À quoi bon ! Y va pas sortir tout seul tout de suite, si on n'l'y aide pas !

La matrone acquiesça du chef comme si elle trouvait ses paroles justes et sensées.

— C'est pour ça que je sens rien, constata-t-elle en finissant d'appuyer de ses deux mains au-dessus du pubis de sa patiente.

— Possible…

— C'est le premier ?

— Oui.

— T'as quel âge ?

— Vingt ans.

— Ben, t'as été prudente pour n'avoir jamais encore été prise. Et tu viens de la part de la Maraude ? C'est ça ? Écarte donc tes cuisses que je passe ! Plus grand si tu veux que ça entre sans que tu hurles.

Dans une boîte à moitié rouillée, elle saisit un *speculum* en métal, l'enduisit copieusement de saindoux puis, après avoir fait la place avec deux de ses doigts crasseux, l'enfonça d'un seul coup dans le vagin de sa visiteuse. La mégère était peu délicate aussi la fille serra fort les dents, alors que son bourreau tournait la vrille afin d'ouvrir les mâchoires.

— Ah !... Il est passé par là, rigola-t-elle, et c'est par là qu'il sortira ! Et puis t'as de la chance d'être tombée sur une professionnelle comme moi qui a du matériel, parce que les autres, elles t'auraient fait ça à l'aveugle en trouant à tout-va sans rien voir.

Poings fermés, yeux grands ouverts sur les pierres disjointes d'un plafond qui semblait vouloir l'absorber, Irina, puisque c'était elle, tenta désespérément de penser à un souvenir joyeux, alors qu'une longue seringue à matrice surmontée d'une canule glissait loin dans son intimité.

— Avec de l'eau de Saturne[1], t'auras plus de problèmes, certifia l'avorteuse en envoyant le liquide à l'intérieur de son utérus.

Une brûlure terrible la tétanisa cependant que le produit détestable s'infiltrait dans ses entrailles. Elle crut défaillir, aussi, pour résister, se mordit-elle violemment les lèvres. Un goût ferreux envahit sa bouche alors que du sang coulait sur sa joue, gouttant sur la table.

— Bouge pas si tu veux garder la sauce, ordonna-t-elle en lui plaçant un tas de chiffons sous les fesses

1. Mélange d'eau et de plomb.

afin de les surélever. Cambre-toi pas ! Y faut que tu restes comme ça un bon moment pour pas que tout dégouline !

Docile, la fille obtempéra alors que des larmes perlaient au coin de ses yeux tant la douleur était insupportable.

— J'aurais pu te piquer avec une broche à tisser afin de percer le bastringue. Ah ! Ça, ça marche à coup sûr ! Mais comme le drôle est tout jeune, j'ai eu peur de ne pas le trouver et de te trouer toi !

Elle tira une nouvelle fois sur son mégot tout en grommelant.

— Une fois chez toi, tu boiras de la tisane de sauge en grosse quantité de façon à ce que ça aide... L'eau de Saturne va provoquer le travail tout en faisant éclater la poche. Ça tord le ventre, je te préviens, mais après tout tombe vite en morceaux. Tu devrais commencer à perdre tout ça dans pas longtemps, en caillots. T'attends pas à faire le bourdon, y l'est trop petit ! Seulement des bouts de peau.

Puis elle la planta là dans ce caveau sombre et remonta au second étage où elle habitait. Lorsqu'elle revint, une bonne heure était passée.

— Bizarre... pas de sang... Pourtant, y faut que tu déguerpisses, y a une autre cliente qui arrive. C'est que ça chôme pas dans la profession ! Dieu a dû créer les marmots pas voulus, comme qui dirait pour enrichir les faiseuses d'anges !

Elle se gaussa dans un clignement d'œil un peu vulgaire qui déforma son visage buriné. Puis, tout en tirant sur son éternel mégot, poursuivit :

— Comme y a rien qui commence, tout risque de foutre le camp d'un coup, en bloc. *Schlaf!* Si t'as la frousse, tu dis pas d'où tu viens, mais tu files à l'asile, rue Louis-Blanc, sur la rive gauche. Y prennent tous les indigents. Y te soigneront.

Quand Irina, fiévreuse et courbatue, sortit de chez la matrone, le soleil déclinait déjà derrière les vieux immeubles de la ville. Dans la rue, la tête lui tourna et elle imagina le calvaire de ces filles qui consultaient afin de réellement avorter. Ce sang qui devait couler le long de leurs jambes et ce grand vide au creux d'elles!

Et puis la peur...

Elle se retint contre un mur. Tout son corps brûlait, comme consumé de l'intérieur par un feu artificiel qui la dévorait. Rapidement, elle défit les deux longues tresses qu'elle avait faites pour paraître plus jeune, et enroula ses cheveux comme d'habitude en un chignon serré.

Autour d'elle, rien ne bougeait. Elle était sortie comme elle était venue, sans que quiconque intervienne.

Son seul indice, l'hospice rue Louis-Blanc. C'était bien maigre...

Dépitée, elle reprit difficilement sa route et rentra chez elle.

4

Alexandre Lacassagne, vêtu de la longue blouse blanche des médecins, discutait dans le hall de l'asile de nuit avec un homme en costume qui prenait des notes. Quelques étudiants, non loin d'eux, attendaient déjà lorsque Félicien et Bernard entrèrent à leur tour.

— Mes chers amis, clama-t-il en allant à leur rencontre avec enthousiasme, je suis heureux de vous voir parmi nous. J'ai craint un instant que vos occupations vous empêchent de nous rejoindre. Je suis fort aise de vous accueillir.

Il serra les mains qui se tendaient puis, se retournant, présenta son précédent interlocuteur.

— Messieurs, vous ne connaissez certainement pas, je présume, Marc-André Raffalovich, journaliste parisien qui nous arrive d'Oxford et qui collabore avec nous pour des publications au sein des *Archives de l'anthropologie criminelle*, sur le thème de l'unisexualité. Monsieur Raffalovich, voici deux de mes éminents assistants, Bernard Lecuyer et Félicien Perrier, dont je vous ai déjà parlé, tous deux agrégants en médecine légale.

Un violent coup de coude de Bernard dans les côtes de Félicien le bouscula au moment où le journaliste, un bel homme raffiné aux allures de dandy, se tournait vers eux.

— Content de te voir ici, Félicien, murmura Marc-André en le pressant contre lui dans une longue accolade. Docteur Lecuyer... nous nous sommes entraperçus, il me semble !

Il souriait.

Alors qu'il ôtait son gant de cuir afin de lui serrer la main, le regard de Bernard se posa sur sa chevalière.

Puis, un peu troublé, il glissa de l'un à l'autre des deux hommes recherchant la connivence qu'il avait devinée entre eux au moment de son intervention à la fumerie d'opium.

Ainsi donc...

— Enchanté, articula-t-il en forçant son sourire. Nous nous sommes croisés, en effet, il y a peu.

De son côté, Lacassagne paraissait satisfait que tout ce beau monde se connaisse. Il commença donc son cours en invitant ses étudiants à entrer dans la première grande salle où étaient regroupés les vieillards. La troupe suivait. Posant des questions. S'étonnant d'une particularité physique. Osant même tâter quelques spécimens comme si ceux-ci étaient des mannequins de démonstration.

Vinrent ensuite les plus jeunes parmi lesquels quelques beaux modèles représentatifs se distinguèrent.

Le professeur Lacassagne aimait à emmener sur le terrain ses élèves, comme il se plaisait à les appeler, et cela à des fins pédagogiques. Tantôt dans les prisons, tantôt dans les asiles, il trouvait là matière à étude. Bien que la phrénologie fût de plus en plus sujette à controverse, ce dernier s'obstinait toutefois à rechercher, dans les conformations osseuses des crânes, des indices permettant de décrire le milieu dans lequel le patient avait évolué. Félicien osait penser que dans cette voie son mentor se fourvoyait bêtement, un peu comme s'il voulait se rattacher à des notions absurdes pour ne pas voir la vérité : un criminel pouvait ressembler à Monsieur Tout-le-Monde, car rien ne le différenciait.

Comme il commençait à s'ennuyer, Félicien lança un regard à Raffalovich qui, en retrait, écrivait sur son calepin sans intervenir. Depuis qu'il l'avait reconnu, il ne lui avait pas dit un mot et se demandait s'il pouvait se permettre un rapprochement. Mais comme de son côté Bernard les observait, il n'en fit rien.

Il avait rencontré Marc-André la première fois qu'il était allé chez le vieux Lee. Il fumait sur la banquette face à la sienne. Leurs regards s'étaient croisés et ils avaient passé le reste de la soirée ensemble, se retrouvant comme l'eurent fait deux vieilles connaissances de longue date.

Par la suite, ils s'étaient revus, prenant toujours autant de plaisir à se côtoyer.

Il grommela, impuissant, en suivant le flot estudiantin suspendu aux lèvres du maître, qui bifurquait maintenant vers un autre bâtiment.

En effet, la salle des femmes se trouvait dans l'aile opposée. Il y avait là quelques lits, dont certains avec berceaux, comme on disait. Les pauvres filles connaissaient trois jours de répit lorsqu'elles venaient là, trois jours durant lesquels une soupe, un morceau de pain et du fromage leur étaient donnés chaque soir.

Lorsqu'ils arrivèrent à la partie destinée aux plus âgées, une servante leur expliqua qu'une des patientes, entrée peu auparavant, était en train de mourir et que, s'ils voulaient l'étudier, ils le pouvaient encore. Un médecin les y attendait.

— Sœur Siobhan va nous conduire vers un cas intéressant, intervint Lacassagne.

Ils accompagnèrent donc la jeune sœur qui les dirigea vers un lit qu'ils entourèrent aussitôt.

— Lorsque je pense à tout ce que j'ai à faire, me voir planter ici me tape sur les nerfs, marmonna Félicien que la présence de Raffalovich ne paraissait pas du tout calmer.

— Chut..., intimèrent une dizaine de voix autour de lui.

— Tais-toi et écoute, renchérit son collègue sur le même ton. Nous aurons bien le temps plus tard.

— Le temps... le temps... facile à dire. Nous sommes justement en train de le perdre, notre temps, à suivre ces fadaises ! Alors que notre meurtrier court toujours ! Comme si nous ne pouvions pas laisser cette vieille trépasser en paix.

L'assistante, une jeune sœur au visage hiératique, qui les avait guidés jusqu'au lit de la mourante, lui lança un coup d'œil réprobateur, puis elle glissa un doigt sur sa bouche pour lui signifier de ne plus parler.

— Regarde ! On te dit que tu déranges, se moqua son collègue en se penchant à son oreille.

— Pas grave ! Tiens, d'ailleurs c'est bizarre, mais j'ai le curieux sentiment de l'avoir déjà vue quelque part, celle-là. Cette peau exsangue comme celle d'une morte. Ces yeux bleus enfoncés dans leurs orbites. Ces lèvres livides...

— Dans tes rêves... Tu fréquentes trop les cadavres, mon ami. Mais je te garantis que sœur Siobhan, elle, est bien vivante !

Félicien haussa les épaules sans abdiquer pour autant, alors qu'un praticien de l'asile commençait à présenter sa patiente.

— Cette vieille n'est pas inconnue du personnel le plus ancien de l'hospice, expliquait ce dernier en secouant légèrement l'indigente afin de lui faire ouvrir les yeux. C'est un cas intéressant de misère humaine. Lorsqu'elle était plus jeune, elle a travaillé ici même, au sein de cette maison, œuvrant infatigablement auprès des nécessiteux qui, comme elle maintenant, venaient chercher du réconfort. Est-ce un caractère foncièrement apathique ? Sont-ce les aléas de l'existence ? Mais alors qu'elle avait un emploi sérieux qui lui occupait tout son temps et qu'elle tenait parfaitement, aux dires de son dossier, elle a sombré dans un alcoolisme profond qui l'a conduit à la déchéance. Déchéance dont vous voyez le résultat aujourd'hui...

Les mots étaient empreints d'emphase. Les gestes ronds comme il seyait à un homme de pouvoir. Le sourire absent et la face hautaine.

— Mère Prunet... vous m'entendez ? Mère Prunet ?

La vieille émit un gémissement plaintif puis, péniblement, tenta de dévisager les personnes présentes auprès d'elle. L'œil était vitreux comme si le corps était déjà passé de vie à trépas. Seul demeurait un soupçon d'esprit toutefois embrumé par le voile noir de la mort.

— Mourir... mourir...

— Non, mère Prunet, vous êtes encore parmi nous ! Mère Prunet, ces jeunes gens sont là pour vous rencontrer.

— Oui…

L'effort qu'elle fit pour ouvrir complètement les yeux parut surhumain. Son visage se tordit douloureusement, alors qu'elle balayait l'assemblée d'un regard bleu délavé qui soudain vira au sombre, comme si les iris, sans doute sous l'effet de l'héroïne et de la lumière combinées, emplissaient toute la pupille.

— Voyez la dégénérescence prématurée du corps, les…

Tandis que le médecin de l'asile partait dans des détails oiseux sur les méfaits de l'alcoolisme chez les femmes et le vieillissement précoce, occasionné par cette pratique délictuelle, allant jusqu'à montrer sur la patiente les déformations physiques provoquées, un cri rauque s'éleva dans la salle. Les étudiants, attentifs aux descriptions peu avantageuses que faisait leur collègue de la mourante alitée, sursautèrent à l'unisson en entendant ce hurlement comme venu d'outre-tombe.

— Mère Prunet ! Mère Prunet, qu'avez-vous ?

Car c'était bien la vieille qui avait braillé de la sorte !

— La mort ! reprit-elle en montrant d'un doigt tremblant un point devant elle. La mort…

— Vous voyez la mort, mère Prunet ? Dites-nous ! Comment est-elle ?

Un bras décharné se souleva de dessus le drap blanc alors que l'index toujours brandi semblait indiquer une personne plutôt qu'un lieu.

— C'est la mort ! Lui... c'est la mort !

Puis le bras retomba dans un dernier souffle alors que les membres du groupe se tournaient vers Félicien, que la femme avait désigné.

Celui-ci, un peu surpris, ne bougea pas, détaillant la dépouille avec une sorte d'indifférence curieuse, allant même jusqu'à trouver son assignation cocasse.

Soudain, son regard, jusque-là détaché, s'arrêta sur un objet posé sur l'étagère d'une espèce de chevet fait de bois et de marbre, à la droite du lit. Un sac. Plutôt une besace informe. Une musette hors du temps en tapisserie brodée au demi-point sur laquelle une bête étrange crachait du feu sur fond d'arabesques.

Une chimère noire...

Sa chimère noire.

Alors qu'il cherchait à comprendre, un immense vide envahit son corps. La tête lui tourna. Il ferma les yeux puis les rouvrit sur le sac défraîchi cependant que le monstre hideux semblait le narguer.

— Je... J'ai... Excusez-moi, haleta-t-il précipitamment, comme essoufflé.

Puis sans plus d'explications, au pas de course, il sortit.

— Félicien ! cria Marc-André. Reviens...

Mais il ne répondit pas. Déjà il était dehors.

5

Il était tard lorsque Irina entra en coup de vent dans la chambre de Bernard, sans même prendre la peine de frapper.

— J'arrive de la préfecture de police, s'écria-t-elle sans un bonjour, afin d'obtenir mon certificat de travestissement, et sais-tu ce que j'ai appris ?

Bernard, torse nu, était en train de s'ébrouer dans l'eau de sa bassine. Félicien ayant disparu subitement, Lacassagne lui avait demandé de l'assister sur une autopsie. Rentré chez lui, il allait changer de chemise lorsque la jeune journaliste, sans frapper, avait fait irruption dans sa chambre.

Toutefois, la surprise qui pouvait se lire sur son visage en la découvrant ne venait pas du fait qu'elle l'avait aperçu à moitié nu, mais bien de la tenue que sa visiteuse arborait.

— Eh bien, quoi ? l'invectiva-t-elle alors qu'il demeurait la bouche ouverte comme un gros benêt.

— Sapristi ! Mais tu es habillée !

— En femme ? Oui, merci, je sais !

Elle portait une robe de Clarisse, un peu courte, un peu juste, qui lui donnait une allure vraiment gauche, témoignant d'une manière flagrante que le vêtement n'était pas vraiment adapté à la personne.

— Le marron te va bien, ironisa-t-il en reprenant ses esprits.

— Hum… j'en doute… mais je te remercie.

Un peu dépitée, elle hésita à poursuivre. Machinalement, elle appuya sur son ventre et réprima un rictus de douleur.

— Et tu as appris quoi ?

— Ce que j'ai appris ? Euh... tu ne veux pas te couvrir ? Ça m'indispose de te voir ainsi. J'ai l'impression que Félicien peut entrer d'un moment à l'autre et pérorer des absurdités sur nous. D'ailleurs, à ce propos, tu ne l'as pas aperçu ?

Bernard haussa les épaules. Personne n'avait compris son attitude. Pour tous, il avait bien entendu été évident que les mots de la vieille étaient sans conséquence, émanant d'un esprit en fuite alors qu'elle rendait son dernier souffle.

— Disparu !

— Comment cela « disparu » ?

— Volatilisé alors que Lacassagne nous faisait un cours d'anthropologie à l'asile des indigents.

— Ah ça ! Et quelle mouche l'a piqué ?

Le jeune homme haussa les épaules en se rhabillant.

— Comment savoir avec lui ! Tu le connais. Inconstant et fantasque. Même ce journaliste qui se prétend son ami n'arrivait pas à comprendre son attitude.

— Son ami ? Parce que Félicien a des amis à part nous ?

— Il faut croire ! Marc-André Raffalovich, un spécialiste qui travaille avec Lacassagne dans les *Archives*. Il est français, mais habite Londres. Un dandy pur jus. Si tu le voyais. Œillet blanc en tissu à la boutonnière. On le dirait sorti d'une revue de mode ! Je ne sais d'ailleurs vraiment pas ce que Félicien lui trouve... mais ils ont l'air de bien s'apprécier.

Il assortit son expertise d'un léger cillement de cils qui n'échappa pas à son interlocutrice.

— Mais toi, qu'as-tu appris de si important ? poursuivit-il avec un geste de la main qui paraissait vouloir chasser sa pensée réprobatrice comme on enlève une mouche.

Irina eut une moue dubitative. Les nouvelles amitiés de Félicien ne lui disaient rien qui vaille. Elle n'aimait pas l'idée qu'il puisse se disperser vers d'autres, alors que leur groupe n'avait pas encore trouvé la stabilité souhaitable à une bonne évolution. Toutefois, elle aussi se reprit très vite et pour preuve se mordit le coin de la lèvre inférieure. N'était-ce pas plutôt une forme de jalousie qui l'animait ?

— La police va emprisonner un suspect dans l'affaire des meurtres des jeunes filles, poursuivit-elle en tentant un sourire.

— Vraiment ? Sais-tu qui et pourquoi ?

Elle soupira.

— J'ai surpris la conversation alors que j'attendais pour mon certificat. Cet imbécile de Montial partait arrêter le professeur de chant de la petite, comment s'appelle-t-elle déjà ? Celle que les parents sont venus identifier quand je prenais des puces au trou avec toutes les soumises de Lyon.

— Marthe.

— Oui… c'est ça… Marthe !

— Et Montial pense que c'est le professeur de chant qui a fait le coup ?

— Je le présume, affirma Irina.

— Félicien soutient, après l'avoir rencontré, que c'est un idiot qui ne peut avoir commis le meurtre. Mais qu'est-ce que la bêtise face à l'adversité ?

Un sifflement admiratif l'interrompit et le fit rougir.

— Voilà que tu te prends pour Perrier ? maugréa-t-il. Ma phrase était juste.

— Un peu emphatique, ne trouves-tu pas ? Sans bien être au courant des derniers événements, j'aurais tendance à rejoindre l'avis de Félicien. Pourquoi ce pauvre homme aurait-il tué son élève ?

— Parce qu'il l'avait engrossée, grands dieux ! objecta le jeune homme avec véhémence.

— Parce que tu tues lorsque tu engrosses ?

Bernard pâlit violemment, aussi Irina se laissa-t-elle aller à penser que le sujet le gênait. Il baissa les yeux et chercha son peigne qu'il ne trouva pas.

— Je…

— Ne sois pas troublé par cette simple question provocatrice ! Je plaisantais. Je sais bien que tu n'es pas du genre à tuer une fille enceinte. Voyons…

Plus elle insistait, plus Bernard perdait pied.

— Cela suffit ! gronda-t-il.

— Soit ! Puisque tu le veux ! Toutefois, cet homme n'avait aucune raison de passer à l'acte. Contre Marthe, mais encore moins contre les deux suivantes.

— Qu'en sais-tu ?

— La logique ! De la simple logique.

— Peut-être y a-t-il pris goût ? De plus, il fréquentait Mee d'après Félicien. Alors, de là à connaître aussi Eka !

— Prendre goût à de telles monstruosités ?

Bernard tiqua. Il y avait dans cette conversation un décalage qui le mettait mal à l'aise.

— Nous parlons pour ne rien dire, trancha la jeune fille avec sa franchise habituelle. Il faut que je me rende à la morgue afin de voir les notes que Félicien a dû rajouter sur les tableaux. Tu viens avec moi ?

— Il se fait tard.

— Tu as peur que les cadavres te hantent ?

— C'est toi qui dis ça ! Non, c'est simplement que nous sommes le dernier jour de l'année et que j'avais promis...

Une idée parut traverser l'esprit d'Irina qui s'en amusa aussitôt.

— Tu avais promis... mon Dieu ! À qui avais-tu promis ?

— Cela ne te regarde pas !

— De mieux en mieux ! Petit cachottier ! Félicien lie des amitiés en dehors de nous et toi tu promets à d'autres un réveillon que nous ne pouvons pas nous accorder ! Une année de plus, cela a-t-il de quoi te réjouir ?

— Et s'il me plaît de la fêter ?

— Fais comme bon te semble ! Pour ma part, je rejoins la morgue afin d'éclaircir mes idées sur cette affaire qui m'échappe de plus en plus.

Déjà, elle passait la porte, enroulant son éternelle écharpe autour de son cou, ce qui eut pour effet de rendre encore plus anachronique sa tenue.

— Attends, je t'accompagne, dit-il simplement en enfilant son manteau.

6

La boîte en fer-blanc était posée sur la table et depuis quelques heures déjà le narguait. Plusieurs fois, il en avait soulevé le couvercle, tournant la seringue entre ses doigts, vissant et dévissant l'aiguille. Il aurait suffi d'un rien, d'un peu de liquide qui du corps de métal serait passé dans son corps d'humain, pour que tous ses cauchemars s'effacent. On disait l'héroïne souveraine pour cela et sans risque, comme l'affirmaient les pharmaciens qui en vendaient à tous et pour toutes les causes.

Mais il ne voulait pas.

Pas cette fois-ci.

Pas maintenant.

Pas comme ça…

Alors, yeux grands ouverts, il affrontait ses démons, matérialisant une chimère noire qui, sur fond d'arabesques, crachait du feu.

Le souvenir de la vieille dame agonisante quelquefois submergeait tout cela et une vague d'émotions déferlait sur lui, le laissant anéanti sur la plage de ses peurs.

Où avait-elle eu ce sac ? Et pourquoi l'avait-elle appelé la mort ?

En titubant, il se leva de sa chaise. Il avait bu. Il n'aimait pas boire. Parce qu'il fallait qu'il continue. Avec ses craintes, avec ses frayeurs, avec ses angoisses. Ne pas faillir. Ne pas trembler. Ne pas tomber… surtout ne pas tomber. Avancer sans jamais dévoiler ses failles.

Il avait su jadis. Était-ce de l'avoir perdu qui le ramollissait de la sorte ?

Il se souvint d'un visage. Aimé. D'un prénom. *Hadrien.*

Presque une réminiscence. Il le soulevait dans ses bras et le portait à l'intérieur du château. L'explosion. Mourir ensemble pour mieux renaître.

J'ai une mère… mauvaise mère…

Loin. Très loin de lui maintenant.

Un autre temps.

Depuis, il avait tellement changé… grâce à lui, sans doute.

Dans un soupir, il rangea définitivement la boîte dans un placard et le petit flacon d'héroïne de chez Bayer avec.

Autour de lui, les flammes dansantes des lampes réchauffaient l'atmosphère de son laboratoire où il avait trouvé refuge. Pourtant, il grelottait. Il descendit sa manche de chemise puis enfila son manteau.

Pesamment, sans un regard alentour, il grimpa l'escalier qui le ramena dans le vestibule et referma soigneusement la porte de la cave. L'air non vicié par les gaz de combustion lui fit du bien et lui redonna un semblant de vigueur. Il traversa le hall vide et sortit discrètement comme il avait l'habitude de le faire.

Dehors, la nuit tombait. Dernière nuit de cette année qui avait vu tant d'événements se produire dans sa vie.

Il passa le portillon du jardin et héla un fiacre, lui indiquant l'adresse de l'asile qu'il avait quitté précipitamment dans l'après-midi, comme lieu de destination.

Là-bas, il demanda des renseignements sur la vieille femme morte un peu auparavant et qui répondait au nom de mère Prunet. On ne lui en donna pas. On ne lui accorda pas, non plus, le droit de voir le corps. Pas plus que ses effets personnels, dont le sac avec la chimère brodée faisait partie.

Irrité, il allait ressortir comme il était venu, lorsqu'une sœur le rejoignit sur le seuil. Elle n'était plus très jeune et une grande fatigue marquait son visage striés de rides. La soixantaine sans doute, peut-être moins.

— Vous recherchez des renseignements sur Isabelle ?

Félicien fronça les sourcils.

— Qui est… qui est Isabelle ? murmura-t-il en essayant de paraître mesuré alors qu'il ne l'était pas.

La femme sourit et le prit d'autorité par le bras.

— Venez, rentrons. Je connais un coin tranquille où nous pourrons nous installer à l'abri du froid.

À l'intérieur, il se dégagea de son étreinte et s'assit sur un banc alors qu'elle tirait une chaise vers lui.

— Je m'appelle Germaine. Germaine Poulain. Isabelle, c'était la mère Prunet. Celle qui est morte tout à l'heure. Celle sur qui vous voulez des renseignements.

Méfiant soudain, il la détailla.

— Pourquoi souhaitez-vous m'en parler ?

— Je ne sais pas.

Elle sourit encore et contre toute attente, passant un doigt furtif sur la joue du jeune homme, comme si elle le connaissait depuis toujours.

— Vous me rappelez quelqu'un.

— Qui ?

— Quelqu'un... C'est pourquoi je veux bien vous parler d'elle.

Il fronça une nouvelle fois les sourcils, mais, de crainte de perdre la seule source de renseignements qui allait l'aider, il se tut.

— Isabelle était servante dans cet asile. Tout comme moi. Nous avons commencé ensemble quand nous étions jeunes. Isabelle avait fui sa famille pour quelque raison obscure et au lieu de mal tourner et de finir dans la rue, elle avait réussi à trouver cet emploi. Moi, j'étais orpheline de père, alors il m'a fallu faire très vite des choix. Je suis entrée dans les ordres et j'ai décidé de consacrer ma vie aux autres. Je venais d'arriver quand nous l'avons accueillie. Nous avions le même âge.

— Elle travaillait donc là ?

— Oui.

— Elle y est restée longtemps ?

— Jusqu'à ses trente ans environ... jusqu'à ce jour de malheur où un mauvais garçon a été soigné ici à la suite d'un méchant coup de surin. Pour elle, ce fut l'amour fou comme dans les feuilletons des journaux. Lorsqu'elle s'est retrouvée enceinte, le type l'a obligée à avorter. Il l'a conduite chez une matrone qui l'a massacrée. Mais l'enfant a tenu et il est né ! Elle l'a gardé les premières années auprès d'elle, mais, comme elle s'était mise à boire, les sœurs lui ont demandé de quitter son travail. J'ai appris qu'elle avait fait des avortements par la suite, pour vivre. Son régulier lui rabattait des filles qu'il trouvait dans les bars et qui étaient dans l'embarras. Cela a duré un temps, puis il est parti. Alors, elle a sombré et le petit a disparu. J'n'ai jamais su s'il était mort, si elle l'avait placé ou même vendu, car je n'ai plus eu de nouvelles…

Ébranlé, Félicien se taisait. Il regardait cette femme qui se confiait à lui, le perturbant avec ses révélations étranges.

— Je l'ai revue pour la première fois il y a seulement quelques jours, poursuivit-elle alors qu'il ne lui demandait rien. Elle est venue sonner à la porte afin de pouvoir être hébergée. Elle voulait mourir ici, a-t-elle dit… c'est là que je l'ai reconnue. Cela faisait trente ans et elle n'avait pourtant plus rien de l'Isabelle que j'avais rencontrée naguère. Toutefois…

Elle suspendit son récit un instant et le détailla une nouvelle fois.

— Toutefois… son regard.

Elle se tut.

— Pourquoi me racontez-vous tout cela ? grommela soudain le jeune homme.

— Parce que…

— Vous ne me connaissez pas.

— Qui sait…

Perrier ravala douloureusement sa salive. Sa gorge était serrée, lui interdisant jusqu'au souffle souverain. Il haleta, cherchant à reprendre sa respiration.

— Je vous rappelle Isabelle, c'est ça ? aboya-t-il presque méchamment.

La vieille femme frémit et il perçut son tremblement.

— Lorsque je vous ai vu, tout à l'heure, j'ai été surprise, je dois l'avouer.

— C'est pour cette raison que vous m'avez rattrapé alors que je partais ?

— Oui… sans doute. Je ne sais pas. Quelque chose m'a poussée à le faire… mais vous, vous ne paraissez pas étonné.

Il eut un haussement d'épaules.

— Son sac… sur son sac il y avait une chimère.

— Oui, elle le tenait depuis toute jeune. De lorsqu'elle est arrivée à Lyon. J'ai été émue quand j'ai vu qu'elle l'avait toujours. L'objet vous a rappelé quelque chose ?

— Non… enfin oui… depuis tout petit, je rêve de cette chimère. Elle hante mes souvenirs sans que je puisse savoir pourquoi. Et là…

Il ferma les yeux un instant.

— Vous connaissiez l'enfant ? reprit-il à brûle-pourpoint.

— Je l'ai vu quelquefois, au tout début. Avant qu'elle sombre vraiment.

— C'était un garçon ?

Elle lui prit la main et il ne la retira pas.

— Oui, c'était un garçon. Un joli petit gars aux grands yeux sombres et au visage sérieux... Où avez-vous été élevé ?

— Dans le Midi. Je suis soi-disant né à Avignon et j'ai fait médecine à Montpellier.

— Et votre mère ?

— Ma mère ? hoqueta-t-il en lui plantant son regard noir comme s'il lui enfonçait un couteau.

Avec violence, il ôta sa main qu'elle tenait toujours, mais elle ne s'en formalisa pas.

— Vous avez souffert ?

— Je ne sais pas... je ne crois pas... Qu'est-ce que la souffrance ? Vous pouvez me l'expliquer, vous qui voyez des indigents à longueur de temps ? Ne sommes-nous pas sur terre pour cela ? Souffrir...

Il se leva d'un bond et renversa le banc.

— Je dois partir !

— Je ne crois pas, fit-elle en se redressant.

— Je dois partir, vous dis-je !

— La vérité vous offense, voilà tout.

— Vous ne savez rien de moi !

— Détrompez-vous..., murmura-t-elle en passant furtivement ses doigts dans ses cheveux. Je lis en vous à livre ouvert. Vous êtes douleur. Vous êtes tourment. Vous êtes supplice aussi.

Félicien recula prestement afin qu'elle ne puisse plus l'atteindre.

— Cette... cette femme a hurlé, avant de périr, que... j'étais la mort.

Alors qu'ils étaient tous les deux debout, face à face à distance respectable, il eut un rire démoniaque qui résonna en écho dans le vaste couloir désert.

— À votre place, j'aurais peur, grogna-t-il en se penchant subitement vers elle afin que son visage s'approche du sien à l'en toucher.

Elle sourit, imperturbable.

— Félicien... Félicien, c'est ça? Parce que vous êtes Félicien, n'est-ce pas? Vous n'êtes pas la mort. Vous n'êtes qu'un tout petit garçon perdu dans ce bien trop vaste monde. *Son petit garçon.*

Le jeune médecin blêmit. Ainsi donc, elle connaissait son prénom! Ainsi donc... Une bouffée de violence envahit sa tête. Il bouscula la vieille femme qui chancela, et comme il l'avait fait l'après-midi même, il sortit de l'asile en courant.

— Vous ne pourrez pas toujours fuir! lui cria-t-elle.

Mais il ne se retourna pas.

7

— J'ai oublié de noter sur un tableau les résultats de mon enquête auprès de la Croix-Rouge, annonça Irina en pénétrant dans la salle du bateau-morgue.

— Résultats concluants? s'enquit Bernard en s'effaçant pour la laisser entrer la première.

— Pas vraiment. Il n'y avait qu'une seule personne au centre. Elle m'a dit que la Croix-Rouge disposait encore de peu de matériel et de peu de personnel. Leur seul fourgon était de sortie à la Croix-Rousse, sur la demande du commissariat de quartier. J'ai pris un fiacre pour m'y rendre, mais je n'ai rien appris de particulier. L'accidenté, un vieil alcoolique qui avait glissé sur des marches humides, allait être transporté au nouvel hôpital.

— Rien de plus ?

— Non.

— À la Croix-Rousse, dis-tu ?

— Oui. Mais aucun rapport avec notre affaire. C'était un pauvre hère. J'ai vu le corps et il ne ressemblait pas à celui d'une frêle jeune fille, je peux te l'assurer !

— La Croix-Rousse... tout de même !

— Aucun rapport, j'en suis certaine... c'est une coïncidence, cette fois-ci. Le fourgon avait légitimement le droit d'être là... par contre...

Irina s'interrompit brusquement.

— Par contre ? interrogea Lecuyer en prenant place sur une chaise.

La journaliste fronça les sourcils comme si elle cherchait à raviver un souvenir.

— La nouvelle victime... peu avant d'être arrêtée par cet imbécile de Montial, j'avais eu un drôle de sentiment... celui de l'avoir déjà vue...

— Oui ? Et alors ?

— Alors...

En plissant les yeux, Irina tenta de revoir la scène. Les quelques personnes empressées autour du blessé et le cocher avec qui elle parlait. Une femme en fait.

Une de ces infirmières, comme on commençait à les appeler, qui portait un long voile blanc ainsi qu'une grande cape foncée sur un tablier marqué d'une croix rouge. Elle lui expliquait que la congrégation avait mis en place un système d'ambulances permettant d'emmener les blessés à l'hôpital tout en donnant les premiers soins, comme en temps de guerre. Le concept avait fait ses preuves en 1870 et il aurait été dommage, disait-elle, de ne pas le faire perdurer pour les civils. Déjà, de nombreuses jeunes filles optaient pour l'enseignement que cette fondation offrait afin de leur inculquer les gestes à avoir. L'idée était suisse, mais le principe n'avait pas tardé à faire des émules partout en Europe et la *Croix-Rouge*, comme on l'appelait depuis, se développait très bien… notamment à Lyon, sous l'égide de dames patronnesses qui avaient décidé de combler leur ennui en œuvrant pour la bonne cause.

— Mais oui, c'est ça !

Irina ne possédait pas une grande capacité à se souvenir des visages, pourtant l'attitude de cette gamine qui était passée quand elle était près de l'ambulance l'avait troublée. Le spectacle du vieux ne l'avait pas attirée. Elle paraissait pressée et inquiète à la fois.

— Je l'ai croisée dans la rue ! J'en suis certaine !

— Qu'est-ce que tu dis ? s'étonna Bernard en fronçant les sourcils.

— J'ai vu notre troisième victime dans la rue lorsque je parlais avec l'infirmière qui était sur le siège du cocher.

— Tu plaisantes ?

— Non ! J'en suis sûre maintenant ! Bon sang ! Elle a trébuché et je l'ai retenue pour éviter qu'elle tombe. Il faisait noir... mais j'en suis certaine ! Oui... c'est bien ça ! Je voulais tellement obtenir des informations sur la Croix-Rouge qu'un peu plus, j'oubliais ce détail... toutefois...

— Tu l'as approchée ?

— Oui ! Je me souviens de son visage triste et tendu. Je me suis fait la réflexion que sa vie ne devait pas être très heureuse. Elle est partie très vite. Presque en courant. Mon Dieu ! Si j'avais su !

— Si tu avais su quoi ? murmura son collègue. Tu n'aurais pu rien faire.

Troublée, Irina sentait monter les larmes.

— Oui, mais est-ce que tu t'en rends compte ? J'ai peut-être été la dernière personne avant son bourreau à l'avoir tenue contre moi ! Ce qu'elle a vécu après a dû être si sordide. Cette table sur laquelle on l'a fait grimper. Ses cuisses qu'elle a écartées. La seringue qu'on a introduite en elle... je... c'est...

Un long silence que rien ne vint troubler s'ensuivit. Par la pensée, Irina revoyait les instants terribles où l'avorteuse lui avait envoyé le poison à l'intérieur de son corps, au plus profond de son intimité. Cette douleur. Et cette solitude aussi...

— Tu me parais bien renseignée, murmura Bernard sur un ton suspicieux.

Elle sursauta et lui lança un regard attristé dans lequel son trouble se lisait encore.

— Comment sais-tu cela ? reprit-il d'un air sévère comme s'il s'attendait au pire.

La jeune femme hésita avec le curieux sentiment que son ami ne priserait pas la démarche qu'elle avait faite le matin même.

— Je suis allée chez une de ces... intervenantes, tantôt.

— Pour quoi faire ?

— Eh bien... un avortement...

Elle avait dit cela d'une voix linéaire, espérant sans doute que l'information glisserait sans heurts dans l'esprit de son interlocuteur. Cependant, devant le visage soudain sombre de celui-ci, elle regrettait de s'être confiée à lui.

— Parce que tu étais enceinte ?

Déjà, il était sur elle et la secouait. Son expression douloureuse et la violence de son regard lui firent presque peur et elle recula instinctivement.

— Bernard !

— Salope !

— Bernard, lâche-moi, s'il te plaît !

Des pas dans le couloir et la porte qui s'ouvrait.

— Qu'est-ce qu'il se passe, là ?

Félicien venait d'entrer. Il paraissait fourbu, presque vieilli. En voyant son collègue tenir Irina par les épaules, il n'eut pas un geste. Il se contenta de soupirer.

— Vous n'avez rien d'autre à faire que de vous chamailler comme des gamins ?

Surpris, Lecuyer lâcha Irina et bondit face à lui, prêt à l'apostropher :

— Sais-tu ce que… ce que… cette garce a fait ?

Le terme dans sa bouche prenait une ampleur démesurée. Étonné, Perrier tenta de le calmer en le poussant à se rasseoir.

— Qu'est-ce qu'Irina a fait ?

— Elle s'est fait avorter !

Fatigué, le regard de Félicien glissa de l'un à l'autre comme s'il cherchait, à ce moment précis, un lien intime qui aurait pu les unir à son insu. Son imagination, quoique défaillante à ce moment précis, échafauda pourtant un plan rapide où ils étaient depuis le début amants. Lui voulait de l'enfant qu'elle attendait. Elle souhaitait le faire passer. Cela lui remonta en malaise sa propre histoire, celle que la sœur de l'hospice venait de lui dévoiler. Il fut pris d'une nausée qui lui retourna les tripes et le fit chavirer. Il reprit toutefois son souffle et, une main nonchalamment posée sur le dossier de la chaise, tenta de recouvrer son calme.

— Tu es enceinte ? demanda-t-il à la jeune femme d'un air insouciant.

— Étais, je te signale ! aboya Bernard en se levant à nouveau.

— Étais, rectifia Félicien en lui appuyant sur l'épaule afin de l'obliger à se rasseoir une nouvelle fois.

Un silence se fit durant lequel Irina s'abstint d'intervenir afin de ménager son effet.

— Non, finit-elle par lâcher froidement en guettant une réaction sur le visage de ses amis.

— Non ?

Ils avaient bondi tous les deux, comme des diables, et elle ne put retenir un rire amusé malgré le côté dramatique de la situation.

— Non, reprit-elle en gardant son sérieux. Je suis allée voir comment cela se passait.

— Mais tu m'as dit...

— Je t'ai dit que je m'étais fait avorter. Oui, je le reconnais ! Mais si tu n'étais pas autant soupe au lait avec le sujet, tu aurais pu me laisser finir. Je t'aurais alors expliqué que, pour comprendre ce que c'était, j'ai demandé une intervention auprès d'une de ces femmes. Très bénéfique cette intervention d'ailleurs, car elle m'a permis de mieux ressentir l'état d'esprit des patientes, mais aussi le fonctionnement de ces matrones.

— Quoi ? Tu es folle ! mugit Bernard. Tu aurais pu y laisser ta vie !

Irina eut un sourire piteux.

— Je te confierai qu'ignorante de la chose, j'ai eu très peur lorsque j'ai vu la seringue.

— Elle t'a mis la seringue ? intervint plus posément Félicien.

— Oui.

— Eau savonneuse ?

— Je ne crois pas. Elle a parlé de... Saturne il me semble.

Le front du médecin se rembrunit.

— Et tu n'as pas mal ?

— Si, terriblement...

— Grands dieux, cette fille est vraiment folle ! reprit Bernard en passant, d'un geste irrité, sa main dans ses cheveux. Je le maintiens !

— Il est vrai que ce n'est pas très intelligent, il faut le reconnaître, d'aller se faire injecter de l'eau de plomb dans les entrailles alors que celles-ci sont vides, sermonna Félicien en prenant place, soudain las, sur une autre chaise. Si tu tenais à vraiment faire l'expérience, tu aurais au moins pu prendre la peine de te faire engrosser auparavant. Au déplaisir de l'action, autant ajouter le plaisir de l'acte... ne crois-tu pas ?

Irina haussa les épaules.

— Estime-toi heureuse de ne pas avoir eu droit à l'aiguille à tricoter, la plume de chapeau, la baleine de parapluie ou la broche d'un métier à tisser ! grommela Lecuyer, qui ne s'était toujours pas calmé. Sans être enceinte, tu peux être sûre que ta faiseuse d'anges aurait vite eu fait de te percer l'utérus faute de trouver le placenta... et c'en serait fini d'Irina Bergovski !

Cette dernière fit une moue navrée.

— Un peu plus ou un peu moins, marmonna-t-elle assez bas pour ne pas attirer l'attention.

— Bernard a raison, en attendant. Tu l'as échappé belle. Aussi, ne refais plus ce genre de choses, s'il te plaît... à plus forte raison sans nous prévenir !

Il soupira et, le dos voûté, laissa tomber ses mains jointes entre ses jambes écartées.

— Tu vas bien ? lui demanda soudain la jeune femme en s'asseyant à côté de lui.

Il leva un œil distrait vers elle.

— Oui… tout va bien dans le meilleur des mondes possibles.

— Je m'excuse si j'ai fait une bêtise.

Félicien sourit.

— Tu n'es pas en cause.

— Pas en cause ! Pas en cause ! s'emporta Bernard. Vous m'énervez tous les deux à ne jamais rien prendre au sérieux ! On voit bien que la mort ne vous a jamais touchés de près ! Vous êtes des enfants gâtés. Des insouciants qui se pensent au-dessus de tout… loi et trépas ! Vous m'étouffez. Je vais m'aérer la tête !

Et à la surprise générale, Bernard resserra son manteau autour de lui et sortit en maugréant.

— Sans compter que tu n'es même plus vierge ! lança-t-il en claquant la porte.

La journaliste, pantoise, le regarda agir alors que Félicien demeurait impassible.

— À ton avis, finit-elle par lui demander, quelle mouche le pique ?

— Lecuyer ? Sais pas… il n'a pas eu l'air d'apprécier ta plaisanterie ! L'amour sans doute…

— L'amour ?

— Oui, il a le béguin pour toi.

— Pour moi ? s'inquiéta-t-elle troublée. Mais il n'a pas le droit !

— Pas le droit ? Comme tu es drôle !

— Non, pas le droit. En plus, il aime ailleurs.

— Parce qu'il découche ? Je peux te jurer que chaque fois que je découche, je n'aime pas ailleurs !

Elle lui décocha un regard de travers.

— Oui, mais toi, ce n'est pas pareil.

— Ah, vraiment ? railla-t-il d'un air narquois.

Elle sourit.

— Excuse-moi.

Tout en se relevant, elle se tourna précipitamment vers un des tableaux comme si elle avait proféré des grossièretés.

— Quelquefois, son opposition à l'avortement me fait peur, enchaîna-t-elle en revenant au sujet qui la préoccupait. Je ne sais pas pourquoi.

— Peut-être parce qu'il y a eu dans sa vie un événement qui l'a poussé à ce genre de réaction ?

— Tu le penses vraiment ? Si tu l'avais vu tout à l'heure, juste avant ton arrivée... J'ai cru qu'il allait me frapper !

Félicien, malgré sa lassitude, sourit à son tour.

— Bernard violent... hum... Nous recherchons une personne capable de faire des sutures professionnelles et ayant suffisamment de ressentiments envers les femmes désirant se faire avorter pour souhaiter les tuer. À ton avis ?

Il avait lancé ça un peu par provocation, mais Irina tressaillit. C'était la seconde fois qu'elle pensait à Lecuyer comme suspect potentiel et cette hypothèse la troublait.

— Je ne peux imaginer ! se défendit-elle comme offensée par ses propres idées. C'est notre ami...

Dans l'esprit torturé de Félicien, des situations s'imbriquaient subitement comme si elles avaient été faites pour aller ensemble. Les cheveux châtain roux trouvés sur la victime. Ses réactions face à l'avortement. Sa jalousie qu'il avait de la peine à masquer envers Lacassagne qui privilégiait Perrier.

— Tu sais où il travaille ?

— Oui, j'y étais avant lui. C'est là où je l'ai rencontré.

— Si nous y allions ? Je ne sais pas pourquoi, mais je sens comme un truc bizarre, soudain.

Il parut hésiter puis poursuivit :

— Mais tout d'abord, nous passerons chez les parents de Marthe, j'ai une question à leur poser.

Il se leva d'un bond, mû par un étrange ressort qui soudain le distrayait de ses tourments. Irina acquiesça, non sans faire la grimace.

— Attends, je vais demander du laudanum à Delaigue.

— Pas la peine. Ça va...

— Souverain contre les maux de ventre de la femme.

— Non, pas ça... laisse filer, je vais bien !

Elle haussa les épaules.

— Tu crois que c'est dangereux de subir un avortement sans être enceinte ?

— Je crois que c'est surtout très con.

8

Germaine avait lavé la morte. Puis elle l'avait habillée avec des vêtements propres avant de la coiffer et de lui mettre un peu de rouge aux joues et sur les lèvres. C'était presque grotesque, mais elle aimait l'idée que celle-ci parte ainsi parée pour son dernier voyage.

Isabelle Prunet de Lalande n'était plus et ne serait plus jamais.

Germaine soupira.

Elle n'avait pas tout dit à Félicien... oh non! Elle n'avait pas tout dit... Ses études à Port-Royal à Paris la rangeant comme sage-femme de première classe apte à officier sur tout le territoire français. Son arrivée à Lyon. Son embauche comme responsable des naissances...

Non, elle n'avait pas tout dit.

— Est-elle prête ? demanda l'employé en approchant de la table sur laquelle elle avait préparé la dépouille.

— Oui, vous pouvez faire la levée du corps et la mettre en bière.

Le jeune homme acquiesça puis se retira doucement afin d'aller chercher ses collègues qui attendaient avec le cercueil étroit en bois blanc. Lorsqu'ils entrèrent, elle leur dit simplement :

— Sur la croix, inscrivez Isabelle Prunet de Lalande : 1836-1897.

Elle hésita.

— Elle n'aura pas passé la nouvelle année.

9

— Désolé, mais Bernard Lecuyer n'est plus chez nous depuis longtemps déjà. On l'avait embauché à ta place, Irina, sauf que deux jours après, il donnait son congé sans raison.

— Vraiment ?

La surprise se lisait sur le visage de la journaliste.

— Je pensais qu'il avait besoin de cet emploi pour continuer ses études ?

— C'est bien ce qu'il nous avait dit à nous aussi... mais le turbin devait pas lui plaire. Trop bégueule qu'il était !

Les deux jeunes gens échangèrent un long regard perplexe.

— Bernard Lecuyer ne travaille plus chez vous, vous êtes sûr ?

— Je n'ai pas que ça à faire !

Le patron s'impatientait et Félicien jugea intelligent de ne plus insister.

— C'est bon... c'est bon... j'ai compris.

Sans un mot, ils sortirent de la gargote et se retrouvèrent sur le trottoir, un peu dépités.

— Décidément, la soirée n'est pas concluante, fit remarquer Irina en le suivant. Lecuyer qui ne travaille plus ici et la famille Letaillier qui n'a pas voulu nous recevoir.

Chez les commerçants du quai Pierre-Scize, leur demande au sujet de l'hypothétique sœur aînée de Marthe n'avait pas été accueillie avec enthousiasme. Une domestique leur avait dit que personne ne souhaitait leur répondre et que de toute façon, « Mademoiselle n'habitait plus là ».

Mademoiselle n'habitait plus là ! Qu'est-ce que cela voulait dire ?

Dubitative, la journaliste activa le pas afin de ne pas se laisser distancer par Félicien qui marchait vite. L'heure commençait à avancer et déjà des groupes largement éméchés déambulaient au milieu de la route en se tenant par le bras. Les chansons paillardes fusaient et très bientôt les rues ne seraient plus fréquentables pour les gens qui se voulaient sérieux.

— Mon Dieu, nous sommes le soir de la Saint-Sylvestre ! constata-t-elle comme si elle ne se souvenait plus de la date.

— En effet, soupira Félicien que ce moment n'inspirait pas. En plus, tu es en robe !

Il avait dit ça comme s'il n'avait pas remarqué plus tôt son nouvel accoutrement.

— Je pense qu'elle ne convient pas à ton style. Je te verrais quelque chose de plus...

Il l'inspecta des pieds à la tête.

— En fait, oui... je te préfère en pantalon !

Elle eut un rire entendu qu'il ne releva pas.

— Profites-en bien, car dès demain, cela ne sera plus. J'ai obtenu mon certificat de travestissement ce matin même. Je n'ai pas encore eu le temps de me changer, mais il me tarde de retrouver mes anciennes nippes. Comment les femmes peuvent-elles vivre encombrées de jupons et serrées dans un corset étouffant ? À force, cela doit inhiber leurs pensées ! Sacrebleu !

Amusé par sa fougue, il ne put que sourire.

— Cela fait longtemps que tu portes cet accoutrement d'homme ?

Un voile passa devant le regard de la jeune fille qui baissa aussitôt les yeux.

— J'ai toujours été un garçon manqué, mentit-elle. En Pologne, ma mère me perdait constamment. Je jouais dehors. Je grimpais aux arbres et battais la campagne avec une bande bien peu fréquentable qui m'a appris à me défendre…

— Tiens, donc !

— Oui, je te promets ! Chez nous, la vie est bien plus facile. Les gens ne s'attachent pas à la bienséance comme ici en France.

— Vous êtes encore très rustres.

Elle eut un moment d'hésitation, comme si elle sentait qu'elle s'enferrait et qu'il la regardait faire.

— C'est bien cela ! finit-elle par approuver avec aplomb.

— Puisque tu le dis ! La vodka doit pourtant faire courir de grands risques aux gamines présomptueuses qui se prennent pour ce qu'elles ne sont pas. Parce qu'on dit aussi que votre population, en plus d'être malapprise, est aussi éthylique. C'est bien cela ?

Son nez se plissa alors qu'elle ne savait plus sur quel chemin il l'entraînait.

— Oui… non… enfin…

— Il suffit, Irina ! Viens plutôt ! Tu es en train de nous faire remarquer avec tes allures de gourgandine. T'es-tu au moins rendu compte que depuis que tu m'expliques ta vie dans cette *lointaine Pologne*, tu te dandines comme si tu appelais le client ?

La remarque la fit rougir violemment et elle regarda prestement autour d'elle comme pour constater le fait.

— Mon Dieu..., déglutit-elle en apercevant un groupe d'hommes qui la dévisageait.

— Nous sommes au cœur de Lyon, la dernière nuit de l'année, objecta Perrier en la prenant brusquement par la main comme s'il sentait venir le danger. Pressons-nous !

Alors qu'ils voulaient échapper aux fâcheux qui détaillaient la jeune fille comme si c'était une marchandise comestible, ils tombèrent nez à nez sur une assemblée de lourdauds agglutinés devant la porte d'un bistrot plein à craquer.

— Allez, ma belle, viens danser.

Un gros type, déjà bien aviné, s'était retourné et avait saisi Irina par la taille. Il la souleva afin de la faire valser sur le pavé, au milieu de ses collègues qui aussitôt l'entourèrent.

— Lâchez-moi ! maugréa-t-elle en se débattant.

Mais rien n'y fit. L'homme paraissait au contraire aimer ça, car plus elle remuait et plus il la serrait, allant jusqu'à coller sa bouche puante dans le creux de son cou tout en émettant des grognements sourds. Elle commença alors à lui frapper le torse, mais il éclata d'un rire tonitruant.

— Tout doux ! Tout doux, ma belle ! C'est la fête ! Ce soir, nous changeons d'année ! grommela-t-il en cherchant sa bouche.

Autour d'eux, les autres riaient, encourageant le gars à moins de réserve. Déjà, sa main gauche se hasardait sur le rebondi de la croupe, fourrageant sous les jupons afin d'aboutir à ce qu'il désirait.

— Félicien ! cria la jeune fille que son danseur impromptu éloignait de plus en plus du médecin.

Celui-ci sur le trottoir ne bougeait pas, comme tétanisé.

— Félicien !

Elle suppliait alors que le groupe grossissait, témoin rigolard d'une scène qui échauffait les sens déjà exacerbés par l'alcool.

— Féli...

Son appel s'étouffa, cette fois-ci, contre la langue de son agresseur qui la lui fourra dans la bouche alors qu'elle hurlait.

— Prends-la, encouragea l'un d'eux qui souhaitait que le spectacle continue.

Sur l'injonction, l'assemblée s'écarta, formant un cercle au centre de la rue. Des instructions, plus vicieuses les unes que les autres, fusaient.

— Lâchez-moi ! parvint à crier Irina au bord de l'évanouissement.

Son ventre, sous la pression du corps de l'inconnu, brûlait à nouveau. Sa tête prête à exploser ne contrôlait plus rien, alors que des doigts rugueux écartaient ses fesses afin de plonger à l'intérieur d'elle.

— Félicien !

Ils étaient là tous les deux, se hâtant pour rentrer... et voilà que des soûlards l'entraînaient et qu'il n'intervenait pas !

— Mon Dieu ! Au secours !

Mais plus elle appelait, et plus le jeune médecin reculait, le regard vide, le visage figé. Déjà, elle ne l'apercevait plus derrière la horde en liesse qui stimulait son assaillant par ses encouragements obscènes.

— T'es ben plate ! grognassa le sale type en tâtant sa poitrine sous le corset.

— C'est p't-être un gars, rigola un de ses complices qui maintenant la tenait afin que l'autre puisse faire son office. Fais nous y voir ! Parce que si t'es un gars, y te prendra par-derrière !

Et joignant le geste à la parole, il se mit à aider son compagnon de beuverie de manière qu'à deux, ils puissent soulever complètement la jupe et montrer l'anatomie de leur victime au public échauffé qui crachait des quolibets salaces.

— Non !

La troupe ne s'attendait plus à une réaction, aussi Félicien les percuta-t-il comme l'aurait fait un boulet lancé dans la masse.

Les corps ivres titubèrent, cherchant entre eux des appuis incertains. Mais déjà, le jeune homme serrait la main d'Irina et la tirait si fort que les deux meneurs qui la tenaient ne purent résister.

Le poing d'un des spectateurs partit soudain et cogna l'œil gauche du médecin. Toutefois, ce dernier, mû par une rage indicible, ne broncha pas et poursuivit son parcours à travers le flot humain alors que des gendarmes, alertés par le bruit, approchaient pour disperser la foule.

Ils coururent longtemps, main dans la main, sans s'arrêter. Jusqu'à ce que, à bout de souffle, ils puissent trouver un abri.

Là, elle le prit dans ses bras et violemment l'embrassa.

Chapitre 7

Samedi 1er janvier 1898

1

— On sait maintenant que la première victime s'appelait Marthe Letaillier et qu'elle vivait quai Pierre-Scize, en bord de Saône. Parents commerçants fraîchement enrichis faisant partie de la nouvelle bourgeoisie lyonnaise. Elle venait d'avoir seize ans, avait une sœur aînée et n'était pas fiancée. On l'a retrouvée un peu plus haut en montant sur Fourvière, ruelle de la Punaise, sous un tas de gravats. Elle se rendait quotidiennement montée Saint-Barthélemy, chez son professeur de chant. Elle était enceinte de ce dernier, ne voulait pas garder l'enfant et s'est fait avorter chez Jeanne Petit, 4, montée du Chemin-Neuf. Il semblerait que ce soit sa sœur qui l'ait accompagnée, sœur que nous n'arrivons pas à rencontrer, car elle n'habite plus, paraît-il, chez ses parents.

Félicien nota scrupuleusement toutes ces informations sur le tableau puis fit une courte pause avant d'enchaîner.

— La seconde morte se nommait Eka et venait du Siam. On l'a découverte proche de son lieu de travail, dans une traboule rue Mercière. Elle a un lien avec Marthe puisqu'on sait maintenant qu'Antoine Maurin connaissait Mee et la fumerie d'opium. Par contre, nous n'avons aucune idée du lieu où habite la faiseuse d'anges qui s'est occupée d'elle. Peut-être est-ce tout simplement sa mère maquerelle, la femme du vieux Lee... De toute façon, sur elle, nous n'apprendrons, je pense, rien de plus, car elle ne devait même pas connaître sa date de naissance.

Il entoura le prénom de la jeune prostituée puis passa au tableau suivant.

— Sur la troisième victime, pas encore d'informations tangibles non plus, sauf qu'elle était sans doute tisseuse et vivait à la Croix-Rousse.

— C'est certain, interrompit Irina. J'ai maintenant la certitude que je l'ai croisée quelques heures avant sa mort. En fait, comme je l'ai expliqué à Bernard, j'ai mis un moment à me souvenir de son visage, mais j'ai pu faire le lien, notamment lorsque j'ai compris que nous étions allées, elle et moi, chez la même personne pour nous faire avorter.

— Pourquoi ne l'as-tu pas noté ? grommela son compagnon en inscrivant ces nouvelles indications sur le tableau destiné à la troisième morte.

— J'ai oublié de le faire, car à la suite de ça Bernard s'est mis en colère contre ma fausse couche fictive.

— Donc, tu peux nous assurer que notre inconnue s'est rendue à la même adresse que toi ?

— Oui, 19, montée de la Grande-Côte. Je l'ai rencontrée tout près de là. Elle s'y rendait sûrement au moment où je l'ai vue. Chez Mathilde Marveau, au second étage.

— Très bien ! Je rajoute donc ces éléments. Et que t'a dit cette Mathilde Marveau ? Souviens-toi...

Irina hésita alors que Félicien continuait d'écrire au fur et à mesure que les données lui parvenaient.

— Rien de bien spécial. Je me suis présentée chez elle au second et elle m'a fait descendre dans une cave humide. Là, il y avait un plateau sur des tréteaux et j'ai dû m'y allonger.

Une sorte de rictus ombra le visage de la jeune fille au moment où elle se souvenait du sordide de la situation. L'odeur du moisi lui revint à la mémoire et soudain elle ressentit la même douleur fulgurante qui la fit grimacer.

— Elle a... elle a fait son travail, sans plus..., poursuivit-elle d'un ton volontairement détaché. Elle semblait inquiète qu'aucun sang ne vienne... et pour cause... Elle craignait que je m'affole si la fausse couche se déclenchait d'un coup... Elle m'a expliqué que si j'avais peur, il fallait que je me rende... attends... j'essaie de me souvenir... de me rendre à l'hospice des indigents qui se trouve quartier des Brotteaux.

— Quartier des Brotteaux, dis-tu ?

— Oui !

Un malaise s'empara du jeune médecin à l'énoncé de l'adresse donnée. Ce sac. Cette chimère. Une énigme de plus dans sa vie tourmentée. Comment

Germaine Poulain avait-elle fait pour le reconnaître ? Et pourquoi lui avait-elle raconté l'histoire de cette Isabelle dont il aurait préféré ne rien savoir ?

Il revit le regard fou de la vieille femme à l'heure de sa mort ainsi que son doigt accusateur. Peut-être s'était-elle trompée ? Pourquoi incriminer son propre fils ? Peut-être n'était-ce pas lui, ce Féli...

Il eut un mouvement de tête comme pour chasser l'absurdité de sa conclusion.

— Qu'y a-t-il ? demanda Irina en se levant de sa chaise afin de se rapprocher de lui.

— Rien, un mal de crâne soudain.

— Tu réfléchis trop, se moqua-t-elle gentiment.

— Sans doute...

Il la regarda. Si proche.

À aucun moment, ils n'avaient évoqué leur baiser de la veille. Il se souvint quand, troublés, ils s'étaient séparés. Sa propre attitude l'avait exaspéré, aussi avait-il rapidement tourné les talons, ne souhaitant surtout pas analyser ni justifier le geste que la jeune fille avait eu et qu'il avait approuvé. Alors, il était rentré chez lui. Sans un mot. Et elle l'avait regardé s'éloigner.

— Il y a une femme que je connais là-bas, dit-il sans plus d'explication, elle pourra nous renseigner.

Puis il poursuivit de manière volontairement anodine :

— Au fait, j'ai réfléchi à cette histoire de boulot que Bernard ne tient plus et aussi à son attitude plus qu'étrange, ces derniers temps. Aussi ai-je envoyé un message télégraphique, ce matin, à la mairie de Montbrison où ses parents habitent. Pas par suspicion envers notre ami, mais bien pour en avoir le cœur net ! J'ai demandé qui était cette Thérèse et s'il lui était arrivé quelque chose… de particulier. J'espère avoir une réponse très rapidement.

Irina hocha la tête. Ils avaient été interrompus, la veille au soir, toutefois, tous les deux avaient suivi le même raisonnement. Et ils le savaient bien ! La prise de position de Lecuyer contre l'avortement, les cheveux de la couleur des siens trouvés dans la main de la dernière dépouille, jusqu'au fait que ce dernier estimait souvent que Lacassagne favorisait Perrier à son propre détriment…

C'était bien peu. Néanmoins, pour l'avancement de l'enquête, ils se devaient de répondre à ces questions afin que toutes les pistes soient explorées.

— En parlant de parents, le corps de Marthe a été rendu hier à sa famille afin qu'elle procède à son inhumation, continua-t-il de la même voix monocorde.

— Je suis contente que mon dessin ait pu servir à quelque chose.

Un silence se fit entre eux. Comme une gêne. L'évocation de Lecuyer en était certainement la cause.

— Oui, c'est juste que…, soupira Félicien au bout de quelques secondes. Eka a eu moins de chance. Elle sera enterrée aujourd'hui dans une fosse commune. Le vieux Lee n'a pas voulu d'elle.

— Pauvre gosse…

— Oui. Pauvre gosse.

Nouveau silence. Irina s'était rassise, un peu comme en attente de quelque chose. Un peu comme lorsqu'on est là, sur un quai, à regarder passer des gens inconnus que l'on ne reverra jamais.

— Oh, et puis tout cela m'exaspère !

— Quoi, tout ?

Elle avait sursauté et déjà était à nouveau près de lui.

— Toi... moi... tout ! Ces périodes de fêtes où l'on ne peut rien entreprendre... Cette sensiblerie misérabiliste dans laquelle tu me plonges... jusqu'à Bernard qui m'indispose avec les preuves contre lui qu'il sème comme un pauvre demeuré ! Regarde-nous ! Nous avons l'air de quoi, tous les deux devant notre tableau noir ? Toi, avec ton allure de garçonne qui ne sait pas ce qu'elle veut... Moi, avec mes angoisses existentielles complètement tordues ! Et voilà que maintenant il me tombe une mère du ciel, au moment même où Dieu, s'il existe, dans son infinie grandeur, la rappelle justement près de lui !

— Une mère ? Pourquoi, tu n'en avais pas déjà une ?

Il avait parlé trop vite, ce qui n'était pas dans ses habitudes. En deux mots, il dut lui confier les révélations étranges que lui avait faites sœur Germaine à l'hospice des indigents. Celle-là même qu'il se proposait d'aller revoir afin de se renseigner sur l'accueil des filles ayant subi un avortement.

— Et tu penses que cette femme qui est décédée...

— Pouvait être ma vraie mère ? Oui, je le suppose, même si je suis condamné à maintenant l'ignorer puisque, justement, elle est morte !

— Et ta propre mère ?

— Celle qui m'a élevé ? Elle s'est éteinte il y a un an. Je n'ai plus personne pour dissiper le mystère de ma naissance.

— Et l'autre femme ? Cette sœur Germaine ?

— Elle m'a tout dit, je pense. Que veux-tu qu'elle ajoute ? Elle n'était pas là au moment où j'ai été confié à la famille Perrier. Elle pense que cette Isabelle aurait pu m'avoir… vendu pour… enfin, voilà quoi ! Je devais avoir deux ou trois ans. Elle ne l'a pas revue depuis et ne l'a recroisée que trois ou quatre jours avant son décès… mais elle n'était plus en état de parler.

Il fit une pause. Il paraissait tourmenté.

— Mon Dieu, quelle histoire ! Et ça va ? lui demanda-t-elle un peu bêtement. Te découvrir une autre vie ne te perturbe pas trop ?

Il la foudroya du regard.

— À ton avis ? grommela-t-il. De toute façon, même si elle n'a pas toujours été à la hauteur, ma mère demeurera celle qui m'a élevé.

Instinctivement, elle approcha un peu plus de lui et posa sa main sur la sienne. Mais il la retira aussitôt comme si elle l'avait brûlé.

— Tes marques dans ton dos…

— Quelles marques ? aboya-t-il en reculant. Bon, je ne veux pas te brusquer, mais j'ai mille choses à accomplir ! Je dois passer à l'Hôtel-Dieu chercher les résultats de l'autopsie de la dernière victime, puis j'irai ensuite à l'hospice des indigents. J'ai de même un tour à faire chez le vieux Lee afin d'interroger ses filles. Peut-être que l'une d'entre elles saura chez qui Eka est allée pour se faire avorter. Il y a aussi les parents de Marthe à revoir. Tu vois... pas de temps à perdre avec tes fadaises !

Touchée par l'invective, Irina enfonça les mains dans les poches de son pantalon afin de se donner une contenance. Dotée, depuis la veille, de son précieux document qui officialisait son droit à se vêtir en homme, elle avait donc troqué, avec plaisir, son corset, ses jupons, sa robe et son manteau contre une tenue masculine plus adaptée à ses mouvements. Dès ce soir, elle allait pouvoir rendre à Clarisse, sans aucun regret, les vêtements empruntés et reprendre le costume que cette dernière avait dû nettoyer.

— Je viens avec toi ! affirma-t-elle en retrouvant son aplomb.

— Pour quoi faire ?

Elle le toisa des pieds à la tête.

— M'avoir vue en femme, m'avoir sauvée des griffes de ces idiots hier au soir et m'avoir furtivement embrassée sous le coup de l'émotion...

— TU m'as embrassé ! Rectification !

— Soit ! Mais TU as répondu à mon baiser ! De ce fait, cela ne te donne pas le droit de me traiter en subalterne ! Je suis officiellement sur l'enquête autant que tu peux l'être ! Aussi, en conséquence, je viens !

D'autorité, elle avait saisi sa redingote et précédait déjà Félicien afin de sortir.

— Tu arrives ? demanda-t-elle goguenarde.

Celui-ci marmotta quelque chose d'inintelligible et la suivit.

2

Lorsqu'il avait quitté un peu précipitamment ses deux amis, Bernard était allé se réfugier chez Clarisse. Il avait apprécié son accueil affectueux et l'aisance qu'elle avait à le calmer quelle que soit sa contrariété. La douce chaleur du fourneau qui ronronnait et la quiétude dans laquelle elle savait plonger son appartement avaient fini par lui faire recouvrer sa sérénité.

— Auprès de toi, je voudrais passer ma vie, lui avait-il murmuré alors que, blotti tout contre elle au creux de son grand lit, ils venaient de s'aimer.

Elle avait ri et il l'avait embrassée dans le cou, mordillant ses petits cheveux comme un gamin un peu fou.

Ensuite, ils avaient pris l'omnibus pour aller voir les imageries des frères Lumière, avaient mangé dans un bouchon[1] et avaient fini par danser jusqu'aux premières lueurs de l'aube de la nouvelle année, dans un bal où l'on valsait.

1. Restaurant lyonnais.

— Je te laisse. Ne fais pas de bêtises !

Elle rit et il embrassa son rire.

Depuis qu'il savait qu'elle travaillait au nouvel hôpital de la Croix-Rousse, il n'était plus surpris par ses horaires étranges qui la forçaient à partir tard dans la soirée ou très tôt le matin. Il était même plutôt fier d'elle et lui avait proposé de l'aider à reprendre des études afin d'intégrer une école de sage-femme. Elle avait secoué la tête en lui disant qu'elle n'était pas assez intelligente pour cela, mais il s'était obstiné. Au final, elle avait accepté.

Après son départ, il erra un moment, un peu désœuvré, dans le petit appartement, cherchant une occupation là où il n'y avait rien à faire ! Pas le moindre grain de poussière. Pas la moindre vaisselle. Alors, il finit par remettre du charbon dans le fourneau et descendit ensuite remplir le seau à la cave.

Son récipient plein d'une main, il allait remonter aux étages, lorsqu'une chose étrange attira son attention. Sur l'étendage commun aux locataires, dans la petite cour borgne sur laquelle les celliers donnaient, il aperçut des vêtements d'homme qui l'interpellèrent.

Surpris, il posa son seau sur les marches et détailla les habits avec une application suspecte qui lui fit froncer les sourcils. Un pantalon gris de bonne coupe, une chemise blanche, un gilet… Il approcha jusqu'à les toucher. Le pantalon et le gilet avaient seulement été brossés vigoureusement et prenaient l'air. La chemise, quant à elle, était encore humide ainsi qu'un caraco court, un peu plus féminin, qui devait servir de maillot de corps. Il ravala sa salive et, après avoir ôté les pinces à linge, la porta à ses narines. Cette odeur de rose…

Une image lui vint. D'abord furtive. Puis carrément envahissante.

Irina.

Et auprès d'Irina, il vit Clarisse…

Sans plus réfléchir, chargé de son butin, il grimpa l'escalier quatre à quatre, oubliant le seau à charbon, puis se saisit de son manteau et se précipita à l'extérieur sans fermer la porte.

Dehors, bousculé par des idées contraires, il hésita entre demander des comptes à la jeune journaliste, qui à cette heure devait déjà être sur le bateau-morgue, et faire un scandale sur le lieu de travail de Clarisse. Il était à la Croix-Rousse, il opta donc pour l'hôpital.

En chemin, son ballot précieusement serré contre lui, tous les cas de figure se présentèrent à lui. Clarisse qui se moquait. Clarisse qui pleurait en se jetant à ses genoux. Clarisse qui suppliait. Car, enfin, que pouvait-il bien y avoir entre les deux femmes ?

Amies ? Pourquoi Clarisse lui aurait-elle caché cette amitié si elle n'était pas corrompue ? Connaissant Irina et son peu de goût pour les hommes – en témoignait la manière dont elle l'avait toujours repoussé –, cela ne laissait rien présager de bon au sujet de ses choix amoureux ! Toutes les suspicions devenaient donc possibles, même les plus éhontées !

Aussi, sans aucun effort, son esprit en déroute, prompt à fabuler, les imagina ensemble dans ce même lit que Clarisse partageait déjà avec lui ! Ces deux corps nus qui se rejoignaient et la jouissance discrète qu'il connaissait chez sa maîtresse et qu'elle offrait à d'autres... À une autre ! Cela le rendit fou ! Il serra fort les vêtements et une puissante envie de vomir le submergea. Sa Clarisse, sa douce Clarisse ? Celle dont il envisageait de faire sa femme, se livrant à des plaisirs coupables comme une vulgaire pécheresse saphique !

L'air froid battait ses tempes brûlantes et, au fur et à mesure qu'il approchait, des pensées d'une violence inouïe l'envahissaient. Son esprit ascétique demandait justice et alors que ses yeux ne pouvaient que lui renvoyer l'image de deux filles enlacées qui s'aimaient, ses doigts gourds crispés autour des vêtements se mirent à serrer comme s'il s'agissait du cou de sa maîtresse.

Trahi. Il avait été trahi !

Comme elles avaient dû rire de lui !

Une histoire bâtissait ses murs. Échafaudait ses renforts. Consolidait sa construction. Irina, interdite de s'habiller en homme, qui venait chercher refuge, à sa sortie de prison, chez son amante.

Clarisse, amoureusement, qui passait une robe sur son corps nu... Cette robe qui l'avait troublé lorsqu'il l'avait vue sur celle qu'il croyait être son amie. Cette robe qui lui rappelait quelque chose... ou du moins quelqu'un. Clarisse. Clarisse qui prenait soin d'Irina et lavait ses oripeaux avant de les lui rendre.

Un nouveau haut-le-cœur.

Mon Dieu qu'il avait été sot ! Mon Dieu, comme elle l'avait dupé !

Le parvis en montée du nouvel hôpital.

Les marches.

L'entrée.

Le hall.

L'escalier.

Ses tempes battaient. Son cœur menaçait de sortir par sa bouche.

Ce qu'il allait faire ? Ce qu'il allait faire…

Sa vue se brouillait.

— Clarisse !

Même sous la coiffe, il l'avait reconnue. Elle était là, interdite au bout du couloir, effarée de le voir planté, face à elle, alors qu'elle l'avait laissé dans son appartement. Il tenait quelques vêtements froissés en boule contre lui et ses traits étaient tordus, ses yeux injectés de sang.

Elle voulut ouvrir la bouche pour l'apaiser, mais déjà il lui jetait un costume aux pieds, exigeant des explications.

Des explications ?

Un pantalon gris, un gilet assorti, une chemise blanche, un caraco en dentelle… se pouvait-il qu'il ait cru… ?

Elle ravala sa salive, contrite, prête à éclaircir la situation… trop tard, il était sur elle. Ses longs doigts fins se serrèrent autour de son cou et il la secoua, secoua…

— Bernard !

Elle leva les yeux au ciel dans un sourire… des cris… des hurlements… des pas précipités…

— Bernard…

Puis plus rien. Plus rien que du noir et sa crainte qui doucement s'envolait.

3

Un train noir et poussif entra en gare, empoisonna l'atmosphère de sa fumée âcre. Départ pour Lyon-Saint-Paul. Quai numéro deux. Lorsqu'il s'immobilisa devant eux, sans un mot, ils grimpèrent dans un wagon et s'installèrent sur une banquette.

— Les passagers en direction de Montrond-les-Bains, Sain-Bel, L'Arbresle, Lyon-Gare-Saint-Paul sont priés de rejoindre immédiatement leurs places ! hurla le chef de gare dans son porte-voix. Départ imminent du train ! En voiture, s'il vous plaît ! En voiture !

Puis il referma les portes extérieures des compartiments sur des voyageurs pressés de s'asseoir, et siffla.

La machine, après un bref arrêt à Montbrison, s'ébranla aussitôt dans un fracas de ferraille et de chuintements inquiétants. À l'intérieur, les usagers furent secoués sous l'effort que provoqua le démarrage par à-coups puis, très vite, tout reprit un calme certain, sinon un certain calme.

— Je n'aurais jamais cru cela possible, maugréa Félicien alors que le bruit s'apaisait, permettant enfin de suivre une conversation.

Irina, face à lui, était elle aussi sidérée. Cela se voyait au long trait qui barrait son front, laissant présager, dans l'avenir, une ride d'expression qui creuserait son sillon.

D'un commun accord, ils s'étaient séparés afin d'obtenir les renseignements souhaités plus rapidement.

La jeune journaliste avait pris un fiacre pour se rendre quai Pierre-Scize, mais sa démarche n'avait pas connu plus de succès que la première fois. Cécile Letaillier, puisque tel était le prénom de la sœur aînée de Marthe, ne vivait plus au domicile de ses parents depuis quelques années déjà. Toutefois, personne n'avait accepté de donner sa nouvelle adresse, car cette dernière ne le souhaitait pas. N'étant pas de la police, Irina n'avait pas insisté.

De son côté, Perrier n'avait pas eu plus de résultats. Germaine Poulain n'était pas là. Il n'y avait que sœur Siobhan, à l'hospice, qui lui avait expliqué qu'il était du devoir des servantes de Dieu de ne pas laisser les miséreux dans la nécessité. À plus forte raison lorsqu'il s'agissait de filles perdues, qui avaient cherché à cacher leur malheur en attentant à la vie de leur propre enfant. Avait suivi un discours sur la religion dont il n'avait que faire et dans lequel Jésus lui-même semblait prêcher le pardon plutôt que la condamnation.

— Lorsqu'une pécheresse se présente en ce lieu, nous l'aidons. Nous la soignons si nécessaire et nous la nourrissons pour que son sang se fortifie et qu'elle retrouve vigueur. En général, elle reste une nuit, puis le lendemain, elle repart, rassurée, mais surtout convaincue de ne plus avoir recours, dorénavant, à un acte aussi répréhensible !

— Et c'est tout ? avait demandé le médecin sur un ton suspicieux.

— C'est tout ! avait rétorqué sœur Siobhan avec un petit air pincé.

Agacé, Félicien avait dû se rendre à l'évidence : la piste de l'hospice des indigents s'arrêtait là, tant il semblait être de coutume, dans cette bonne ville de Lyon, de se rendre à cette adresse lorsqu'on était dans le besoin !

Les deux collègues s'étaient donc retrouvés, un peu bredouilles, devant l'Hôtel-Dieu où Lacassagne les attendait. Malheureusement, l'autopsie de la dernière victime n'avait pas apporté de renseignements différents de ceux qu'ils possédaient déjà. Comme les premières constatations avaient permis de l'établir, elle était morte avant d'avoir été transportée là où son meurtrier l'avait abandonnée, d'une hémorragie massive. De plus, il n'y avait pas de message à décrypter dans le placenta. Par contre, celui-ci contenait une chose encore plus ahurissante.

— Une fleur ! s'était écriée Irina en trouvant monstrueux que quelqu'un ait pu refermer un corps en emprisonnant un œillet à l'intérieur.

Bien qu'elle fût souillée par le sang de la morte, Félicien, tout comme Lacassagne, avait aussitôt reconnu la fleur blanche en tissu que Marc-André Raffalovich portait à la boutonnière lorsqu'il sortait. Bernard savait que Marc-André portait une fleur à la boutonnière. Marc-André que Bernard n'aimait pas. Marc-André qui travaillait avec Lacassagne sur l'unisexualité. Marc-André avec qui... Ça aussi, Bernard l'avait compris.

Pour le professeur, après l'énigme sur Montpellier qui semblait le désigner, voilà que l'on pointait du doigt la personne avec qui il entretenait des relations professionnelles privilégiées !

Irina en avait été outrée, Lacassagne confondu et Félicien plutôt troublé. Mais pour d'autres raisons.

— Heureusement que vous m'avez conseillé fort judicieusement de mettre ma famille à l'abri, avait soupiré Lacassagne en tapant amicalement sur l'épaule de son disciple.

Ce dernier n'en avait pas été, pour autant, soulagé. Car, derrière la ville de Montpellier et le journaliste venu d'Oxford, se profilait maintenant quelqu'un d'autre auquel personne n'avait encore pensé.

Toutefois, Félicien s'était bien gardé d'aborder le sujet, préférant préserver sa vie privée.

Petit passage de l'Argue, 16, rue Thomassin, leur dernier espoir se brisa sur une porte close. Il leur fallut admettre que la chance n'était définitivement pas au rendez-vous, en ce premier jour de l'année.

« *Fermé jusqu'à nouvel ordre* », annonçait la pancarte.

— Je t'en donnerais du nouvel ordre ! avait grommelé Perrier en secouant la porte sans pour autant faire venir quelqu'un.

— Toutes les filles sont parties, avait expliqué une soumise qui tapinait dans la traboule. Personne ne vous ouvrira. Par contre, si tu veux du bon temps, mon lapin... toi et ton gentil... ta... gentille copine... je suis là !... Eh ! Mais je te reconnais, mon mignon...

Le jeune homme avait haussé les épaules en grimaçant puis avait déguerpi, traînant par la main une Irina qui avait été un peu longue à réagir, tant la proposition l'avait surprise.

— Tu es vraiment une fieffée bourgeoise ! s'était moqué son collègue, alors qu'ils étaient hors de vue de la prostituée. Tu veux faire croire à tous que tu es quelqu'un qu'au fond de toi tu es loin d'être.

Pour toute réponse, elle avait rougi, ce qui ne lui avait pas laissé le loisir de réfléchir à la suite de la phrase de la fille.

Énervés, encore bouleversés par les résultats de la dernière autopsie et mécontents de cette série d'échecs, ils avaient alors ressenti le besoin de marcher. De la rue Thomassin, leurs pas les avaient guidés vers les quais qu'ils avaient longés sans un mot. L'air était humide et n'incitait pourtant pas à la promenade. Ils avaient croisé, de ce fait, peu de passants, ce qui leur avait évité de supporter des regards étonnés à la vue de leur étrange couple.

— Et si nous finissions cette journée stérile à Montbrison ? avait proposé Irina, alors qu'ils traversaient le pont de la Feuillée.

Le regard que Félicien lui avait décoché en avait dit long sur la surprise qu'il avait ressentie. Ils étaient à deux pas de la gare de Saint-Paul, l'opportunité était belle.

— Tu ne veux pas attendre la réponse au télégramme ?

— Cela nous changerait les idées. J'en ai un peu marre de tourner en rond dans cette foutue morgue qui pue le cadavre !

Les horaires correspondaient ; ils avaient alors sauté dans un train pour la Loire sans se poser plus de questions.

— On va enfin savoir s'il est arrivé quelque chose à sa sœur Thérèse, avait grommelé Félicien en s'installant dans le wagon.

Trois heures après, ils savaient.

— Je n'en reviens pas..., souffla la jeune femme.

À Montbrison, ils s'étaient aussitôt rendus à la mairie qui bien entendu, compte tenu de la date, était fermée. Tout à leurs préoccupations, ils avaient complètement oublié qu'en ce premier jour de 1898, les administrations françaises avaient leurs portes closes !

Renseignements pris alentour, ils n'eurent aucun mal à trouver l'officier d'état civil : il était chez lui, en train de jouer aux cartes avec des membres de sa famille venus présenter leurs vœux. Ce dernier, d'une belle humeur sans doute due aux bouteilles de liqueur et autres eaux-de-vie présentes sur la table, avait consenti – à la vue de leur accréditation tout de même ! – à leur fournir les documents qu'ils demandaient. Il les avait conduits à l'hôtel de ville où, en quelques minutes, ils avaient appris qu'aucun Bernard Lecuyer n'était né en ces lieux.

Un peu piteux, ils allaient rebrousser chemin, encore une fois bredouilles – ce qui commençait à faire beaucoup dans une seule journée –, lorsque Irina, inspirée, s'était mise à décrire leur ami qui avait, il fallait bien l'admettre, un physique particulier avec ses épis châtains tirant sur le roux et sa taille imposante.

— Ah, ça ! s'était écrié l'employé. Mais vous me parlez là de Marius Chaubert, mon copain d'enfance !

La surprise les avait figés. En quelques secondes, Bernard, leur ami, se transformait soudain en usurpateur d'identité ! Ce dernier, répondant au nom de Victor Fiche, était prolixe lorsqu'il s'agissait de converser sur des sujets qui le touchaient de près. Ils apprirent donc que Marius était le fils aîné d'un des plus importants pharmaciens de la ville, qui avait son officine au coin de la rue Tupinerie et la rue Notre-Dame ; qu'il était né de Marie-Antoinette Dugat et qu'il avait un frère d'un an son cadet, Henri, et deux sœurs, Marie-Amélie et Antoinette, mais qu'aucune ne s'appelait Thérèse. Par contre, de Thérèse il y en avait bien eu une, mais elle n'était pas apparentée au jeune homme. En fait, elle était lyonnaise et avait été, un temps, sa fiancée.

Avait suivi une histoire étrange, dans laquelle Bernard/Marius avait entrepris des études de pharmacie, comme papa, à Lyon. Mais qu'à la suite du drame qu'il avait vécu, il avait refusé de succéder à son père. De ce fait, c'était son beau-frère, et non lui, qui venait de reprendre l'officine familiale !

À la question : « Quel drame ? », l'officier d'état civil qui, de par sa fonction, connaissait tout sur tout le monde ne s'était pas fait plus prier que pour le début de sa chronique.

L'héroïne de cette suite en était, bien entendu, Thérèse. La belle Thérèse, une donzelle de basse extraction rencontrée dans une guinguette, que Marius devait épouser contre la volonté de ses parents. Il en était raide dingue. Un beau brin de fille, pour tout dire, et qui n'avait vraiment pas froid aux yeux ! Celle-ci avait vite vu en cet étudiant crédule le fils de bonne famille à ne pas laisser filer. Vaudeville classique, en somme !

Bien qu'ami de Marius, lui-même ne connaissait pas tous les tenants et les aboutissants de l'histoire, car tant de choses se racontaient en ville ! Il lui avait seulement cru comprendre que la promise engrossée, sans doute par les soins d'un autre – le jeune Chaubert n'était pas du genre à consommer avant mariage –, n'avait pas souhaité garder l'enfant.

— Et ? s'était risqué Félicien que ces potins fatiguaient.

— Elle en est morte, avait tranché l'employé en rangeant un grand registre devenu inutile. De la fièvre, il me semble. Il y a bien un an et demi de cela !

Les deux amis s'étaient regardés, interdits, en se demandant si ce qu'ils venaient d'entendre n'était que ragots ou entière vérité.

— Cela fait maintenant longtemps que je n'ai pas eu de ses nouvelles, avait fini par conclure l'homme en souriant. Transmettez-lui mon bonjour lorsque vous le verrez ! Dites-lui que vous avez rencontré Babille, *le Babille*. Il se souviendra de moi, à coup sûr ! Pensez ! C'est lui qui, gamin, m'avait surnommé ainsi parce que je parlais tout le temps !

— Nous n'y manquerons pas, avait minaudé Irina tout en remerciant l'agent d'avoir bien voulu se déplacer un jour férié.

— Pensez ! avait-il assuré à nouveau. Tout le plaisir est pour moi ! Si j'ai pu vous être utile. Hein ? D'ailleurs, il fait quoi le Marius maintenant ?

— Médecine..., avait lancé ironiquement Perrier en passant la porte. Il fait médecine...

La jeune journaliste allait le suivre, en remerciant l'employé, lorsqu'une idée avait traversé son esprit. « Pouvoir contrôler les informations », disait toujours son patron quand elle lui amenait des articles. Et pour contrôler ses informations, le plus simple était de recouper les éléments.

— Vous ne connaîtriez pas, à tout hasard, le lieu où vivait Thérèse ? avait-elle demandé en revenant sur ses pas. Au moins le quartier où elle habitait à Lyon. On ne sait jamais, une indication captée au cours d'une conversation.

Victor Fiche avait eu un sourire amusé et, avec empressement, avait sorti un nouveau registre d'une étagère proche.

— Vous ne pouvez pas mieux tomber ! avait-il dit en la confortant dans sa démarche. Marius et Thérèse avaient déposé les bans pour leur mariage. Étant la ville de naissance de l'époux, nous avons dû les afficher aussi. Tenez, voici le document. Ils devaient convoler à la mairie de Fourvière, il y a eu juste un an, la veille de Noël. Thérèse habitait la montée Saint-Barthélemy. Pauvre gars ! Cela a dû l'anéantir !

En saisissant la feuille sur laquelle il avait noté l'adresse, la main de la jeune femme n'avait pu s'empêcher de trembler.

— Tu crois Bernard… enfin Marius… coupable ? s'inquiéta-t-elle après un long silence, alors que le train du retour filait à travers la campagne forézienne.

Elle se tenait bien droite sur sa banquette, encore apparemment choquée par ce qu'elle avait appris peu auparavant. La dernière information donnée par l'officier d'état civil, surtout, lui avait paru accablante. Thérèse vivait dans la rue où Marthe avait été retrouvée !

— Continuons à l'appeler Bernard, si cela ne te dérange pas, marmonna son compagnon en soupirant. Personnellement, j'avais déjà des inquiétudes avant. Alors maintenant, en sachant ce que nous savons…

Elle haussa les épaules et observa un instant à travers la vitre le paysage hivernal qui s'offrait à perte de vue. La neige était tombée sur les sommets des monts de la Madeleine. Celle-ci, comme l'avait prévu Félicien, ne tarderait pas à arriver sur Lyon.

— Pourtant, c'est notre ami !

Le jeune médecin grommela tout en la foudroyant d'un regard sombre.

— Un ami qui nous tait sa véritable identité et qui nous présente sa maîtresse défunte comme étant sa sœur ? Tu ne trouves pas cela suffisamment louche pour nous permettre de douter de lui ?

Ainsi Bernard pouvait être le meurtrier qu'ils recherchaient ! Lui qui aurait détourné ces filles de l'âge de Thérèse. Lui qui aurait commencé à tuer à la date anniversaire de son mariage annulé.

— Comment a-t-il bien pu s'y prendre à ton avis ? questionna Irina en essuyant une larme.

— Je ne sais pas encore. Sans doute les guettait-il ? Ou alors il avait un ou une complice.

— C'est stupéfiant ! Bernard, si discret, si gentil, ouvrant le ventre de ses victimes afin de leur enlever leur fœtus et y déposant des messages ! Je n'en reviens pas !

— Pourtant, cela coule de source. L'acte de Thérèse l'aura traumatisé et il aura voulu se venger de toutes celles qui disposent de leur corps et refusent la grossesse. La date anniversaire de son mariage aura été ce qui s'appelle un déclencheur.

— Comme l'esprit humain est fragile !

— Il l'est ! Souviens-toi de ses réactions lorsque tu abordais le sujet ? Cette violence dissimulée. En allant chez Thérèse, il avait pu croiser Marthe. Moi-même, je lui ai parlé d'Eka. De plus, il a toute l'expérience nécessaire et le temps pour agir, car chaque fois où nous l'avons pensé en train de travailler à la taverne, rappelle-toi qu'il n'y était pas !

— Tout de même… un an après ?

— Un déclencheur, te dis-je ! La date prévue pour son mariage, plus un élément externe. Toi par exemple qui l'auras troublé, lui remettant en mémoire la vilenie des femmes.

— Pourquoi moi ?

Il fronça les sourcils, déjà ailleurs.

— Ou alors, il y a eu d'autres meurtres dont nous n'avons pas eu vent, personne n'ayant fait le lien !

Irina approuva de la tête, toutefois quelque chose la chipotait. En effet, guetter ces filles et savoir qu'elles étaient enceintes ne pouvait se faire sans complicité. De plus, comment les avait-il transportées et pourquoi lui, l'expert, n'avait-il pas pris garde aux doigts de la dernière victime qui l'avaient...

— Bernard ne présente pas d'égratignures ! triompha-t-elle, comme si elle s'était soudainement donné pour tâche de devenir l'avocat de la défense.

— Qu'en sais-tu ? Tu m'as déjà vu nu, mais pas lui !

— Comment peux-tu en être tellement sûr ?

Félicien lui lança un coup d'œil en biais.

— Voilà que Mam'zelle Missy voudrait me faire croire qu'elle s'offre à des émissaires de la gent masculine ? rigola-t-il en grimaçant.

Cette attaque la saisit et la fit bondir de son siège.

— Où as-tu trouvé ce surnom ? s'insurgea-t-elle toutes griffes dehors.

— J'ai mes sources, se moqua son compagnon en se laissant aller contre le dossier en cuir de la banquette.

— Je te défends ! hurla-t-elle.

— Et moi, je te dis que j'userai de ce sobriquet tant que tu ne me raconteras pas la vérité.

— Quelle vérité ?

— Si oui ou non tu as déjà couché avec Bernard !

Soudain calmée, elle se rassit avec un sourire en coin.

— Parce que cela t'indisposerait, espèce de freluquet ?

Il ne répondit pas et elle prit cela pour un oui.

— Monsieur serait donc jaloux ?

— Monsieur n'est jamais jaloux, et à plus forte raison de toi.

— Et alors ?

— Et alors, cela ne me plairait pas, voilà tout ! Une question d'équilibre dans notre équipe...

— ... équilibre bien compromis lorsqu'on sait qu'un de ses membres est accusé de meurtres par les autres protagonistes du groupe. Bien belle équipe, en vérité !

Il haussa les épaules et fit mine de se renfrogner.

— J'ai, en effet, eu l'occasion de voir dernièrement Bernard torse nu, reprit-elle posément en joignant ses mains sur ses genoux comme une jeune fille pieuse, et il n'avait aucune éraflure, ça, je peux te le certifier. De plus, envisages-tu une seconde qu'un homme à qui je me serais donnée aurait pu parler de ma virginité comme il l'a fait en apprenant pour mon avortement ? Il aurait été bien sot, ne penses-tu pas ?

Son raisonnement était irréfutable, aussi Félicien n'émit-il aucune objection. Il choisit de ne plus poser de questions. Il demeura songeur tout le reste du voyage, les yeux dans le vague, fixant la fenêtre du wagon.

Arrivé à la gare Saint-Paul de Lyon, il sauta sur le quai sans plus l'attendre et elle dut courir pour le rattraper, manquant de perdre en route son vieux feutre qui menaçait de s'envoler. L'air était très froid et la saisit au visage alors que, descendant la volée de marches de la station, elle parvenait enfin à retenir Félicien par une manche.

— Si Bernard n'a pas de griffures, insista-t-elle en le regardant droit dans les yeux, c'est donc qu'il n'est pas le coupable.

Il se dégagea brusquement et continua son trajet en dévalant la rue Octavio-Rey.

— Ou qu'il a, comme tu l'as si bien suggéré, un ou une complice, gronda-t-il en avançant face au vent.

Il marchait vite, sciemment, se servant de sa souplesse de chat pour bondir allègrement sur le pavé glissant et cela malgré sa taille. Elle dut se mettre à courir pour ne pas le lâcher.

— Une avorteuse ? Pourtant, ce ne peut être toujours la même, puisque les corps ne sont jamais retrouvés au même endroit ! Et les transporter me paraît impossible... Ou alors il faudrait user d'un moyen classique qui passerait inaperçu pour les passants... Nous avions pensé à une ambulance de la Croix-Rouge, mais Bernard n'a aucun rapport avec la Croix-Rouge qui est dirigée exclusivement par des femmes. Et puis, n'oublions pas, il a une sainte horreur des avorteuses !. Nous nagerions donc en plein paradoxe !

Il interrompit brusquement sa course près d'un kiosque à journaux et la dévisagea, un court instant, goguenard.

— Sauf si la complice est quelqu'un de proche, très proche, portant constamment une écharpe de lainage rouge autour du cou, persifla-t-il délibérément acerbe.

Éffarée, elle fit une grimace et enfonça une nouvelle fois son chapeau sur sa tête pour se donner une contenance.

— Moi ! enragea-t-elle en retenant un cri.

— Voyons... plantons à nouveau le décor, poursuivit-il en regardant ailleurs afin de la déstabiliser. Un nouveau décor établi par moi ! Qui es-tu ? D'où viens-tu ? Comment t'ai-je rencontrée ? J'ai vérifié auprès de l'université, il n'y avait pas d'Irina Bergovski à la Sorbonne, les années où tu affirmais y être. Voilà pour le *qui es-tu* ? Quoi d'autre ? Ah, oui ! Comment t'ai-je rencontrée ? Eh bien ! Chez notre grand ami commun... Bernard ! Ah, non ! Pardon ! Devrais-je plutôt dire Marius ? Et comment ai-je fait la connaissance de Lecuyer ? Un matin, je me suis réveillé et je l'ai découvert dans la chambre adjacente à la mienne. Je l'ai revu à l'amphi aussi puis, plus tard, auprès de Lacassagne. Étrange, n'est-ce pas ? Chaque fois que je me retournais, il était là ! Puis très vite, VOUS avez été là ! Les deux amants diaboliques !

— Comment oses-tu ?

Mais déjà, il ne l'écoutait plus et ce fut face au vent qu'elle soulagea sa révolte tout en courant après lui le long de la rue en pente. Soudain, il s'immobilisa devant un des lions du pont de la Feuillée et elle faillit le percuter de plein fouet tant son arrêt était inattendu.

— Tu as dit quoi ? mugit-il en la secouant sans ménagement.

Un peu surprise, elle mit quelques secondes pour réagir, quelques secondes dont il profita pour l'entraîner à l'abri des latrines, le long du quai.

— J'ai dit... je ne sais plus ! Je t'ai insulté parce que tu m'accusais...

— Mais encore !

— J'ai parlé des gens qui habitaient à côté des scènes de crime et qui n'avaient rien vu...

— Et ?

— Et du fait que, pour déposer les corps, il aurait sûrement fallu utiliser un moyen classique pour passer à ce point inaperçu. J'ai rappelé l'ambulance de la Croix-Rouge qui revenait souvent...

Elle était essoufflée d'avoir trop couru après lui et de lui en avoir voulu avec autant de force. Étrangement, alors que rien dans son attitude ne laissait présager cette réaction, il lui sourit et fit claquer un baiser rapide sur la joue.

— Tu es absolument géniale, Irina ! s'enthousiasma-t-il en faisant demi-tour.

— Je n'en doute pas une seconde, bien qu'il y a peu tu m'aies accusée d'être complice ! Pourrais-tu, s'il te plaît, me dire ce qui me vaut un tel compliment, je t'en saurais gré... et surtout où nous allons !

Il sourit une nouvelle fois tout en faisant un entrechat sur le trottoir qui longeait le parapet au-dessus de la Saône puis repartit en sens inverse, reprenant le chemin qu'ils venaient d'emprunter.

— Marthe vivait ici, le long de la Saône. Son professeur de chant, le père de son enfant, habitait au-dessus, montée Saint-Barthélemy, ainsi que Thérèse, l'ex-fiancée de Bernard. Et juste un peu plus haut, il y a l'endroit où notre petite morte a été retrouvée !

Il avançait d'un bon pas, mais, contrairement à la première fois, il n'essayait pas de la distancer, sans pour autant l'attendre !

— Souviens-toi, lui dit-il alors qu'elle soufflait tout en crapahutant, nous ne sommes jamais allés là où a été trouvé le premier corps, vu que nous n'étions pas encore sur l'affaire.

— En effet…, ahana-t-elle.

— Je pense qu'il serait bon de nous y rendre !

Son simulacre d'avortement l'avait épuisée, aussi avait-elle du mal à suivre.

— Je te prendrais bien la main, plaisanta-t-il alors qu'ils longeaient le grand mur qui retenait les habitations sur une esplanade agrippée à la colline, mais tu imagines un peu la trombine des gens en voyant deux hommes s'exhiber de la sorte !

Pour toute réponse, elle grimaça ce qui le fit rire. Il avait sûrement une très bonne idée, car il était brusquement d'une jovialité édifiante.

En passant devant chez le professeur de musique, il fit même un signe de la tête facétieux.

— L'a-t-on libéré ou la police le garde-t-elle toujours comme suspect, jusqu'à ce qu'il avoue ?

La réponse lui parvint à travers une hilarité moqueuse.

— La police n'a pas pu l'arrêter !

— Que veux-tu dire ? Je croyais...

— Montial le souhaitait, mais cela m'étonnerait fort qu'il ait pu le faire.

— Qu'est-ce qui te faire raconter ça ?

— Une intuition, une simple intuition...

— Ne le prend-il pas pour un coupable idéal ?

— Il le prenait. Mais il a dû être surpris.

Ils venaient d'arriver au bout de la rue. Une vieille bicoque était en train d'être démolie au milieu d'un terrain vague, sur la droite. Un large pan de mur était tombé, allant jusqu'à encombrer une partie de la route. Avec un mouvement de tête satisfait, il bifurqua subitement, en face, dans une goulotte immonde qui sentait la pisse et la charogne.

— Ruelle de la Punaise ! présenta-t-il avec emphase. Un endroit tout à fait charmant, il faut bien l'admettre, pour mourir à seize ans.

Au centre de l'étroit passage, d'à peine un mètre, courait une sorte de chéneau en pierre qui servait, ni plus ni moins, d'égout à la population locale, déversant là, souvent par les fenêtres, contenus de seaux hygiéniques et eaux de vaisselle. Au fond, tout en bas, un porche surmonté d'une maison de plusieurs étages, aux ouvertures plus hautes que larges, comme des meurtrières, clôturait l'endroit en débouchant sur la rue de la Juiverie.

Pour permettre aux riverains de descendre sans se salir les pieds, des marches raides avaient été installées de part et d'autre du bourbier. Néanmoins, même si l'idée de base était bonne, ces dernières, subissant le même sort que le cloaque infâme dont elles étaient censées protéger, glissaient dangereusement sous l'accumulation de matières douteuses – mieux valait ne pas en chercher la provenance.

— Tu es ici dans les réminiscences les plus profondes du Moyen Âge obscur ! ironisa-t-il. Un égout à ciel ouvert !

Écœurée du spectacle, mais aussi par l'odeur pestilentielle qui s'élevait de la ruelle, elle se raccrocha à son bras afin de ne pas chanceler.

— Un chien l'a dénichée là, sous ce tas de gravats que les ouvriers d'en face ont dû déposer.

— C'est infâme…, déglutit-elle en appuyant une main sur son estomac.

— J'en conviens, soupira-t-il soudain plus sérieux.

Ils marquèrent un moment de silence qu'ils dédièrent instinctivement à Marthe, qui avait fini ses jours bien misérablement.

— Ce type-là, je vais lui régler son compte, murmura-t-il entre ses dents.

Et puis, comme si l'image de leur ami inculpé refaisait surface, il la serra contre lui sous prétexte de la soutenir.

— Tu penses que Bernard aurait choisi ce lieu parce que Thérèse habitait cette rue ?

— Je ne sais pas. C'est un peu confus tout ça. Cette histoire de fourgon de la Croix-Rouge ne colle pas. Pourtant, j'envisage de plus en plus l'idée que ce véhicule est la clef de tout.

— Qu'est-ce que tu veux dire ?

Il se tourna vers la maison où avait eu lieu l'accident, juste derrière eux, de l'autre côté de la rue.

— Un pan de mur de cette maison est tombé et a enseveli des apprentis. N'as-tu pas remarqué qu'à chaque fois que nous trouvons un corps, un problème a, en général, eu lieu quelques heures auparavant ?

— En effet... Pour Eka, le vieux interrogé nous a dit avoir vu un fourgon. Une femme s'était suicidée, je crois. Marthe, ici avec le chantier... jusqu'à la dernière victime que j'ai croisée près d'un tel véhicule, car un homme avait chuté dans les escaliers...

— Oui... étonnant...

— Toutefois, mes recherches auprès de la Croix-Rouge n'ont pas donné grand-chose. Le seul fourgon que cet organisme possède était légitimement à l'endroit où il devait être...

Félicien, tout en réfléchissant, sortit de la ruelle et regagna la route.

— Imagine une personne suffisamment impliquée dans cette institution qui se servirait du fourgon facilement repérable juste après un accident, et cela pour déposer un corps ? Que diraient les riverains ?

— Qu'ils ont vu la Croix-Rouge...

— Oui. Sans plus... chose facilement vérifiable et justifiable puisque accident il y a eu.

— En effet... un fourgon reviendrait discrètement avec un cadavre pour le déposer sans éveiller la curiosité des gens autour... Ingénieux !

— Tout à fait. Retournons à la morgue, j'ai besoin de faire le point avec les nouveaux éléments que j'ai en main. Mais auparavant, passons chez Bernard afin de fouiller un peu ses affaires et de voir si nous trouvons des indices compromettants.

4

La lame fine et aiguisée glissa dans un suintement mat sur la peau tendue. Un sillon étrangement captivant de chair en fusion suivait son tracé comme une curieuse traîne un peu vulgaire. On aurait pu croire l'instant suspendu entre ouate cotonneuse et recueil religieux. Gestes frôlant le divin.

En fait, il n'en était rien.

Sur la table de pierre, pieds et poings liés, ligotée à sa planche de tourments, une fille blonde, tout juste pubère, hurlait de douleur dans un jaillissement de sang, alors que son bourreau, mains pataugeuses dans des entrailles chaudes, sortait de son cocon ce qu'il estimait être l'objet du délit.

Du glauque.

Du morbide.

Rien de plus !

Condamnable pour son ignominieuse réalité.

La gamine était coriace. Alors que d'autres auraient déjà sombré dans un évanouissement salvateur, elle maintenait toujours son esprit à flot. Pourtant, l'acte était suffisamment immonde pour que la conscience se défende de l'accepter. Néanmoins, elle tenait bon, refusant de se livrer sans résistance, repoussant le moment où elle ne serait plus le témoin direct de son propre supplice.

— J'avais déjà posé le marmot, vomit-elle en griffant la pierre de la table.

— Tu as perdu son jumeau ! hurla son bourreau en se délectant.

Les yeux de la fille vrillèrent dans leurs orbites.

— Je t'aurai..., cracha-t-elle comme un venin aigre alors que la douleur lui faisait serrer les dents et se tordre malgré les liens. Je survivrai !

L'autre eut un rire goguenard entre compassion miséricordieuse et moquerie facétieuse. Une façon de l'aider à comprendre que toute sa volonté n'était rien face à la bestialité implacable de son acte et que ces bonnes résolutions n'y changeraient pas grand-chose.

Elle avait péché, elle devait périr par l'endroit où son péché avait été commis. C'était comme ça...

Brandissant des restes disloqués entre ses doigts, son tortionnaire les écrasa brusquement sous sa paume puis les coupa en minuscules bouts qu'il fourra dans la gorge de sa victime.

— Tiens, mange ! ordonna-t-il sur un ton ne supportant pas la contradiction.

Cette dernière refusa ; alors, il lui pinça le nez et referma la bouche avec violence. Ne pouvant que déglutir, dans des hoquets désespérés elle repoussa le plus longtemps possible l'ignoble instant où elle devrait abdiquer, puis épuisée, elle finit par se rendre et avala son infâme pitance en se tordant de dégoût.

— L'immonde chair de ta chair...

C'en était trop. Cette ultime torture sonna le glas des dernières volontés de la suppliciée. Elle ferma les yeux et se laissa sombrer dans les entrailles sans fond de l'inconscience bienfaisante.

5

— Y a une chose que tu peux m'expliquer... Comment as-tu su pour l'accident ?

Félicien sourit et ses yeux se plissèrent comiquement, égayant son visage de ridules sympathiques.

— Lorsque je t'ai accusée en sortant de la gare, nous étions devant un kiosque à journaux. Tout en te parlant, je déchiffrai l'article qu'il y avait en première page.

— Alors, tes accusations n'étaient qu'un prétexte ? demanda Irina en grimaçant.

— Oui.

— Tu ne pensais pas ce que tu disais ?

— Je lisais.

— Mais tes mots ?

— Eh bien, quoi, mes mots ? interrogea le médecin en faisant mine de hausser le ton.

— Tout ce que tu as raconté...

— Tout était vrai.

— Comment ça, tout était vrai ?

Ils étaient dans la chambre de Lecuyer, elle un peu gênée d'être là comme menant une perquisition, lui tout à fait à l'aise.

— Eh bien, oui ! poursuivit-il en baissant la voix. Tu n'es pas allée à la Sorbonne, j'ai vérifié, et Bernard m'est tombé dessus comme venu de nulle part. Qu'ai-je suggéré d'autre ? Que vous étiez amants ? Je l'ai cru souvent. Je le crois encore parfois... Surtout depuis que je sais que tu n'apprécies pas tant que ça les femmes...

— Oh ! s'insurgea-t-elle en se laissant choir sur l'unique chaise. Parce que tu as pensé... ?

Il lui tourna autour comme il aimait le faire. Chat pernicieux chassant la souris modèle. Mais était-elle bien modèle, cette souris qui mentait sur elle-même ?

— Toi de la gougnoutte ? Tout dans ton attitude porte à le croire. D'ailleurs, tu te complais dans cette idée. Ne dis pas le contraire... Pourquoi ? Je ne tarderai pas à l'apprendre, mais cela me plaît. J'aime les femmes mystérieuses qui ne se livrent pas en un instant.

D'un doigt distrait, il caressa ses cheveux lissés et glissa jusqu'au chignon.

— Bien ! En attendant, notre ami n'est pas chez lui ! reprit-il sur un ton enjoué en changeant de sujet. Ce qui tend à prouver qu'il nous fuit maintenant.

En furetant auprès des habitants qui avaient bien voulu lui répondre, Félicien avait fini par découvrir ce qu'il recherchait en venant à Saint-Paul. Il avait ainsi appris qu'une ambulance avait été vue, le jour du meurtre de Marthe, le long de la montée

Saint-Barthélemy. Confirmant ce qu'annonçait le journal local, des passants lui avaient expliqué qu'un pan de mur s'était écroulé sur le chantier de démolition, face à la ruelle de la Punaise, ensevelissant plusieurs arpètes. Un fourgon hippomobile marqué d'une croix rouge avait été dépêché sur place.

— Le souci, soupira-t-il en terminant le parcours de son doigt sur la joue d'Irina, c'est comment trouver le lien que Bernard entretient avec la Croix-Rouge.

Irina hocha négativement la tête.

— Comme tu le sais déjà, j'ai discuté avec une d'entre elles, le soir du meurtre de notre dernière victime. L'Union des femmes de France et leur implication au niveau du secourisme sont formidables. J'ai rencontré quelqu'un de très engagé dans la cause féminine. Je ne vois pas Bernard au milieu d'elles, tout comme je n'imagine pas une de ces femmes si dévouées perpétrer des actes aussi abominables.

— Il n'y a que des femmes ?

— Dans cette Union, oui. Un de leur but principal est de former leurs consœurs pour les rendre aptes à sauver des vies. Elles doivent pouvoir établir des postes de secours afin d'intervenir plus rapidement en cas d'accident. Elles sont en train d'ouvrir des écoles où ce genre d'enseignement permettra aux filles pauvres de trouver un emploi respectable et de devenir ce qu'elles appellent des « infirmières diplômées »... et non plus de simples servantes au service des médecins.

— C'est fort honorable à elles !

Elle le regarda de travers avec l'impression dérangeante que toutes ces idées avant-gardistes le faisaient rire.

— Tu ne parais pas prendre cette démarche au sérieux ? Pourtant, c'est pour venir en aide aux soldats que ce groupement a été créé à la base. Pour vous soigner, vous, les hommes !

Elle émit un petit gloussement qui lui fit hausser les épaules.

— En conséquence, qui dit ambulance de la Croix-Rouge dit femme ! enchaîna-t-il. N'oublions pas que nous en sommes, tout de même, à la troisième fois où leur fourgon est vu sur les lieux. À ce stade-là, ce n'est plus de la coïncidence ! Donc, cherchons la femme ! Celle qui serait la complice de Bernard.

— Tu n'es pas raisonnable ! Bernard aurait fait la connaissance d'une de ces infirmières ?

Perrier répondit par un hochement de tête avant de confirmer.

— Nous, médecins, pouvons facilement nous retrouver à côtoyer ce genre d'institution. Je me demande d'ailleurs comment cela se fait que ce ne me soit pas encore arrivé…

— Tout de même ? Qu'elle ait pu accepter d'être sa complice !

— La femme est faible ! Que ne ferait-elle pas par amour ?

Tout en esquivant le coup de poing que sa collègue lui destinait, juste au-dessous des côtes, il éclata d'un grand rire moqueur.

— La femme créée pour détourner l'homme du droit chemin…

— … Oui ! Et l'homme trop idiot en se soumettant à son bon vouloir. Beau couple en vérité que ta vision religieuse a engendré là !

— Ce n'est pas moi, gémit-il en faisant mine de se plaindre.

La chambre était petite et ils l'avaient déjà inspectée. Néanmoins, ils savaient pertinemment qu'un seul petit indice pouvait être fatal à leur collègue… ou salvateur.

— À d'autres ! grommela-t-elle en inspectant une pile de linge.

— Ah ! ah ! ah ! poursuivit-il en se moquant ouvertement de sa compagne. Le talon d'Achille de ma ténébreuse Irina ! Le droit de la femme ! Suffragette, va ! Sors dans la rue ! Manifeste ! Exprime-toi ! Fais-leur savoir à tous ces misogynes de la Terre que leur vision est passéiste et ne mènera certainement pas à une société moderne.

En l'entendant, la jeune journaliste faillit laisser échapper les vêtements qu'elle tenait encore entre ses mains. Elle les reposa sur l'étagère de l'armoire et se retourna vers son ami, avec un air incrédule.

— Tu es sérieux ?

Il la détailla des pieds à la tête. Sourit. Puis fit une grimace qui distordit son visage.

— Non.

— Goujat !

Il évita le peigne à cheveux qui vola et éclata d'un rire bruyant.

— Il faut fouiller afin de découvrir une éventuelle photographie de notre collègue et nous en servir pour enquêter, poursuivit-il comme si de rien n'était.

— Tu penses qu'il en possède une ? Je ne le crois pas du genre à se faire tirer le portrait, sérieux comme un grand homme posant pour un tableau !

— Tu ne l'imaginais pas non plus apte à trucider des filles ? persifla-t-il en se moquant. Tu sais que la photographie est une technique pleine d'avenir ? J'ai entendu dire qu'un agent de la préfecture de police parisienne, un certain Alphonse Bertillon, venait d'inventer un procédé permettant d'identifier des criminels récidivistes. Il tire une épreuve des prévenus, de face et de profil devant une toise, puis note leurs principales marques distinctives. Très bientôt, les empreintes pourront y être rajoutées.

— Les empreintes ?

— Je t'expliquerai ! Mais tu devrais te mettre à la photographie. Je suis sûr qu'en se démocratisant, elle va détrôner très vite les croquis.

— Mais j'y ai pensé, figure-toi !

La nuit tombait. Il ne voyait presque plus son visage, aussi se rapprocha-t-il à nouveau et posa-t-il sa main près de son cou. Au premier abord sympathique, celle-ci se fit de plus en plus lourde comme si, préoccupé, il ne contrôlait plus ses membres.

— Sœur Siobhan, lâcha-t-il soudain en la saisissant tout à coup par les épaules comme pour la secouer.

— Quoi, sœur Siobhan ?

— La complice de Bernard !

— Tu es fou ! s'énerva-t-elle en se dégageant presque violemment.

— Non. Ça se tient !

— Mon Dieu... en plus l'expression... *la complice de Bernard*... lorsque je t'entends parler ainsi, j'ai un pincement au cœur. Depuis le début, je doute. On ne devient pas tueur comme ça !

— Pourtant, nous sommes tous des tueurs.

Il eut une mimique étrange, presque froide, qui la glaça.

— Je ne crois pas ! rétorqua-t-elle en lui tournant le dos. De plus, pourquoi soudain, alors que tu abordais le sujet très intéressant de la photographie, en es-tu venu à suggérer que sœur Siobhan pouvait être complice de ces atrocités ?

— Simple association d'idées que mon esprit s'est permis de faire à mes dépens alors que je discutais.

— Mon Dieu ! Monsieur pense en parlant !

— Cela ne t'arrive jamais ?

Pour toute réponse, elle se renfrogna, ce qui l'autorisa à enchaîner sans qu'elle l'interrompe.

— Photographie. Portrait. Visage, poursuivit-il en allumant l'unique lampe à pétrole de la pièce. Cela m'a conduit à sœur Siobhan qui ressemble à quelqu'un que je connais, j'en suis certain ! Et depuis que je l'ai rencontrée, cela me chagrine de ne pas réussir à trouver à qui. De plus, souviens-toi ! Lorsque nous sommes allés la voir, ce matin, avant notre escapade à Montbrison... comment était-elle ?

— Tranquille. Sereine. Presque extatique, comme souvent on le remarque chez les nonnes. De toute façon, pas le physique ni le psychique d'une tueuse, excuse-moi du peu !

— Tsss... Ne fais pas semblant de ne pas me comprendre. Que portait-elle ?

— Un uniforme.

— Mais encore ?

— Je ne sais plus.

— Cherche, enfin !

Irina se mordilla la lèvre inférieure et plissa les yeux afin de se remémorer mentalement la scène. Cette jeune sœur était jolie, très jolie même, quoique épuisée physiquement. Elle se souvint de s'être dit que c'était dommage de se donner à Dieu lorsqu'on avait un minois si agréable. Soit, c'était idiot ! Mais elle avait eu comme un sentiment de gâchis.

— Elle portait une sorte de fichu tricoté, l'aida-t-il en soupirant.

— Le châle qu'elle avait sur les épaules ?

— Oui. Rouge. Il était en laine rouge !

Elle ne répondit pas tout de suite et fronça les sourcils.

— Vraiment ! Je n'y ai pas pris garde. Je la trouvais tellement agréable que cela m'a choquée de la savoir entrée dans les ordres.

— Tsss... tsss... Mam'zelle Missy. Ne me fais pas à nouveau douter ! gronda-t-il en s'éloignant d'elle, afin de ne pas risquer une riposte plus agressive encore que les deux précédentes.

Il avait commencé à inspecter les quelques maigres effets personnels de Bernard, avec plus de minutie que la première fois, et elle le regarda fureter sans pour autant l'aider. À quoi bon ? Il était dans la provocation gratuite et elle n'allait tout de même pas passer son temps à le satisfaire en entrant dans son jeu.

— Tu n'es qu'un idiot ! Alors, tu penses cette jeune fille toute mignonne capable d'être la complice de Bernard ? Ne trouves-tu pas cela un peu tiré par les cheveux ? Comment l'aurait-il rencontrée ?

— À nous de le découvrir, marmonna-t-il, surpris de sa passivité soudaine.

Tout en passant une main à plat entre le sommier métallique du lit et le matelas de laine, il recherchait dans sa tête des signes. Des souvenirs. Lorsqu'ils assistaient au cours de Lacassagne à l'hospice, est-ce que Bernard regardait sœur Siobhan ? Comment avait-il réagi en l'apercevant ? Lui tellement pointilleux n'arrivait plus à se remémorer précisément la scène. Bien évidemment, s'il n'y avait pas eu cet épisode désagréable avec la vieille, peut-être se rappellerait-il plus aisément ! Elle s'était tournée vers eux, avait posé son doigt sur ses lèvres, afin de lui ordonner de se taire. Qu'avait-il pensé ? Qu'avait-il pensé… Qu'avait-il pensé !

— Il l'a nommée. Il a donné son nom ! Sœur Siobhan ! Comme s'il la connaissait. Et moi, je lui ai répondu…

— Oui ?

— Bon sang ! Je lui ai dit que je l'avais déjà vue quelque part.

— À l'hospice ?

— Non... non... elle ressemblait à... euh... je ne sais plus ! Bon Dieu !

Il y était presque... là... sur le bout de la langue. Comme cet effet pouvait être déplaisant parfois !

Une lumière de soulagement éclaira soudain son visage, alors qu'un courant quasiment orgasmique détendait ses traits.

— ELLE RESSEMBLAIT À MARTHE !

— Tu dis quoi ? s'inquiéta Irina en sursautant, tant ce qu'il venait d'annoncer avait quelque chose de perturbant.

L'instant de l'émoi passé, une forme d'énervement s'était emparée de Félicien. Oubliant le lit de son ami et les trésors qu'il était censé cacher, il gesticula en silence, fit quelques pas pressés puis, pour finir, se planta face à Irina qui, de stupéfaction, s'était assise.

— Sœur Siobhan ressemble à Marthe !

— Tu en es certain ? ânonna-t-elle incrédule.

— Oui ! Maintenant que j'ai relié les deux personnes, je revois très bien chez l'une ce que j'ai pu constater en autopsiant l'autre. Un physique agréable, une ossature fine. Des traits réguliers et harmonieux. Des yeux bleus et une pilosité blonde de type nordique. La vivante m'a seulement paru beaucoup plus morte que la trépassée elle-même, mais j'expliquerais cela par un abus de mortifications pour la première, visant en se fustigeant soit à s'absoudre d'un éternel péché irrémédiablement impardonnable, soit à rechercher une existence éthérée... ce qui, soit dit en passant, correspondrait fort bien à un esprit empli d'une folie qui pourrait s'avérer meurtrière.

Satisfait de sa tirade, il posa précipitamment un baiser sur la joue de la journaliste, ce qui la fit reculer en se renversant sur sa chaise.

— Pourquoi aurait-elle tué sa propre sœur ? Réfléchis un peu ! C'est inconcevable !

— Même motivation que Bernard, mais à l'inverse. Haine de l'avortement ! Elle par principe. Par conviction. Lui par déconvenue. Par dépit.

— Tout de même...

En lui répondant, elle s'aperçut toutefois que l'intonation de sa voix devenait moins impérieuse, un peu comme si les allégations qu'avançait Félicien parvenaient, petit à petit, à la convaincre.

— Imagine. Ils se rencontrent tous les deux. Ils échangent leurs idées. Lui se révolte contre ces filles qui ne veulent pas garder leur enfant. Elle s'insurge contre ces fœtus que l'on tue sans remords. Leur déclencheur commun... la date de son mariage raté pour lui et la grossesse de sa sœur pour elle... au même moment.

La version faisait son chemin dans l'esprit de la journaliste.

— Maurin n'assume pas, poursuivit-elle en relayant Félicien dans ses hypothèses, alors la pauvre Marthe, perdue, va chercher de l'aide auprès de sa sœur. Cette sœur qui est entrée dans les ordres contre le gré de ses parents et dont ceux-ci ne veulent plus donner de nouvelles. Cécile Letaillier. Cette dernière l'accompagne, mais, outrée par ce qu'elle découvre, son âme sensible, exaltée, n'y résiste pas. Avec Bernard, elle tue l'impie qui a osé braver la volonté de Dieu en ne gardant pas l'enfant du péché ! Ce n'est plus sa sœur qu'elle achève, mais une pécheresse tombée dans le lucre. Une irrécupérable ! Une...

Irina brusquement se tut, surprise par le regard goguenard de son interlocuteur qui, bizarrement, venait d'émettre un sifflement strident en la considérant.

— L'élève surpasse le maître, ironisa-t-il en se penchant vers elle.

— Je...

— Ce que tu viens de raconter là est génial, Irina ! s'enthousiasma-t-il contre toute attente. Je n'allais pas faire mieux !

— Vraiment ?

— Nous sommes dans la même histoire. Eka, dont je parle à Bernard et qui rejoint l'hospice des indigents après un avortement qui se passe mal. Eka qui se jette dans la gueule du loup !

— Et la petite dernière qui, conseillée elle aussi, tout comme je l'ai été, par l'avorteuse qu'elle va voir, se rend au même endroit...

Tout collait. Elle hésita.

— Viens, nous partons, décida-t-elle en se levant. J'ai l'impression d'être une voleuse à fouiller dans la vie de Bernard comme nous le faisons. Allons plutôt interroger ta sœur Siobhan, voir si nous pouvons encore la trouver à cette heure tardive.

— Si tu veux, dit-il soudain conciliant.

Comme s'il se souvenait tout à coup du but premier de leur visite, il extirpa sous le regard stupéfait de son amie, un peu comme l'aurait fait un magicien, une photographie cachée entre le matelas et le sommier tous deux délaissés peu avant.

— Bernard aux côtés de Thérèse posant devant un décor romantique. Elle bien droite sur une chaise de velours, lui debout solennellement derrière, la main sur son épaule. Quel possessif, cet homme-là ! En plus, il portait la moustache pour faire plus sérieux ! Mon Dieu, comme cela lui allait mal !

— Sans doute un cliché réalisé en souvenir du jour de leurs fiançailles, soupira doucement la jeune femme en se penchant vers le portrait. Que d'espoirs anéantis...

— Sans doute ! Tu remarqueras, tout de même, qu'un vil caractère rancunier l'aura poussé à la cacher loin de ses yeux, mais qu'une mièvre nostalgie l'aura contraint à la conserver proche, très proche de lui ! ricana Perrier en éteignant la lampe.

Ils s'apprêtaient à passer la porte lorsqu'ils découvrirent un jeune coursier, le doigt prêt à frapper contre l'huis, qui resta un peu bêtement dans sa position initiale, comme figé par la surprise.

— Tu recherches qui, gamin ?

— Le docteur Félicien Perrier. Je dois lui remettre ce pli. Je suis allé chez lui, à son adresse, puis sur cette saleté de bateau-morgue. J'avais ensuite ordre de me rendre ici, chez Bernard Lecuyer, dans cette chambre sordide, si je ne le trouvais nulle part... mais, à voir l'aspect de la maison, j'ai dû me tromper d'endroit. Ces messieurs ne peuvent pas être des médecins !

Il allait repartir lorsque le concerné le rattrapa par une épaule.

— Et c'est de la part de qui ?

Le gosse le dévisagea avec une grimace un peu dédaigneuse comme s'il voulait lui signifier que cela ne le regardait pas. D'un geste brusque et rapide, Perrier lui arracha toutefois la lettre des doigts sans qu'il ait eu le temps de réagir.

— Professeur Alexandre Lacassagne, déchiffra-t-il en couvrant les hurlements du gamin. Et je suis le docteur Félicien Perrier ! continua-t-il en poussant le coursier dans l'escalier.

Outré, ce dernier déguerpit non sans jurer qu'il se plaindrait à qui de droit.

— C'est ça, plains-toi !

Il s'esclaffa.

— C'est surtout contre son absence de pourboire qu'il devrait geindre !

Puis il décacheta le pli sous l'œil réprobateur d'Irina qui n'avait pas apprécié sa manière d'agir.

— C'est sa faute aussi, se justifia-t-il alors qu'elle ne lui demandait rien, quelle façon arrogante de me parler !

— Monsieur se prend pour quelqu'un de la haute, maintenant ? Je rêve ! persifla-t-elle en lorgnant au-dessus de son épaule.

Et tout en se moquant, elle déglutit bruyamment alors qu'elle déchiffrait l'adresse écrite au dos de la lettre.

— Morbleu ! Ton professeur a perdu la raison de te faire chercher dans le quartier le plus huppé de la ville !

Puis elle éclata d'un bon rire railleur alors que le visage de Félicien, ayant battu son briquet d'amadou afin de faire un peu de lumière, se figeait au fur et à mesure qu'il parcourait les lignes.

— Qu'y a-t-il ? s'inquiéta la jeune fille en le voyant froncer les sourcils.

— Lacassagne me prévient : Bernard a été arrêté ce matin. Il est en prison à la Croix-Rousse, mais il ne sait pas sur quel chef d'accusation.

Les deux collègues se dévisagèrent, ahuris. Se pouvait-il que la police les ait devancés dans leur enquête, écrouant Bernard pour les mêmes doutes qu'ils avaient émis ?

— C'est terrible ! murmura Irina en se retenant à la balustrade de l'escalier. Ils vont l'inculper et ce sera fini...

Déjà, Félicien la précédait.

— Viens, ordonna-t-il sans ménagement, il faut absolument que nous sachions de quoi il retourne !

Et il dévala les étages sans plus l'attendre.

6

Le garçon, bien droit devant la vitre du bateau-morgue, triturait nerveusement sa casquette entre ses mains.

— Vous reconnaissez quelqu'un ? demanda poliment Delaigue en approchant des rideaux noirs.

Il allait fermer, appliquant les horaires d'hiver qui lui faisait clore la porte à la nuit.

Le petit renifla. Douze ans. Quatorze ans au maximum. Le vieux gardien avait hésité à le laisser entrer puisqu'il n'était pas accompagné d'un adulte. Mais son insistance avait fini par le pousser à céder.

Et maintenant, il était là. Debout. Sans dire un mot.

— Jeune homme ?

Celui-ci sursauta et tourna vers lui un regard vide.

— Je vais fermer, prévint-il doucement.

Comme s'il sortait d'un rêve éveillé, le gamin prit un air surpris puis, avançant vers la balustrade, désigna d'un doigt pointé la dépouille d'une fille brune allongée sur la dalle.

— Pourquoi vous ne la couvrez pas plus ? demanda-t-il gauchement comme si le spectacle de cette nudité crue le gênait.

— C'est pour…

Le gardien hésita.

— Les visiteurs peuvent ainsi remarquer une tache distinctive ou un trait physique qu'eux seuls connaissent, ce qui permet parfois d'identifier un corps abîmé. De plus, lorsqu'il y en a, les vêtements sont suspendus au-dessus afin qu'on en voie bien tous les détails. Une mère, un jour, a reconnu sa fille à la guipure de sa chemise qu'elle-même avait brodée. Si la dépouille avait été habillée, la mère n'aurait jamais pu remarquer cela et la fille n'aurait pas retrouvé son identité…

Il se tut et son interlocuteur baissa les yeux.

— Ça fait tout de même drôle de voir sa sœur comme ça.

— Je comprends.

Puis il continua en hésitant :

— Parce que c'est ta sœur ?

Le gosse opina doucement de la tête et une grosse larme coula sur sa joue.

— Pourquoi tu es là tout seul ?

— Parce que mes parents z'osent pas venir. Ils l'ont dit au commissaire le matin quand on peut raconter ses malheurs à la police. Et maintenant, y z'attendent...

— Je vois... Et tu t'appelles comment ?

— Pierre Ducas, mais à l'atelier tout le monde me surnomme Pierrot.

— Et elle ?

— Elle, c'est Rosalie Ducas. Elle va avoir vingt ans et elle est soyeuse comme moi. C'est ma grande sœur.

Ce fut au tour du gardien d'acquiescer. Il lissa sa longue barbe blanche puis, tout en fermant prestement le rideau, poussa son jeune visiteur dans le vestibule en direction de la cabine qui lui servait de logement.

— Viens, dit-il simplement. Je vais te préparer un bon chocolat chaud. Je pense que tu en as bien besoin...

7

Deux réverbères à gaz, allumés de part et d'autre de la pancarte, éclairaient l'enseigne sur laquelle était inscrite : COMMISSARIAT DE POLICE. Irina et Félicien poussèrent la porte en bois qui grinça tout comme le parquet lorsqu'ils entrèrent.

À l'intérieur régnait une ambiance plutôt bon enfant. Un policier en uniforme, guindé dans sa vareuse en drap bleu ajustée par un large ceinturon, vint leur dire que la réception des plaintes ne se faisait que le matin et qu'il leur faudrait, de ce fait, revenir. Félicien ignora sa remarque et, fonçant sur lui avec autorité, lui brandit sous le nez le sauf-conduit chèrement obtenu par Lacassagne et qui était devenu pour le médecin bien plus qu'un passavant.

— Nous souhaitons voir Bernard Lecuyer, intima-t-il à la jeune recrue qui n'y comprenait rien.

Ce dernier voulut attraper le document qui voletait devant son visage telle une mouche agaçante, au moment où Félicien décida de le faire à nouveau disparaître dans la poche intérieure de son manteau.

— Bernard Lecuyer... et que ça saute ! fustigea-t-il, manifestement en forme.

— Mais je...

— Comment, vous n'avez pas de Bernard Lecuyer dans un de vos trous à rats ?

— Si. Enfin, il me semble. Il est là en attendant d'être transféré à Saint-Paul dès demain, en prévision de son procès.

— Eh bien ! C'est parfait qu'il soit encore ici, puisque nous voulons le voir ! Allons, mon garçon, ne traînons pas ! Nous avons mille choses à faire ce soir, en rapport avec notre enquête !

— Mais votre document...

— Quoi, notre document ? Il provient du procureur de la République. Mettriez-vous en doute les agréments du procureur de la République en personne ?

— Non... non... bien sûr ! Mais il faudrait que mon chef...

— Votre chef ? Pour nous conduire à Bernard Lecuyer ? Laissez donc et indiquez-nous le chemin.

Le garçon hésita. L'allure étrange de ces deux visiteurs tardifs le rendait méfiant, même si leur passe-droit émanant d'un représentant de la justice l'impressionnait.

— Vous pouvez le voir. Mais pas longtemps ! Et puis j'aurais besoin de connaître la nature de votre visite et vos noms, afin que je puisse les consigner dans le rapport du jour.

Perrier grommela :

— Mettez que nous venons l'interroger afin de clarifier son implication réelle dans l'affaire des filles éventrées. Cela vous ira ?

Le jeune policier pâlit.

— Ah, vraiment ? Je ne savais pas que notre homme pouvait avoir un lien avec... avec... Oui, faites, bien sûr ! Cela m'ira !

Irina et Félicien se regardèrent sans trop comprendre ce que l'agent voulait dire et en oublièrent de lui décliner leur identité.

— Il est par ici, dans une de ces cellules.

Il ouvrit la porte du fond de la pièce et ils pénétrèrent dans un couloir humide et obscur, seulement éclairé par une petite loupiote à huile qui avait du mal à donner de la lumière. Sur la droite, derrière une grille rouillée, se trouvait un cagibi miteux dans lequel trois hommes ronflaient sur des bat-flancs de bois accrochés aux murs. Le quatrième, assis par terre, ne bougeait pas, comme anéanti par l'idée d'être là.

— Bernard !

Le cri que poussa Irina en le découvrant à même le sol eut une répercussion plus qu'inattendue. Au lieu de lever la tête vers ses amis, le prisonnier bondit littéralement sur la grille qui l'isolait des visiteurs, et empoigna le cou de la journaliste en passant, malgré la chaîne enroulée autour de ses poignets, ses mains à travers les barreaux.

— Lâchez-la ! hurla le jeune policier qui les avait suivis.

Mais déjà, avant que ce dernier n'utilise la manière forte en tapant sur l'agresseur à l'aide d'une trique, Félicien était intervenu et séparait Irina de son assaillant.

— Putasse ! grommela Lecuyer. Espèce de tribade qui a détourné ma Clarisse du droit chemin !

Complètement ébranlée, Irina avait reculé d'un pas et la bouche entrouverte, sous l'insulte, se tenait le cou en cherchant à reprendre ses esprits. Elle finit par déglutir et se laissa glisser contre le mur derrière elle pour ne pas tomber.

— Et tu viens te présenter devant moi ! continuait le prisonnier, que rien ne paraissait pouvoir faire taire. Comment oses-tu ? Oh ! Comme vous avez dû rire de moi, alors que corps contre corps, enlacées afin de consommer votre relation coupable, vous vous vautriez dans le lit qui avait connu ma passion innocente !

— Lecuyer ! Tu divagues ! hurla Perrier, tout en le secouant afin de calmer son délire.

— Demande-lui ! Dis-lui de te raconter ce qu'elles faisaient ensemble alors que je travaillais. Les imaginer me fait vomir et pourtant, quand je ferme les yeux, je ne peux m'empêcher de les voir, l'une dans les bras de l'autre, se pourléchant comme des saphiques lubriques. Oblige-la à te confesser ce que Clarisse était pour elle. Son amante ! L'amante de cette tribade ! Là !

Alors qu'il la montrait d'un doigt délateur, le prénom de Clarisse arriva jusqu'à l'esprit de la jeune femme. Abasourdie, elle inclina la tête sur le côté comme si elle tentait de saisir les liens qu'il pouvait y avoir entre elle et eux.

— Tu connais Clarisse ? demanda-t-elle sur un ton sceptique en se redressant.

Le prénom de sa bien-aimée qu'Irina osait articuler raviva la hargne du médecin qui éructa :

— Ne prononce pas son prénom ! Dans ta bouche, il se salit ! vociféra-t-il tel un enragé.

Félicien, qui lui aussi cherchait à décrypter les mots bizarres qu'ils s'échangeaient, finit par intervenir :

— Mais qui est cette Clarisse ? demanda-t-il en s'impatientant.

Bernard, dans l'élan dévastateur de la folie qui s'était emparée de lui, lui décocha un regard mauvais, alors qu'il continuait à baver sa haine sur la journaliste, abasourdie.

— Clarisse, c'est celle que j'aime ! hurla-t-il entre deux jurons. Enfin, c'était celle que j'aimais... car ELLE me l'a prise !

Et joignant le geste à la parole, il tenta de saisir à nouveau la jeune femme qui s'était approchée.

— Bernard... je ne t'ai pas pris Clarisse... car Clarisse est... ma sœur...

Un silence étrange se fit soudain, comme si les protagonistes de cette farce d'un goût douteux étaient à court d'idées. Seuls les trois autres occupants de la cellule, cuvant sans doute un trop-plein de vin, continuaient à ronfler, indifférents à ce divertissement moliéresque.

Chapitre 8

Dimanche 2 janvier 1898

1

L'aube allait bientôt se lever, aussi lui fallait-il agir vite. Armé d'une pelle, il se mit en devoir d'évacuer le plus rapidement possible le remblai qui avait été jeté sur le cercueil dans la fosse en attente. Celle-ci faisait huit bons mètres de long sur deux de profondeur. Dès le lendemain, elle serait sans doute pleine.

Très vite, il dégagea le dessus et la simple boîte en bois blanc apparut. Un halo de buée causé par le froid s'échappait de sa bouche, alors qu'il respirait fort tout en s'activant. Il ne voulait pas s'interrompre, obstinément orienté vers un seul but, celui de sortir cette dépouille de ce trou à indigents !

Vite. Plus vite encore.

Lorsqu'il eut fini, il regarda son travail, conscient que le plus dur restait à faire. Sans perdre de temps – du temps, il n'en avait pas –, il fit levier avec le manche de son outil afin de soulever la bière et son macabre contenu. Puis prestement, il l'entoura d'une corde qu'il ferma par un nœud coulant, remonta à la surface et commença à hisser le cercueil. L'effort était surhumain, mais il savait que la hargne qu'il avait au fond de lui pouvait le pousser à accomplir des miracles. De plus, la morte n'était pas trop lourde, ce qui facilitait grandement son intervention.

Son corps en contrepoids, la corde enroulée plusieurs fois autour de sa taille, il tira jusqu'à grimacer de douleur. L'air glacial empêchait la neige de tomber, toutefois le sol n'était pas complètement gelé. Presque fangeux encore, d'une boue flasque et granuleuse qui retenait les pas. Il y cala ses pieds et s'en servit de point d'appui. Au fond de la tombe, son fardeau tressauta, comme indisposé de quitter cette dernière demeure qui lui avait été attribuée. Puis, soudain las, celui-ci céda, mettant à mal l'équilibre de l'homme qui, sous le coup, tituba, heureux tout de même d'y être parvenu.

Mais son bonheur fut de courte durée. Déjà, il intensifiait son effort, traînant derrière lui son étrange cargaison. Corde sur l'épaule, il avançait tel un bagnard tirant sa charge dans une direction que lui seul semblait connaître. Il traversa ainsi une bonne partie du cimetière – les nantis n'ayant pas pour habitude de se mélanger avec les nécessiteux – et arriva enfin en vue d'un beau mausolée pompeux dont la porte d'entrée à double battant ornée de vitraux était agrémentée de deux cariatides qui soutenaient le chapiteau. Il crocheta sans encombre la serrure puis, observant les alentours afin de vérifier que personne ne l'avait repéré, il pénétra dans la chapelle.

À l'intérieur de celle-ci, il se pencha vers une plaque en marbre blanc, l'unique encore, et le nom qu'il découvrit inscrit le fit sourire. À la lueur de son briquet, il lut :

Marthe-Louise-Adélaïde Letaillier, née le 18 octobre 1882, décédée brutalement le 23 décembre 1897. Vous qui passez, ayez une pensée pour notre enfant chérie arrachée violemment à nos cœurs.

— Tu vois, tu ne seras pas seule ici, plaisanta-t-il en soulevant le levier de la trappe fraîchement repositionnée. Chaque fois qu'ils viendront se recueillir sur la tombe de leur fille, c'est un peu aussi sur toi qu'ils pleureront.

L'air s'emplit soudain d'une forte odeur de mort, mais il ne broncha pas, trop occupé à imaginer comment descendre la dépouille dans le caveau.

Quelques marches conduisaient à la crypte. Famille nouvellement enrichie dans le commerce du vin et des spiritueux, les Letaillier-Mauricet n'avaient pas lésiné sur le tape-à-l'œil ! Leur mausolée avait été construit pour faire des envieux, c'était certain, à une époque où ils n'envisageaient certainement pas que leur fille en serait la première occupante.

À force de persévérance, il réussit, en passant devant et en le retenant pour qu'il ne dégringole pas trop vite, à faire glisser le petit cercueil le long de l'escalier. Puis il le déposa près de celui de Marthe, belle pièce de chêne sculptée, en prenant soin de les aligner. Elles seraient bien, là, toutes les deux, dans cette dernière demeure fraîchement construite !

Il eut un nouveau sourire satisfait en se disant qu'avec un peu de chance, ces deux compagnes dans la mort resteraient peut-être quelques longues années, côte à côte, sans que quiconque vienne troubler leur repos !

L'idée lui plut.

Ensuite, il remonta et remit tout en place comme si de rien n'était.

Il ne croyait en rien, toutefois il croisa ses mains sales devant lui et, dans une position de recueillement, parut réciter une courte prière.

— Dors en paix, Eka, dit-il simplement en sortant.

Dehors, tout était calme. Il savait que la ronde des gardiens traquant les profanateurs chargés de fournir les potaches en cadavres frais ne passerait que dans une demi-heure. Il avait encore le temps.

Alors, doucement, Félicien referma à clef la porte du mausolée puis, comme si de rien n'était, s'enfonça dans la nuit, entre les tombes du cimetière de Loyasse, en sifflotant.

2

De loin, sa silhouette faisait un peu penser à celle d'un gamin s'étant amusé à revêtir le froc d'un adulte pour faire une blague ou pour faire plus vieux.

De près, on découvrait alors qu'il avait un peu plus de trente ans, des yeux d'un noir profond et un sourire dévastateur.

Elle rit doucement, rien que pour elle.

Elle aimait le regarder vivre, spectatrice silencieuse de son destin. C'était un peu sa compensation, triste privilège d'une existence en pointillé.

Son plus beau dédommagement, elle l'avait eu deux jours auparavant, lorsqu'elle l'avait filé dans les rues sordides du quartier des Cordeliers. C'était le dernier jour de l'année. Il était tard et après l'échauffourée qu'il avait eue avec ces malfrats avinés, il avait pris la direction de la rue Thomassin. Elle avait eu peur qu'il se rende, pour se défouler, chez une de ces mauvaises filles soumises qui peuplaient le secteur, à la recherche d'un homme à alpaguer. De celles qui vous refilaient la syphilis comme un cadeau précieux. Après la brève étreinte qu'il avait connue, cela aurait été dommage…

À sa très grande satisfaction, ce n'était pas une prostituée qu'il était venu chercher là. Mais une consolation bien plus appropriée à sa personnalité singulière. Une jouissance plus puissante encore, car inaccessible. Inaccessible au commun des mortels.

Donner la mort.

Elle l'avait bien vu se faufiler dans le petit passage de l'Argue puis, après avoir crocheté la porte, entrer dans une boutique d'antiquités asiatiques. Elle l'avait attendu, tapie dans un coin, ombre de son ombre. Et lorsqu'il était redescendu, satisfait, elle l'avait regardé accrocher une pancarte à la devanture : *« Fermé jusqu'à nouvel ordre. »*

Fermé jusqu'à nouvel ordre. C'était malin !

Alors qu'il repartait, elle avait suivi ses pas à l'étage, pistant sa trace comme un charognard avide de chair. Celui-ci était étrangement vide, mais les effluves d'opium qui tapissaient le moindre interstice renseignaient sur la destination du lieu.

Très vite – l'endroit n'était pas très grand –, elle avait décelé le but de sa visite nocturne. Dans le coin d'une pièce sordide servant tour à tour de cuisine, de dortoir et de buanderie, elle avait découvert deux corps sur lesquels il s'était acharné. Deux dépouilles gluantes de sang, posées l'une sur l'autre comme deux vulgaires paquets sans importance. Elle s'était penchée. Un vieux Chinois ratatiné aux longues moustaches blanches, en pointe, et sa mère maquerelle, encore plus sèche que lui, vide comme un bout de bois rejeté sur la grève, gisaient sans vie.

Le couteau, que la femme utilisait un peu auparavant pour débiter des morceaux de légumes, avait servi d'arme. Il l'avait laissé là, dans tout ce fatras humain livré aux bestioles.

Ce n'était pas la première fois qu'il tuait. Elle le savait bien. Elle l'avait compris dès qu'elle l'avait vu. Cette froideur roide dans le regard. Ce rictus au coin de la bouche. Cette main sûre, sans équivoque.

Elle était rentrée chez elle.

Presque tranquille.

Cette fois-ci, elle l'avait observé alors qu'il sortait du cimetière. L'aube pointait. Quel garçon étrange, en vérité ! Elle sourit et fit demi-tour. La suite lui importait peu maintenant. Elle pouvait cesser sa filature discrète et s'en retourner chez elle.

3

À la demande d'Irina, Clarisse ne porta pas plainte, aussi Bernard fut-il relâché au petit matin. Une aube grise faisait place à une journée neigeuse, lorsqu'il franchit la porte du commissariat, un peu bousculé et meurtri.

Sur le trottoir d'en face, Félicien l'attendait. Il était échevelé et avait les mains sales, toutefois il souriait.

— Tu vas tout me raconter maintenant, mon ami, maugréa-t-il entre ses dents en tapant dans le dos du jeune médecin qui venait de le rejoindre, sinon je te promets que lorsqu'on remontera ton cadavre du Rhône, ta dépouille sera tellement pas belle à voir que même Delaigue refusera de l'exposer sur une de ses dalles.

La menace n'était pas lancée à la légère, aussi Lecuyer frissonna-t-il.

— Je commence par quoi ? demanda-t-il un peu à bout de souffle, surpris par la violence de l'ultimatum.

D'autorité, Perrier le tira par la manche et le fit entrer dans le premier bistrot qu'ils trouvèrent, ouvert tôt pour les ouvriers qui partaient au travail et qui voulaient boire un petit blanc.

Ils s'installèrent à une table du fond, loin du bar et des regards. Félicien sortit un mouchoir, s'en essuya les mains afin d'enlever la terre qui avait laissé des traces, puis croisa les bras et attendit.

— Je...

Bernard cherchait ses mots et il tourna des yeux ronds vers son collègue qui, imperturbable, souriait toujours.

— Tu...

Un soupir.

— Deux cafés au lait pour nous avec du pain, commanda-t-il en hélant le serveur, sans chicorée le café. Tu veux un café n'est-ce pas ? Ou alors un petit verre de remontant, peut-être ?

— Non, sans façon...

— À la bonne heure, je n'aime pas les hommes qui boivent le matin. Cela leur donne une haleine de chacal et des traits de surineur. Allez, maintenant, accouche !

Il paraissait très en forme, son escapade nocturne semblant l'avoir réjoui. Ou alors n'était-ce que le reflet proportionnel de l'abattement de son ami ?

— Je... je ne sais trop par quoi ?

— Ton nom peut-être ?

Le sourire était devenu féroce et Bernard frissonna.

— Je suis né Marius Chaubert, d'une vieille famille de pharmaciens installée à Montbrison dans le Forez. Je devais succéder à mon père, comme lui-même avait succédé au sien, et pour cela je suis parti à Lyon, très jeune, suivre des études. J'avais vingt-trois ans lorsque j'ai rencontré Thérèse. Elle, elle en avait seize et ne plaisait pas à mes parents. Pourtant, pour elle j'aurais tout donné !

— Un impénitent romantique, se moqua Félicien en se remémorant ce qui avait amené, la veille, son interlocuteur en prison.

— Peut-être... mais lorsque j'aime, je suis un peu fou. À Thérèse, je n'avais rien demandé, la prenant pour une prude jeune fille à conduire à l'autel. Or elle me dupait. Durant deux années, elle a été ma promise... en tout bien tout honneur, car j'attendais qu'elle soit plus âgée pour l'épouser. Nous avions même publié nos bans ! Mais, alors que je la respectais, de son côté, elle s'est liée avec un sale type et s'est retrouvée enceinte. En l'apprenant, celui-ci l'a abandonnée et c'est vers moi qu'elle s'est tournée.

Il déglutit bruyamment alors que le serveur posait deux bols devant eux, des tranches de pain bis, un morceau de pain de sucre émietté et un peu de saindoux.

— J'ai du beurre, dit-il, mais c'est plus cher.

— Non, laissez. Cela ira.

S'étant promptement débarrassé du garçon, Félicien lui ordonna de continuer.

— Elle souhaitait avorter et moi, pauvre idiot, je lui ai assuré que je l'épouserais tout de même. Mais elle a ri en m'affirmant qu'elle ne se rendrait sûrement pas grosse devant monsieur le curé. De cet enfant qui n'était pas le mien, elle ne voulait pas, se prétendant trop jeune et désirant vivre sa vie de femme, comme elle disait. Si elle m'épousait, son but était de sortir, d'aller au théâtre et dans des restaurants, non pas de se retrouver enfermée à la maison, rabaissée au rôle peu enviable de mère. Alors, elle m'a menacé de ne plus me voir et je l'ai crue. J'ai fini par céder et...

Honteux, il cacha précipitamment son visage entre ses deux mains.

— ... Et c'est toi qui as fait le sale boulot, continua Perrier en parlant à sa place.

— Oui. Avec les connaissances que me donnaient mes études de pharmacien, je pensais pouvoir le faire. J'ai tenté de percer le placenta avec une longue aiguille. Le résultat ne s'est pas fait attendre et, dans la soirée, Thérèse a perdu l'enfant. Sauf que ça a mal tourné. Je ne sais pas pourquoi. Elle est morte d'une fièvre puerpérale.

Il réprima un sanglot qui secoua son grand corps de gamin.

— Alors, tu as tout abandonné ?

— Oui, j'avais tellement honte que je ne pouvais plus prendre la suite de mon père avec le poids de mon péché sur la conscience. J'ai demandé à ce dernier de transmettre l'officine à mon beau-frère, un étudiant que j'avais présenté à ma famille et que ma sœur aînée a épousé, et je suis parti sans laisser d'adresse.

— Pourquoi avoir changé de nom ?

— Pour que les personnes que j'avais rencontrées lorsque je faisais pharmacie ne puissent me reconnaître, et que mes proches ne me retrouvent pas. Je me suis fait faire de faux certificats et je me suis inscrit en agrégation auprès de Lacassagne, afin de sauver des gens plutôt que de les tuer...

Il fit une pause et but une gorgée de café.

— Tu comprends mieux pourquoi j'ai toujours été aussi véhément contre l'avortement et pourquoi je me suis mis en colère quand Irina a fait n'importe quoi ? L'idée d'interrompre une grossesse me répugne, car l'image du corps de Thérèse livré à moi pour la première fois, non pas par amour, mais pour un acte barbare, me revient à la mémoire. Je revois ses jambes que j'écarte, pas pour la faire mienne, mais pour faire glisser le *speculum*. Alors, j'ai envie de vomir de dégoût ! J'aurais pu l'aimer... mais je n'ai su que la tuer...

Son explication était convaincante et Félicien l'accepta.

— Et pour ton travail sur lequel tu nous as menti ?

Bernard haussa les épaules.

— J'avais à peine commencé, lorsque j'ai découvert qu'une de mes anciennes connaissances habitait dans la même rue que le restaurant où j'étais. J'ai filé de crainte d'être reconnu. J'avais un petit pécule que je ne voulais pas entamer, au cas où... par sécurité. J'y ai touché en attendant d'avoir les premiers honoraires des autopsies et le défraiement que nous a obtenu Lacassagne.

— Pourquoi ne pas nous l'avoir dit ?

Il eut un rire las.

— Souvent, j'ai essayé... surtout à Irina que je commençais à aimer et qui remplaçait peu à peu

Thérèse dans mon cœur. Mais vous êtes tous les deux... tellement...

— Tellement ?

Il hésita :

— Tellement sûrs de vous que je n'ai jamais osé vous encombrer de mes états d'âme de pauvre sot. J'avais surtout peur que vous vous moquiez.

— Nous moquer ? Dis-toi que tu as failli payer cher ton manque de confiance à notre égard, car nous étions sur ta piste pour t'inculper des meurtres des filles !

Bernard eut un haut-le-corps qui fit naître une lueur d'épouvante sur son visage.

— Moi, cet abominable tueur ?

— Nous l'avons cru. Tout concordait et surtout tout nous ramenait à toi. Même la couleur des cheveux trouvés entre les doigts de Rosalie.

— Parce qu'elle s'appelait Rosalie ?

— Oui, après t'avoir vu à la prison, je suis allé travailler à la morgue alors qu'Irina, sous le choc, rentrait chez elle. Delaigue m'a dit qu'un enfant répondant au nom de Pierre Ducas avait reconnu la fille comme étant sa sœur Rosalie.

Bernard hocha la tête.

— Ainsi vous m'avez cru...

— ... responsable ? Je l'avoue. Mais toi-même, tu te serais laissé berner par toutes ces preuves accumulées que tu nous offrais. Même tes absences non justifiées nous ont induits en erreur.

— J'étais chez Clarisse !

— Mais de Clarisse non plus tu ne nous as pas parlé.

Bernard dut reconnaître que Félicien avait raison et, triturant un peu de mie de pain qu'il sema sur la table, il admit qu'il n'avait pas agi avec eux comme avec des amis de confiance.

— Je dois aller m'excuser auprès d'Irina... pour tant de choses... Je l'ai méjugée en la dénigrant. Je l'ai insultée. J'ai souhaité sa mort. Comment acceptera-t-elle de me parler à nouveau ?

— Elle le fera parce qu'elle t'aime. Comme un ami. Comme un frère. Tu peux compter sur elle, car depuis le début de nos doutes, c'est elle qui a le plus défendu ta cause en démontant tous les points qui prouvaient ta culpabilité.

— À plus forte raison ! Elle ne me pardonnera jamais.

Il avait bu son café et, alors que Félicien croquait à pleines dents dans une large tranche de pain tartinée de saindoux, il continuait à émietter son morceau de pain comme s'il voulait nourrir des oiseaux.

— Mange donc ! Tu me fatigues avec tes atermoiements de femmelette. À ta place, c'est plutôt Clarisse que je craindrais d'avoir perdue !

Il eut un regard navré.

— Comment ai-je pu douter ?

— On se le demande ! Surtout, pauvre sot, qu'il faut que tu te mettes dans la tête que l'habit ne fait pas le moine ! La prochaine fois, tu t'interrogeras de manière pertinente avant de te conforter dans tes certitudes.

— Oui, je sais. J'ai été tellement impulsif contre Irina ! Mais elle aurait dû nous dire qu'elle avait une sœur...

— Tout comme tu nous as dit que tu t'appelais Marius ?

Au rappel de son propre mensonge, Lecuyer baissa piteusement la tête.

— Et si tu m'as si bien condamné, reprit-il doucement, pourquoi exclus-tu ma culpabilité maintenant ?

— Parce que j'ai, depuis, des indices contradictoires.

Puis, comme il avait parlé, Perrier se leva d'un bond.

— C'en est assez de tes simagrées de bonne femme, j'ai d'autres chats à fouetter et d'autres cœurs à saigner. Tu viens ou tu continues à mettre en charpie cette tranche de pain ?

Bernard regarda la table maintenant jonchée de miettes.

— Si vous n'aimiez pas, ce n'était pas une raison pour tout gaspiller, grommela le serveur alors que Félicien payait la note. Y faut penser aux pauvres gens pour qui le pain est tout leur quotidien.

Lecuyer, prêt à se confondre en de multiples excuses, n'eut pas le temps de s'expliquer. Déjà son ami, d'un coup de poing dans les reins, l'expédiait hors de la taverne d'où il sortit sans avoir bien compris ce qui s'était passé.

— Je sais maintenant que tu n'es pas coupable, reprit Perrier une fois dehors, d'abord parce que tu es trop con, et ça, c'est indiscutable !

— Merci...

— Pas de quoi ! fanfaronna-t-il en accélérant le pas comme pour faire mine de s'éloigner.

Puis soudain, il se retourna.

— Et puis, il y a le cheveu. Tu sais, le cheveu que j'avais fixé sur son support, entre deux pinces, et que j'avais soigneusement mesuré ? Celui-là même qui ressemblait, à s'y méprendre, à un de ceux de ton opulente tignasse ! En fait, c'est un cheveu de femme ! Tu vois, aujourd'hui, il neige. Eh bien, hier au soir, je l'ai retrouvé étiré ! Donc, ce n'est pas le tien... Quant à ta présumée complice, sœur Siobhan, la couleur de ses sourcils ne laisse aucun doute sur le reste de sa pilosité. C'est une vraie blonde ! Une de ces filles du Nord aux yeux bleu délavé et au teint pâle. Partie perdue. Nous devons tout reprendre à zéro !

Bernard eut un sursaut en entendant le nom de la jeune nonne.

— Sœur Siobhan ? Mais que vient-elle faire dans tout ça ?

— Tu la connaissais !

— Non.

— Si ! Tu as dit son nom lorsque nous assistions au cours de Lacassagne !

Lecuyer secoua la tête, outré, et ce fut toute sa chevelure qui décolla dans le mouvement. Il cherchait manifestement à se souvenir et paraissait avoir du mal à le faire.

— C'est Lacassagne qui a dit son nom ! Pas moi ! Moi, je n'ai fait que le reprendre...

À la mine que fit Perrier et à son froncement de sourcils, il comprit qu'il avait fait mouche.

— En effet ! dut-il admettre à contrecœur, en l'entraînant vers un fiacre à l'arrêt. Soit ! En plus de ça, la laine que j'ai trouvée sous les ongles de

Rosalie n'est pas celle de son châle... J'ai comparé cette nuit... Bon Dieu, quel bordel !

— Je ne comprends vraiment rien à tout ce que tu dis, marmonna Lecuyer en s'installant sur la banquette. Quel châle ?

— Celui de sœur Siobhan qui est rouge.

Son compagnon se gratta la tête avec un air désorienté.

— Je crois que j'ai raté beaucoup de choses.

— En effet... je le pense. Sœur Siobhan est la sœur de Marthe... c'est pour cette raison, entre autres, que nous la présumions ta complice.

— De mieux en mieux, haleta Bernard, plié en deux, comme s'il venait de prendre un coup de poing dans le ventre.

Ainsi, ils avaient douté de lui à ce point ! Ainsi, ils l'avaient imaginé se livrant à de telles forfaitures en compagnie... d'une nonne...

— C'est pure folie ! murmura-t-il alors que le cocher du fiacre, suivant les indications de Félicien, faisait démarrer sa voiture dans un bruit de ferraille.

— J'en conviens. Quoique...

— Tout de même... vous n'avez eu aucun respect pour...

L'œil noir qui le fustigea du regard lui interdit de poursuivre. Le coup de poing que Félicien avait reçu l'avant-veille, et dont les traces se voyaient toujours du côté gauche, dut amplifier l'apparence malsaine de ce dernier, car le jeune homme se recroquevilla dans un coin de l'habitacle comme s'il craignait, soudain, que la joute verbale se termine en pugilat.

— Et as-tu trouvé à quel vêtement appartient cette laine rouge, reprit Bernard plus doucement, si elle ne provient pas du châle de sœur Siobhan ?

Un silence se fit, seulement troublé par le cliquetis des roues sur les pavés et le claquement des sabots du cheval. Lecuyer se montrait affligé alors que Perrier paraissait vouloir mesurer ses paroles, comme pour leur donner l'effet qu'il lui semblait nécessaire d'y apporter. À travers les vitres fermées, les rues de Lyon défilaient.

Arrivé près des quais du Rhône, le jeune médecin se renversa contre son dossier, puis, joignant ses mains sur le haut de ses cuisses, prit un air circonspect pour lâcher enfin son information :

— La laine qu'il y avait sous les ongles de Rosalie provient de l'écharpe que porte constamment Irina. C'est exactement la même fibre...

Ensuite, alors que son collègue paraissait vouloir gober, sur l'instant, toutes les mouches de la Terre, il poursuivit avec un clin d'œil grivois :

— Bon retour au sein de l'équipe d'experts la plus nulle qu'il soit !

4

Clarisse avait fait ses choix.

Pliant ses derniers vêtements, elle les déposa dans une énorme valise puis eut un regard chagriné en détaillant autour d'elle les objets qui avaient constitué sa vie durant ces quelques semaines. Sa main glissa, à les frôler, sur la table près de la fenêtre, qui le matin s'éclairait des premières lueurs du jour, sur le fourneau qu'elle aimait entretenir afin que l'ambiance de son appartement soit toujours agréable, sur le lit... Elle fit une pause devant le lit. Pourquoi, grands dieux, pourquoi avait-il agi de la sorte ? Comment pourrait-elle lui pardonner ?

Elle s'assit un instant sur le couvre-pied de satin rouge et le tapota du bout des doigts, comme une chose à laquelle on tient et qu'il sera difficile d'oublier.

Bernard.

Lorsqu'il passait la nuit chez elle, il ne gardait pas de chemise pour dormir, aussi le matin aimait-il s'enrouler dans cet édredon quand il se levait nu. Il débarquait ainsi dans la cuisine, drapé comme un empereur romain, et cela la faisait rire !

Une voiture attendait en bas. Le cocher gratta à la porte et elle sursauta.

— J'arrive ! cria-t-elle en changeant de pièce. Il ne reste plus que cette valise à prendre.

Son train pour Paris était à huit heures quinze. Il ne fallait plus tarder. Ses parents viendraient la chercher à la gare. Elle vivrait quelque temps à nouveau chez eux à Versailles avant de trouver une place et de s'organiser un peu.

Ne pas pleurer...

Le gaz était fermé. Elle vérifia par acquit de conscience.

Elle avait réglé à sa logeuse une quinzaine d'avance, aussi Irina pourrait-elle reprendre, dans le meublé, tout ce qui lui appartenait encore et qu'elle ne pouvait emporter.

Lorsqu'elle avait répondu à la demande de sa sœur qui l'avait suppliée de la rejoindre à Lyon, elle avait bien cru que la vie repartait pour elle. Grâce à ses relations dans le milieu journalistique, Irina avait pu lui décrocher un emploi de servante au sein du nouvel hôpital qui venait de s'ouvrir à la Croix-Rousse. S'installer seule dans un joli meublé avait été sa seconde conquête, elle qui n'arrivait plus à s'assumer depuis la dépression qu'elle avait faite, à la suite de son veuvage.

Un goût âcre lui monta à la gorge, une aigreur indigeste qui lui fit plisser les yeux.

Bernard.

Mon Dieu, comme elle y avait cru. Déjà, il remplaçait dans son cœur son époux défunt !

Dans un soupir, elle posa deux lettres sur la table, bien en vue contre le compotier. Une pour lui et une pour Irina qu'elle n'avait pas prévenue, craignant des effusions trop déchirantes. Puis elle recula d'un pas.

Tout était parfait.

Elle faisait ce qu'elle devait faire.

Point.

Dehors, le fiacre attendait toujours. Elle tira la porte et laissa la clef. La logeuse viendrait la récupérer.

5

Irina enroula sa longue écharpe rouge autour de son cou et foudroya du regard Bernard, qui, le geste encore hésitant, se penchait au-dessus du cadavre.

— Au fait, ce matin, je suis allée à l'imprimerie du journal de très bonne heure avant que les rotatives ne soient mises en marche. Grobon m'a permis de faire ajouter, en première page, le portrait des trois victimes afin de lancer un appel à témoins. Il était surpris, car il a trouvé cette idée très particulière, mais il a été tout de suite d'accord.

— Fort bien... fort bien..., félicita Perrier en se relevant. J'espère que cela donnera des résultats.

— Je l'espère aussi...

Elle eut un sourire crispé et fit mine de se pencher à son tour vers le corps découvert le matin même.

— De plus en plus frais et de plus en plus souvent, grommela Lecuyer.

— Cette dernière fille est encore plus frêle que les autres, normale qu'elle n'ait pas résisté au supplice que son bourreau lui a infligé !

Une gamine fragile et blanche était presque assise contre le mur d'une traboule, à l'abri sous le passage. Ses longs cheveux blonds emmêlés lui couvraient les mains qu'elle tenait jointes sur ses cuisses.

Elle avait été posée là, on le sentait bien, un peu à la va-vite, comme si le meurtrier avait été dérangé, si bien que le premier badaud du matin avait pu l'apercevoir sans difficulté.

— Mais cela ne cessera donc jamais ! maugréa Lecuyer en caressant le haut de sa tête. C'est une gosse. Je lui donne à peine douze ans.

Le cœur au bord des lèvres, mal réveillée d'une nuit agitée qui l'avait laissée en sueur et nauséeuse, Irina, de son côté, n'arrivait pas à croquer les détails de ce corps inerte sur sa feuille de dessin. Sa main tremblait et ses yeux passaient alternativement de Bernard, qu'elle fusillait encore du regard, à la fille qui la touchait, tant on aurait dit qu'elle dormait.

Aux deux garçons, elle avait expliqué que Clarisse et elle n'avaient pas le même père. Ses parents étaient bien polonais, mais elle avait menti en racontant qu'elle était venue seule poursuivre ses études en France. En fait, elle y était arrivée très jeune, ce qui justifiait son absence d'accent.

Son véritable père avait trouvé la mort dans un accident du travail, alors que sa famille était en France depuis peu. Elle n'avait que trois ans et, très vite, sa mère, incapable de subvenir à leurs besoins, s'était remariée avec un notaire de Versailles. Ce dernier avait adopté Irina afin qu'elle devienne française et aussi parce qu'il souhaitait en faire sa fille. Un an plus tard, Clarisse était née.

Les falbalas dont elle enroulait son histoire en expliquant qu'elle était venue à Paris sur les traces de Maria Sklodowska, c'était pour le folklore... pour l'esbroufe. Pour la légende ! En fait, sa vie était heureuse et, poussée par son beau-père qu'elle adorait, elle avait bien été un des premiers étudiants-filles[1] en Lettres à la Sorbonne, mais sous son nom actuel, celui d'Irène de Landry. C'était pour cette raison que Félicien n'avait pas pu retrouver sa trace !

Elle tressaillit. Quelques flocons hésitaient à tomber. Elle pensa que la gamine ne verrait pas la neige. La neige. Avec Clarisse, elles chassaient les premiers flocons avec un filet comme s'ils étaient de minuscules papillons, sous le sourire indulgent de leur mère qui leur racontait les hivers polonais, tellement plus rudes, et la douceur des logis quand au-dehors le vent soufflait. La maison sentait alors la cannelle, la friture et les beignets – des *pounchkis* – qui grésillent dans la graisse chaude, au grand dam de la cuisinière qui disait que cette nourriture de sauvage empestait.

Elle sourit puis se reprit. Le moment ne se prêtait pas aux souvenirs attendrissants.

— Toujours le même protocole ? demanda-t-elle afin de couper court à toutes ses réminiscences.

— Toujours, confirma Bernard.

Après leur discussion à la sortie de prison, les deux médecins étaient retournés à la morgue afin que Lecuyer puisse s'excuser auprès d'Irina qui devait déjà s'y trouver. De plus, l'enquête, revenue à son point de départ avec la culpabilité de leur collègue qui tombait, devait impérativement

1. Le terme « étudiante » était réservé aux grisettes du Quartier latin qui couchaient avec les étudiants.

être reprise à zéro, et cela quoi qu'il en fût de leurs états d'âme.

Ils n'avaient pas eu le temps d'aborder le sujet de l'écharpe de laine d'Irina, car, avant même de pénétrer dans l'ancienne salle d'autopsie, Lacassagne les accueillait avec la plus terrible nouvelle qu'il soit, surtout pour une équipe un peu en déroute : un nouveau cadavre de jeune fille avait été découvert au petit matin et il fallait qu'ils se rendent d'urgence sur place. Les discussions et les vérifications qu'ils souhaitaient faire avaient été reportées, car il s'agissait, cette fois-ci, de devancer Montial et ses agents afin que toutes les traces intéressantes à relever ne soient pas souillées par leurs services sans aucune considération.

— Je note des traces de pas, constata Perrier. La neige fondue a ramolli la terre battue de la cour, aussi distingue-t-on bien des marques boueuses près du corps, sur le pavé plus sec, car à l'abri de la traboule. Irina, passe-moi une feuille de papier de ton cahier, s'il te plaît.

Sans quitter les empreintes des yeux, il tendit une main vers la jeune fille qui arracha une page de son carnet de croquis et la lui remit. Le médecin s'en saisit et l'étala, bien à plat, sur la trace encore nette. Puis il exerça une forte pression sur le sol. Il resta quelques instants ainsi et, pour finir, enleva délicatement le calque qu'il retourna. Au dos, la forme d'une chaussure apparut, très distinctement, avec ses stries et la taille de sa semelle.

— Empreinte de femme, triompha-t-il en montrant le résultat à ses coéquipiers. Où est la personne qui l'a trouvée ? Il faut que je compare avec ses souliers.

— Elle est partie donner son témoignage au commissariat de quartier le plus proche, expliqua la journaliste en se penchant. C'est ce que l'agent de police qu'on a appelé m'a raconté.

— C'est un homme ? demanda Lecuyer.

— Non, une femme. Elle passait par là lorsqu'elle a aperçu le corps de la fille. Elle a cru que c'était une gamine des rues et qu'elle dormait à l'abri dans la traboule.

— D'accord… une femme, reprit Perrier.

— C'est peut-être elle qui a laissé ces traces en approchant un peu trop près de la victime afin de voir si elle vivait encore, hasarda-t-elle en se redressant.

— C'est possible… nous vérifierons à son retour. En attendant, montrez-moi vos chaussures, mes amis, afin d'enlever toute pollution. Bernard…

Le jeune homme souleva sa jambe droite et exhiba un soulier confortable, mais sans aucun rapport avec la marque, alors qu'Irina dégageait le bas de son pantalon afin de faire apparaître une paire de bottines à petits talons, d'une pointure inférieure à la longueur du dessin sur la feuille.

— Mes bottes ne correspondent pas non plus, trancha Félicien en repliant le papier en deux. Soit ! À toi maintenant, Lecuyer. Je t'abandonne la place !

Son collègue remercia de la tête et reprenant un semblant d'aplomb, entreprit de détailler le corps qui était à leurs pieds.

— Commençons... Fille, nous dirons d'environ seize ans puisque tel est souvent le cas, enchaîna le médecin sur un ton volontairement monocorde. Toutefois, elle en parait douze. De petite taille et de constitution fragile. Tout juste pubère. Le teint pâle. Les cheveux longs, blond foncé, un peu poisseux résultant d'une absence de soins ou d'hygiène. Dents gâtées pour la plupart. Mains abîmées. Pieds présentant des callosités dues à des frottements. Comme si elle avait l'habitude de marcher avec des chaussures trop grandes... ou sans chaussures du tout ! Elle est vêtue d'une chemise en toile bistre de mauvaise facture, rapiécée grossièrement et arborant des taches suspectes, visiblement antérieures à l'agression. L'ensemble du corps est... sale. Très sale, même. Elle porte des traces de bleus et de coups et présente des déformations des os dues à un travail difficile qu'elle tient depuis longtemps. Je rajouterai, bien évidemment, qu'elle est malnutrie et a des carences explicables par le fait qu'elle vient d'un milieu extrêmement pauvre. Elle était employée soit dans une fabrique, soit dans un atelier de tissage à dévider les soies.

Il fit une pause puis enchaîna en fronçant les sourcils.

— Étrangement, le corps ne présente pas de rigidité ni de lividité cadavériques et je la trouve même encore très chaude, comme si...

Perturbé, il se releva et dévisagea Perrier qui, attentif, se penchait à son tour sur la dépouille.

— Comme si elle n'était morte que depuis peu...

Il regarda tour à tour ses deux collègues, cherchant une quelconque objection à sa dernière constatation. Mais elle ne vint pas, aussi enchaîna-t-il, d'une voix un peu rauque :

— Heu... Nous avons un problème...

Déjà Félicien, intrigué par l'attitude de Bernard, se redressait, brandissant un thermomètre qui malgré le froid indiquait une température à vingt-six degrés.

— Passez-moi vos manteaux, ordonna-t-il alors qu'il quittait le sien.

Prestement, il enroula le torse et la tête du petit cadavre dans les vêtements, puis, dégageant une partie de la poitrine, prit une seringue de digitaline qu'il planta droit dans la chair.

— Tu es fou ! hurla Irina.

— Si elle est morte, elle ne s'en plaindra pas, rétorqua-t-il sur un ton goguenard.

— Tu veux dire quoi ?

— Je veux dire que soit elle est morte depuis peu, ce qui expliquerait sa température encore haute, soit elle est en hypothermie et est en train de crever de froid ! Tu comprends ?

— Mais tu n'as pas entendu son cœur ?

— Normal, s'il est trop faible... C'est pour cette raison que je viens de lui donner un coup de fouet.

À la surprise générale, le corps tressaillit et, d'étonnement, Irina et Bernard reculèrent.

— Sapristi, marmonna le second, elle vit !

En effet, la fille vivait encore ! Dans un seul élan, ils se mirent à la frictionner.

— Pas de temps à perdre ! Trouvez-moi un entonnoir à bouteilles... et de l'eau tiède, ordonna Félicien. Un baquet d'eau tiède !

Dans la courette que la traboule traversait de part en part, malgré la neige, des badauds commençaient à s'agglutiner, surpris de la manière dont agissaient ces étranges policiers qui, au lieu de débarrasser le cadavre au plus vite, le laissaient en place à la vue de tous.

— Ne restez pas plantés là, bougez-vous ! hurla Bernard en constatant l'inertie du public. Vous êtes sourds ! On vous demande un entonnoir ainsi qu'un baquet d'eau tiède...

— ... et aussi une louche, renchérit Perrier.

— Et aussi une louche ! confirma son collègue en haussant encore le ton.

Un murmure de mécontentement, d'abord léger, se mit à s'amplifier.

— C'est quoi, toutes vos simagrées ? apostropha une femme enceinte. Vous allez nous faire vomir à tripatouiller ce mort devant nos enfants !

— Oui, c'est vrai, ça ! Vous voulez en venir où ?

Déjà, le dégoût prenait le pas sur la curiosité.

— On est que bons à faire de la chair à pâté, nous autres, les pauvres... Faire des cochonneries sur une gamine défunte ? C'est pas humain !

Alors que Bernard se sentait débordé devant ces arguments et qu'Irina cherchait chez les commerçants alentour les objets demandés par Félicien, un homme bedonnant enroulé dans un tablier crasseux, l'allure d'un marchand de vin ou d'un cabaretier, fendit le flot en râlant.

— Les voilà ! bougonna-t-il en brandissant une louche et un imposant entonnoir en zinc dont l'embout se terminait par un tuyau rouge. La femme arrive avec le baquet d'eau.

Soulagé, Félicien, sans lâcher le petit corps, se saisit du matériel. Puis il s'accroupit et positionna son genou gauche dans le dos de la victime tout en lui inclinant la tête en arrière.

— L'eau ! hurla-t-il tout en enfonçant le tube flexible dans la gorge.

— Elle est là !

Un cri strident s'éleva de la foule des spectateurs lorsque, bloquant l'entonnoir d'une main au bord de la bouche de la fille, le médecin se mit à vider une louche de liquide dans son œsophage.

— C'est quoi ça ? s'égosilla une grand-mère.

Même Irina, revenue de sa quête infructueuse, avait du mal à cacher son trouble.

— Tu fais quoi ? murmura-t-elle à l'oreille du jeune homme.

Celui-ci lui tourna un regard noir.

— Aide-moi au lieu de poser des questions. Verse de l'eau dans l'entonnoir pendant que je le tiens ! Plus doucement, sinon on va l'étouffer…

Au fur et à mesure que le liquide fumant descendait à l'intérieur du corps, la peau reprenait une couleur plus rosée.

— Bon sang ! Ça fonctionne ! marmonna Bernard au comble de la surprise.

Devant ces résultats concluants, Perrier daigna enfin s'expliquer :

— Lorsque quelqu'un est en train de mourir de froid, il faut à tout prix réchauffer son cerveau et son cœur. C'est un principe de base. En remplissant son estomac d'eau chaude, j'ai aidé à faire remonter sa température et donc à rétablir la circulation et la remise en route des organes vitaux.

Comme pour confirmer ses dires, la fille que l'on croyait décédée émit un léger gémissement qui figea d'effroi les badauds.

— C'est le diable ! entendit-on alors que le jeune médecin se relevait.

— Transportons-la rapidement à l'Hôtel-Dieu, ordonna-t-il sans tenir compte des commentaires, je lui fais une piqûre de morphine afin de la calmer parce qu'en reprenant conscience, elle va aussi avoir de nouveau mal. Chargeons-la dans un fiacre !

Ils la soulevèrent délicatement et arrêtèrent une voiture qui arrivait à ce moment-là dans la rue de Fleurieu. D'autorité, ils firent descendre les passagers, leur expliquant l'urgence de la situation, puis installèrent la petite victime à leur place, en prenant bien garde de ne pas trop la bousculer afin de ne pas faire saigner les plaies recousues.

— Irina, assieds-toi sur la banquette afin de lui soutenir la tête sur tes genoux. Bernard, accompagne-les et prends la gamine en charge. À l'Hôtel-Dieu ! somma le médecin en restant dans la rue. Le plus vite possible !

— Tu ne viens pas ? cria Irina.

— Non ! Vous êtes assez grands pour y aller sans moi. De mon côté, je pars à la recherche du témoin qui a trouvé la fille.

— Ton manteau ! Tu vas geler sinon…

Au vol, il récupéra son vêtement et, tout en l'enfilant, recula en regardant décamper le cocher et son curieux équipage.

6

Elle savait qu'il la cherchait. Tout comme elle savait que bientôt l'histoire toucherait à sa fin. C'était comme ça. Dans sa tête à lui, tout un cheminement glauque devait tracer des sillons tourmentés le conduisant, insidieusement, jusqu'à elle.

La dernière victime, elle la lui avait d'ailleurs laissée encore vivante pour cela…

Par jeu.

Leur jeu.

Elle épingla une photographie de Félicien sur le mur de la pièce, au milieu d'une multitude de documents déjà présents en lieu et place. Sur l'image cartonnée, il se tenait debout, une main derrière le dos, l'autre le long du corps, devant la porte de son officine à Brioude, en Haute-Loire. Il venait d'y reprendre la charge du cabinet médical. C'était en 1896… 1895 peut-être. La photographie avait été publiée dans le journal local. Elle avait réussi à leur racheter l'original, conservé dans leurs dossiers !

Son doigt glissa sur le visage du jeune homme et son regard dévia vers les coupures de journaux qui parlaient de lui.

Son installation, comme médecin de campagne, celle avec la photographie. Son accident, une chute du haut d'une falaise au-dessus de l'Allier, alors qu'il se rendait chez un patient. Cela l'avait tenu éloigné de son travail durant de longs mois. La rééducation avait été pénible et il lui avait fallu vendre son cabinet pour payer les soins médicaux. Sa mère adoptive en était morte d'inquiétude… Enfin, c'est ce qu'il se racontait… parce que la connaissant, elle ne l'imaginait pas, mais alors pas du tout, périr de chagrin !

Elle eut un sourire presque équivoque entre plaisir et mécontentement et se détourna de son panneau d'affichage à la gloire d'un seul homme : Félicien. Du dehors, les bruits de la ville lui parvenaient, mais elle ne les entendait pas.

La fin et sa fin. Car il fallait bien qu'un jour tout cela cesse…

Car tout allait cesser. Elle avait tout fait pour. Elle avait tout manigancé, tout organisé dans ce but ultime. Et il n'y avait pas de raisons pour que les choses ne se déroulent pas comme elle l'avait prévu !

Montpellier. Il y avait fait ses études.

La fleur de la boutonnière de ce Raffalovich, cet inverti qu'elle n'aimait pas et qu'il appréciait trop !

… Et maintenant ce dernier indice qu'il allait découvrir et qui allait le glacer.

Qui lui permettrait de comprendre. Vraiment…

L'énigme pour Montpellier avait été une chose aisée à mettre en place. Elle n'avait pas eu de mérite pour cela. Par contre, pour la fleur, cela avait été plus ardu. En effet, elle voulait une de ses fleurs à lui. Pas un substitut de pacotille trouvé chez la première marchande de colifichets venue ! Alors, il avait fallu ruser. Se glisser à sa suite dans cet appartement luxueux qu'il occupait rue de la République…

Elle tressaillit. Voilà qu'elle avait froid. Ces derniers temps, elle avait de plus en plus froid. Sans doute le mal qui creusait son chemin.

Dire que durant quelques jours, il avait cru que c'était ce fanfaron de Lacassagne qui était visé ! Comme cela l'avait amusée lorsqu'elle avait vu sa famille partir à la campagne !

Mais Lacassagne ne l'intéressait pas ! Non, c'était lui son but ! Son Graal… lui par qui tout se terminerait.

Depuis qu'il avait compris pour l'ambulance, il ne pouvait qu'avoir percé le mystère ! Mais il faisait traîner le moment, attendant la minute la plus propice pour, enfin, l'affronter.

C'était certain !

Mais cet instant-là, c'était elle qui le choisirait !

Pour l'heure, il devait être en train de retourner à l'Hôtel-Dieu, tenter d'interroger sa dernière victime. À ce moment-là, la vérité crue lui sauterait au visage et, dans son esprit, des morceaux épars s'emboîteraient.

Alors, il saisirait tout !

Alors, tout lui paraîtrait normal...

Affreusement normal.

7

— Mais puisque je vous dis qu'elle n'est plus là.

Le policier pour la troisième fois au moins haussait les épaules en signe d'impuissance. Son témoin, après avoir expliqué comment il avait trouvé le corps dans la traboule, avait filé sans demander son reste.

Son nom ? Non, en fait il ne le lui avait pas posé la question... à quoi bon ?

Son adresse ? Quelle drôle d'idée ! Ce n'était pas un suspect, c'était un tiers qui passait par là.

Son allure ?

En le voyant souffler comme il le fit, Félicien faillit lui envoyer son poing dans la figure. Mais le jeu n'en valait pas la chandelle et ce qu'il encourrait lui procurerait certainement plus de désavantages que de satisfaction.

— Une femme, finit-il par soupirer comme si ce simple effort de mémoire l'épuisait, assez âgée. Son physique ? Eh bien ! Quelqu'un d'un certain âge, quoi... Elle portait un manteau noir sur une robe noire aussi et un petit chapeau de couleur toute pareille.

— Pas une personne du secteur ?

— Je ne sais pas, je ne l'avais jamais croisée avant. Mais elle m'a dit qu'elle était commerçante. Un bouchon, je crois… oui, elle faisait à manger. Une de ces *mères*[1] où on mange de bonnes quenelles !

Voyant qu'il ne pourrait plus rien tirer de l'énergumène qui lui faisait face, Félicien prit congé, bien décidé à partir sur les traces de sa bistrotière. Se souvenant que la cour des Trois-Passages, comme son nom l'indiquait, comportait trois sorties, il fit rapidement le tour du pâté de maisons, longeant la rue Fleurieu, suivant la place Grollier[2], avant de remonter par le quai de la Charité, puis de bifurquer sur la rue Laurencin. Revenu à son point de départ, au 8 de la rue Fleurieu là où se trouvait l'entrée de la traboule, il dut admettre que la personne qui avait découvert la victime s'était volatilisée.

Cette fois-ci, personne n'avait aperçu d'ambulance, mais un boulanger avait bien entendu un fiacre dans la cour des Trois-Passages. Celui-ci n'était pas resté longtemps, mais c'était – et ça, il en était sûr – quelques minutes après qu'une voix féminine eut hurlé, provoquant l'arrivée de deux agents de police sur les lieux. Après cela… il était retourné pétrir son pain et n'avait pas pris le temps de sortir pour voir ce qu'il se passait au-dehors, ayant bien autre chose à faire qu'à gâcher la marchandise.

---

1. Les bouchons étaient tenus par des « mères », comme les gens les appelaient.

2. Actuellement place et quai Gailleton.

Contrarié, Félicien était alors reparti pour l'Hôtel-Dieu, afin de prendre des nouvelles de la fille ressuscitée et de découvrir si elle avait quelque chose à dire.

8

Lacassagne était venu en personne ausculter la dernière victime de ce que les journaux appelaient déjà « *le tueur de petites filles* ».

Lorsque Félicien entra dans la vaste salle, il alla à sa rencontre, la mine sombre.

— Grâce à votre intervention intelligente, l'enfant s'est réveillée, dit-il en lui serrant la main, mais nous ne la sauverons pas. La température est brusquement montée. Elle est en train de faire une métrite septique. Je lui donne une heure tout au plus avant de décéder.

Il hésita.

— Pour qu'elle ne souffre pas, nous lui avons administré une très forte dose de morphine. Juste avant de s'endormir, elle a pu parler à vos collègues. Ils vous diront mieux que moi ce qu'elle leur a confié.

Un rideau de courtoisie avait été tiré tout autour du lit afin de préserver l'intimité de la patiente et soustraire son agonie aux regards des autres malades. Un peu dépité, Félicien hocha la tête. Il s'apprêtait à soulever les tentures immaculées lorsque Lacassagne enchaîna :

— Vacher a été transféré hier à la prison Saint-Paul. J'aimerais que vous m'accompagniez cet après-midi. Je désirerais lui poser quelques questions.

— Ce sera avec plaisir, répondit le jeune médecin, l'esprit un peu ailleurs.

Le professeur le retint encore une seconde.

— Vous allez bien, Perrier ?

— Oui... ça va ! Je vous remercie. Seulement un peu fatigué.

Dans sa tête, des morceaux du puzzle s'assemblaient, lui faisant monter une désagréable sensation de nausée à la gorge. L'ambulance. La femme. Ce curieux sentiment d'être parfois suivi... Il s'était trompé sur toute la ligne. Il n'avait pas été à la hauteur.

— Je voulais vous dire encore... Vous vous souvenez lorsque je vous ai confié que ces avortements interrompus me dérangeaient et que je désirais en avoir le cœur net ? Normalement, le processus étant enclenché, il n'avait pas à s'arrêter et le placenta aurait dû être expulsé.

— En effet...

— J'en ai trouvé la raison.

— Vraiment ?

— Oui... les tissus étaient imprégnés d'écorce de *Viburnum opulus*, plus connu sous le nom de viorne. C'est une plante commune capable d'arrêter des contractions et, à très forte dose, de suspendre un accouchement.

De la viorne. Cela voulait dire qu'elle avait donc souhaité que ces filles gardent en leur sein le placenta des embryons perdus ?

Le « elle » le perturba.

— Nous en reparlerons plus tard, trancha Lacassagne en constatant l'état d'hébétude dans lequel son élève semblait se trouver.

— Si vous le voulez bien..., ânonna-t-il un peu abasourdi, en se dirigeant, sans plus de formalités, vers la victime, inerte entre les draps blancs.

— Perrier...

Lacassagne le retenait par le bras.

— Vous êtes certain que vous allez bien ? Je vous trouve étrange. Comme absent.

Le jeune médecin dévisagea son mentor sans pour autant le voir. Sa voix lui paraissait lointaine et résonnait en écho dans sa tête. *Se pouvait-il qu'il soit le maillon central de toute cette désastreuse affaire ? Se pouvait-il que tout ce drame macabre, ce soit lui qui l'ait entraîné ?*

— Perrier, vous m'inquiétez !

— Non... non..., s'entendit-il répondre cependant qu'il se souvenait des moindres éléments de leur conversation lorsqu'ils s'étaient rencontrés tous les deux.

— Bon Dieu ! maugréa-t-il comme pour lui-même.

Son regard. Ses yeux bleus.

Pourquoi ce détail lui avait-il échappé ?

— Je vous laisse, Félicien. Votre collègue Lecuyer vous expliquera mieux que moi toutes les bases de cette affreuse histoire. Lorsque vous aurez pris un peu de repos, il vous dira ce que l'équipe médicale a trouvé dans le placenta en nettoyant son utérus.

Mais pourquoi ? Pourquoi ?

Il lui fallait des preuves maintenant.

— Elle s'appelle Eulalie Poirier, commença Bernard en le voyant approcher. Elle travaille sur la rive gauche, dans une fabrique de couleurs, rue des Teinturiers. Elle y habite aussi d'ailleurs, enfin lorsque ses parents la laissent entrer chez eux. Elle est à son compte, comme ils disent dans le milieu ouvrier.

— À son compte ? demanda-t-il en essayant de surmonter l'émotion qui l'avait envahi lorsqu'il avait compris, soudain, le fin mot de toute cette affaire.

— Oui, expliqua le médecin, cela signifie qu'elle gagne son pain elle-même. Qu'elle n'est plus à la charge de sa famille, si tu préfères. Elle se débrouille comme elle peut pour vivre avec le salaire de misère qu'elle touche en s'empoisonnant à l'usine. Pour beaucoup de gamines, c'est mieux que de se faire voler ses sous par sa mère et de n'avoir que des coups de trique en échange. Mais bien sûr, cela les expose aussi à tous les dangers.

— Et sa grossesse ?

— Non voulue, bien entendu ! Le chef d'atelier en serait le responsable… ou un autre à l'usine et dans la rue… ou son frère… ou son père… elle ne sait pas trop, vu que lorsqu'elle vivait encore chez ses parents, ils dormaient tous sur le même grabat et que parfois un des hommes de la famille la prenait la nuit sans qu'elle dise mot. Elle a dix-huit ans, mais n'a jamais eu ses périodes. C'est en voyant son ventre grossir qu'elle a compris. Alors, elle l'a percé toute seule, avec une baleine d'un vieux parapluie trouvé sur un tas d'ordures.

Lecuyer se reprit, osant dire l'innommable :

— Elle nous a raconté que le fœtus était déjà grand, aussi il a mis longtemps à passer. Elle a eu très mal pour le faire et l'a jeté dans les déchets de l'usine. Mais le placenta n'est pas tombé alors elle a eu peur et comme elle saignait beaucoup, elle est allée à l'asile des indigents, rue Louis-Blanc, pas loin de son quartier. La collègue qui lui avait expliqué comment faire lui avait dit de s'y rendre si ça ne venait pas comme il faut.

Il fit une pause, ce qui lui permit de constater qu'Irina n'était pas là.

— En fait, elle attendait des jumeaux, compléta-t-il en soupirant, et le second n'est pas sorti…

Félicien tressaillit. Il avait donc raison !

Il regarda la victime, paisiblement endormie, et pensa qu'elle serait sûrement mieux où elle allait que durant les tristes années qu'elle avait vécues.

— Où est Irina ? murmura-t-il en cherchant autour de lui avec inquiétude.

— Je ne sais pas. Elle m'a dit qu'elle avait un truc urgent à faire pour le journal. Je l'ai fait déposer par le fiacre. Je pense qu'elle voulait donner l'avant-première du dernier meurtre à son canard.

— Vraiment…, ânonna son collègue d'une voix éteinte.

Montpellier. La fleur de Marc-André. C'était facile ! Que lui réservait la nouvelle victime ?

— Au fait, ajouta Bernard qui, *a priori* remis de ses émotions, agissait avec une maîtrise qu'il avait rarement eue jusqu'alors. Je crois que Lacassagne m'a laissé le sale boulot en ne te disant pas ce qu'il y avait dans le placenta que les médecins ont extrait de l'utérus ?

Perrier fit non de la tête, prêt à entendre l'inqualifiable.

— Une vierge tenant un petit Jésus. C'est étrange, n'est-ce pas ? Une minuscule statue de porcelaine comme on en trouve à acheter dans les lieux saints.

Et alors qu'il lui expliquait posément que pour Lacassagne il y avait là un troisième indice confirmant qu'il était visé : Montpellier, Raffalovich et maintenant la Mère et l'Enfant (il suffisait d'aller dans le bureau de Lacassagne pour comprendre l'attachement qu'il portait à sa mère, disait-il d'une voix posée, puisqu'il préfère encore à son âge l'avoir elle dans un cadre près de lui, plutôt que sa femme ou ses enfants !), Félicien en profita pour sortir précipitamment prendre l'air tant il étouffait.

9

Comment avait-il pu être stupide à ce point ?

Marthe.

Eka.

Rosalie.

Eulalie.

Le message était signé et il n'y aurait plus de victime ! Elle avait même prévu qu'Eulalie ne mourrait pas tout de suite, la déposant plus rapidement que les autres, allant jusqu'à prévenir la maréchaussée. Tout cela pour permettre à Félicien de trouver la solution plus facilement, laissant le temps à la fille de révéler son identité avant de décéder !

Machiavélique.

Il haussa les épaules. Mais lui, comment, alors que les indices lui criaient l'issue de cette histoire, avait-il pu être aussi obtus ?

Montpellier, où il avait fait ses études. Raffalovich, dont il était l'ami. La mère et l'enfant pour lui et elle !

Lacassagne n'avait jamais été visé ! C'était bien lui qui l'était...

Oui, lui.

Et il n'avait pas trouvé avant ! Laissant assassiner ces gosses sans l'interrompre dans sa folle démarche.

Afin qu'elle lui délivre son message...

M-E-R-E.

En lettres capitales comme la peine qu'elle devrait avoir, mais qu'il ne lui laisserait pas subir.

D'un pas rapide, il entra dans l'asile, bouscula la jeune nonne qui cherchait à le retenir et fonça dans le secteur privé, là où se trouvaient les bureaux et les salles d'auscultation.

— Revenez, c'est interdit ! hurlait la religieuse en courant à sa suite.

Il n'en avait cure. Ce qu'il voulait, c'était la voir immédiatement !

— Où est Germaine Poulain ? vociféra-t-il de façon que son cri résonne en écho dans les pièces hautes de plafond.

La supérieure, chargée d'apporter à cet établissement la discipline qui seyait à ce genre de résidence, apparut devant lui. C'était une personne grande et large. Son visage fermé n'affichait aucune sympathie et, lorsqu'elle parla, ce fut d'un ton cassant et menaçant :

— Pour qui vous prenez-vous, jeune homme ? Il y a ici des indigents qui se reposent. Veuillez quitter les lieux et tout de suite sinon je vous fais sortir par la force. Germaine n'est pas là. Elle a pris congé pour l'après-midi et c'est bien mérité au vu de tout le réconfort qu'elle offre à nos pauvres ! Qui êtes-vous donc pour la demander avec tant de véhémence ?

— Son fils !

Un rire impitoyable emplit le couloir où ils se trouvaient.

— Son fils ? Rien que ça ? se moqua-t-elle. Et pourquoi pas le Seigneur lui-même ? Germaine n'a pas de fils. Elle est sœur séculière dans notre asile depuis près de vingt ans ! Vous devriez vous faire soigner, jeune homme, car je crains pour votre esprit !

Sur ce, elle le reconduisit, *manu militari*, jusqu'à la porte et le jeta dehors comme un vulgaire chien.

L'air de l'extérieur le surprit et il s'ébroua. Il était inquiet, ne voyant pas où l'attendre. Ne sachant où la trouver.

Pourtant, il fallait qu'il agisse, et vite !

Il doutait de la démarche à suivre. C'était comme un duel qui devait se dérouler entre lui et elle, mais il n'en connaissait pas la date, ni le lieu. Il prit l'omnibus afin de rejoindre l'Hôtel-Dieu.

Il marchait le long des quais, hésitant entre retrouver ses amis ou aller au bateau-morgue, lorsqu'une voix derrière lui l'interpella :

— Tu es né ici, dit-elle simplement.

Surpris, il se retourna vivement. Elle était là, sur le trottoir, vêtue d'un grand manteau noir et d'un petit chapeau discret assorti, prenant appui sur un parapluie de la même couleur. Rien de voyant. Rien de particulier. Une femme humble au service des autres, affable. Sympathique.

Elle souriait.

— J'y travaillais à l'époque et je t'ai mis au monde alors que je m'occupais d'une parturiente qui avait des difficultés. Ça m'a pris d'un coup et tu es sorti comme un boulet de canon, déjà impétueux et courageux.

Elle se tut et le détailla comme si elle le voyait pour la première fois… ou la dernière.

— Vous étiez sage-femme ? demanda-t-il, la voix un peu rauque.

— Oui. Diplômée de première classe, ce qui me donnait le droit d'officier partout en France.

Un « pourquoi » faillit fuser aussitôt. Pourquoi avoir quitté cette vie-là ? Pourquoi être devenue une autre ? Pourquoi avoir tué ces filles ? Mais il ne dit rien et se contenta d'incliner la tête comme s'il acquiesçait à ses révélations.

— Tu n'es pas curieux ? Je m'attendais à une avalanche de questions !

Elle le dévisagea, mais il ne lui fit pas le plaisir de la satisfaire. Son hochement de tête devint une négation.

— Je ne t'intéresse pas ? C'est ça ? Tu ne veux rien savoir de moi ?

— Vous n'êtes qu'une tueuse. Une simple meurtrière que je conduirai à Deibler[1] qui se fera une joie de vous raccourcir comme il se doit.

Surprise, elle chancela, mais se retint à son parapluie comme si de rien n'était.

— Quelle belle hérédité ! se moqua-t-elle en riant. Avant de mourir, je suis certaine au moins d'une chose, c'est que j'ai instillé le venin en toi ! Ton laboratoire dans les sous-sols de la superbe maison que tu as achetée à Montchat. Tu sais… tes expériences souvent infâmes. Je ne te parle pas non plus de ce sot de Maurin que tu as fait se suicider avec méthode. La tête de Montial lorsqu'il a cru cueillir son coupable et qu'il l'a retrouvé suspendu à une corde ! Tu me diras, il avait eu ce qu'il méritait ! Abuser ainsi de gamines ! Mais que penser de ce vieux couple d'Asiatiques qui doit avoir attiré toute une vermine grouillante et repoussante ? J'ai gardé le couteau. Petit imprudent, ce n'est pas à toi que j'apprendrai que la méthode de Galton fait maintenant des émules. Tes empreintes sur le manche pour le cas où tu me chercherais des noises.

---

1. Bourreau célèbre. C'est notamment lui qui a guillotiné Joseph Vacher.

— Les Chinois n'ont eu que ce qu'ils méritaient, eux aussi, vociféra Félicien en se retenant de lui sauter à la gorge. Lorsqu'ils ont su pour la mort d'Eka, ils ont envoyé toutes leurs filles dans des maisons à marins de Marseille ! Mee avec ! Quant à vos empreintes, elles ne me font pas peur !

— Vraiment ? s'enquit-elle avec un air amusé. J'ai vérifié et j'y ai vu des marques.

— Certaines choses vous échappent encore, grommela-t-il en pensant qu'il n'avait pas percé tous les secrets de sa vie.

Elle eut un sourire énigmatique et passa une main gantée sur son front.

— Suis-je bête ? s'exclama-t-elle. Une de tes perfides pratiques qui te poussent à jeter les résidus encombrants, la nuit, dans le Rhône. Déjà tout petit...

Un grand vide s'immisça en lui. Ainsi, depuis si longtemps elle le suivait ! Ainsi, elle savait tout de lui ?

Le sourire démoniaque qu'elle lui fit confirma le fait qu'elle ne l'avait jamais laissé en paix.

— Je souhaitais tant que tu me ressembles, tu n'aurais tout de même pas voulu que je t'abandonne à ma sœur sans garder un œil sur toi ?

— Ta sœur ?

Il l'avait malgré lui tutoyée tant la révélation le surprenait.

— Oui, ma sœur ! C'est ma sœur qui t'a élevé. Magdeleine Perrier, née Magdeleine Prunet de Lalande. Comment tu n'as jamais rien su de notre famille ? Père médecin, tellement fou qu'il torturait des animaux dans son laboratoire afin de tester leur résistance et de l'appliquer à l'être humain ! Ha ! Très belle lignée en vérité ! Notre mère en est morte de douleur... quant à nous... il n'y a qu'à regarder ton dos pour évaluer l'état mental de ma chère, très chère sœur !

Elle connaissait ça aussi... les petits traits sur ses épaules, avec un couteau de cuisine, à chaque faute qu'il commettait. Il ne put retenir un rire aigre.

— Comment as-tu su pour moi ? glapit-elle en le détaillant d'un œil inquisiteur.

— C'est lorsque tu m'as parlé du regard de la vieille. Ce n'était pas le mien. Elle n'avait pas les yeux noirs, mais bleus. Tu t'étais vendue toute seule... Tu voulais tellement me faire comprendre que tu me reconnaissais !

Admirative, elle approuva de la tête.

— Une image pieuse pour toi ! admit-elle. Soit, j'ai fait cette erreur. Mais t'avoir en face de moi après toutes ces années dans l'ombre. Pouvoir te parler... Je n'ai vu que tes yeux, impressionnants comme ceux de ton grand-père ! Alors, comme tu me demandais ce qui m'avait mise sur ta piste, je n'ai pu faire allusion qu'à ton regard !

Ils étaient là, dans la rue, au milieu des passants, assourdis par le bruit des roues et le pas des chevaux sur les pavés mouillés. Spectacle hallucinant que celui de ces deux êtres que tout rapprochait, mais qui ne s'aimaient pas.

— Pourquoi toutes ces filles ? Et pourquoi maintenant ?

Elle eut un geste de la main comme pour chasser une mouche inexistante, et pourtant bien inopportune.

— Tu ne veux pas t'asseoir quelque part ? proposa-t-elle en changeant sciemment de sujet de discussion. Ou peut-être souhaiterais-tu que nous marchions ? Je commence à vieillir et je m'ankylose à demeurer figée ainsi dans le froid de l'hiver.

— Non.

Il savait que, pour sa sécurité, il ne devait pas la laisser l'entraîner sur un terrain où elle pourrait avoir l'avantage.

— C'est à votre tour de me répondre ! intima-t-il en reprenant le vouvoiement.

— Soit... soit... mais aucun respect pour sa pauvre mère !

La convulsion démoniaque qu'elle obtint pour toute réplique fit appréhender le pire à la vieille femme, qui, pour la première fois depuis le début de leur conversation, ressentit une crainte. Elle était prête pourtant. Mais elle ne savait pas comment il agirait tant il était imprévisible, aussi en éprouva-t-elle comme une indicible angoisse.

Mourir. Mourir de ses mains ! Quelle belle fin, en vérité !

Car c'était ce qu'elle voulait.

— Je vais te raconter l'histoire d'une gamine pas comme il faut. La médecine m'a toujours fascinée et j'aurais souhaité être praticien comme mon père, afin de tout connaître sur l'anatomie, de tout décider... d'être Dieu parmi les hommes. Mais j'étais une fille et à Montpellier, pas question à mon époque de suivre les enseignements de l'université. Alors, j'ai choisi ce qui me paraissait le plus proche et je suis devenue sage-femme ! Et je ne l'ai pas regretté ! Quel beau métier, je te le dis ! Voir vivre et mourir... Entendre crier à la vie en sachant qu'un tout petit rien peut ôter cette merveilleuse énergie. Un geste. Des doigts mal positionnés... Une paume de main appuyée sur une frimousse.

L'horreur se lisait sur le visage de Félicien qui découvrait dans l'auteur de ses jours un monstre hideux, capable du pire en ce bas monde.

— Ça te plaît, n'est-ce pas ? Nous sommes tellement identiques, toi et moi ! Des phénomènes dotés de la plus terrible intelligence au service, non pas du bien, mais du plus abject mal ! Tu ne dis rien ? Tu admets !

— Pourquoi maintenant ? insista-t-il sans se laisser prendre à ces rapprochements qu'il ne voulait pas entendre.

— Lorsque cette idiote de Germaine est venue mourir là où elle avait travaillé, j'ai craint un instant ses révélations. Et si elle racontait tout ? Et si je me trouvais démasquée ?

— Raconter quoi ? souffla-t-il à brûle-pourpoint.

Un sourire cruel dévoila un alignement de dents parfait, presque féroce. Elle avait dû être belle, jadis, car des traits réguliers et un visage amène témoignaient encore d'un passé glorieux, que la vilenie plus que l'âge avait entachés.

— Quel intérêt, soudain ! s'extasia-t-elle comme si cela la réjouissait. Raconter notre rencontre, pardi !

Elle paraissait partie à vouloir se répandre en des confessions troublantes, aussi la laissa-t-il faire. Parler. C'était bien l'ultime récompense qu'elle lui devait. Parler pour qu'il comprenne. Parler pour qu'il admette... qui sait ?

— Nous avions la trentaine toutes les deux, mais elle était sœur séculière à l'asile des indigents alors que moi j'étais sage-femme. Elle me ressemblait. Une véritable aubaine ! Brune, les yeux clairs. Assez grande. Charpentée. Pour t'expliquer, je suis la seule dans la famille à ne pas avoir pris ce regard ténébreux des Méditerranéens. Une erreur de la nature, car l'idée de l'erreur me convient.

— Ma mère n'avait pas les yeux très foncés non plus. Je me souviens d'un marron plutôt clair...

— Oui... sans doute... mais là n'est pas mon propos, bougonna-t-elle comme si parler de sa sœur la dérangeait.

— Soit... reprenez !

Elle eut un hochement de tête courtois avant d'enchaîner.

— À côté de mon travail ici, je pratiquais des avortements afin de me faire plus d'argent, car, entre-temps, tu étais né. Ton père me rabattait les filles qu'il croisait dans les bistrots où il buvait à longueur de journée de l'absinthe. Il me coûtait cher, ce désœuvré ! Vois-tu, tout comme pour toi, l'opium était son vice. Tu le tiens de lui. Mais que veux-tu ? Je l'aimais ! En plus, bon Dieu qu'il était beau ! À damner un saint !

Sa pensée parut s'envoler un instant vers cette époque ancienne, vers cet ailleurs où elle était vigoureuse. Où elle avançait telle une combattante vers son absolu.

— Je réfléchissais toutefois à l'après, et à ce moment où je devrais peut-être quitter mon enveloppe d'Isabelle pour devenir une autre. Comme j'avais bien fait d'anticiper ! Mon charme avait déjà agi auprès de Germaine qui me vouait un amour saphique sans borne... Tu sais comme sont ces nonnes extatiques, promptes à s'enflammer et à choir avec passion. J'ai chargé ton père de la séduire tout à fait afin de l'achever. À deux, nous n'avons pas eu trop de mal à la faire sombrer dans nos filets. Tu veux la suite ?

Fatiguée soudain, elle chancela un peu et ravala sa salive. Félicien, sidéré, ne disait mot.

— Nous avons vécu quelques mois, ainsi, tous les trois. Très beau trio, en vérité ! La nonne, le truand et l'avorteuse. À la côtoyer si intimement, j'étais arrivée à singer cette pauvre Germaine, au point d'en avoir des doutes moi-même. Martial, ton père, s'y trompait parfois. En apparence seulement, bien sûr ! Malheureusement, un jour, nous avons été pris. Nous sommes tombés, moi pour avortements clandestins, ton père pour complicité et rabattage. Nous étions à une époque moins permissive que cette belle République ! Nous avons été condamnés à la déportation. Lui est parti. Moi, je me suis évadée avant de monter dans le bateau grâce à l'aide d'un maton ! Je t'ai rejoint, à l'asile où Germaine te gardait. Elle m'a cachée. Mon but était, bien sûr, de la tuer et de prendre son identité puisque depuis le début, elle était mon échappatoire. Je l'ai laissée pour morte sur le quai de la Charité. J'avais abandonné près d'elle mon sac avec mon acte de naissance. Ce sac dont tu te souvenais...

Son sourire devint vague. Une sorte de contrariété ombra son visage avant d'être remplacée par une grimace en coin, presque comique.

— En fait, j'aurais dû la jeter dans la Saône..., soupira-t-elle sans états d'âme, mais j'ai été dérangée et je ne l'ai pas fait ! Je le regrette encore. Ensuite, j'ai envoyé une lettre à l'asile expliquant que je voulais prendre du recul et aller en mission dans cette Afrique, qui avait tant besoin d'être christianisée. J'ai reçu pour réponse une missive qui me certifiait que, dès mon retour, ma place m'attendrait.

— Et tu es partie ?

— Oui. Je t'ai confié à ma sœur Magdeleine et j'ai couru le monde sous le nom de Germaine.

— Et pourquoi es-tu rentrée ?

— Le mal du pays peut-être... ou le mal de toi. Va savoir ! Lorsque je suis revenue en France, de nombreuses choses avaient changé. Un vent de libéralisme soufflait et cela me plaisait ! Munie de ma lettre, je me suis présentée comme si j'étais Germaine Poulain à l'asile où elle travaillait.

— Et depuis vingt ans ?

— Depuis vingt ans, je suis sœur séculière rue Louis-Blanc ! N'est-ce pas merveilleux ? Je me suis racheté une conduite. Je passe pour quelqu'un d'absolument irréprochable auprès d'une communauté qui m'apprécie... J'ai des appuis. Des amis.

Je suis notoirement connue au point que j'ai été nommée à la tête de l'Union des femmes de la Croix-Rouge.

Son air narquois cueillit le jeune médecin au vol, ce qui lui fit faire un pas en arrière.

— J'avais donc raison pour le fourgon ! maugréa-t-il en se renfrognant.

— Bien sûr ! Comment aurais-tu voulu que je m'y prenne autrement ? Je ne suis pas Dieu tout de même ! pouffa-t-elle trop amusée par la comparaison.

— Et mon père ?

— Ton père, ce fainéant ? Tu lui ressembles beaucoup physiquement. Comme je te l'ai déjà dit, ce vaurien était beau à damner un saint ! C'est sans doute pour cette raison que Germaine a pensé te reconnaître avant de crever comme une loque. Elle revoyait l'amant qui avait abusé d'elle, qui l'avait corrompue.

Elle fit une courte pause, histoire de lui laisser supposer qu'elle pouvait ressentir des émotions.

— En fait, il est mort en déportation. Paix à son âme de dévoyé !

— Son nom ?

— Son nom ? Tu ne vas pas me croire ! Tu sais à quel point la vie est parfois facétieuse... Son nom... Le veux-tu vraiment ?

— Oui !

— Soit ! Tu l'auras voulu ! Martial... Martial Letaillier. Le frère de cet arriviste qui fait maintenant négoce de vins.

Félicien vacilla et prit appui sur le parapet qui bordait la route. Cette femme lui jetait au visage avec détachement tous les détails de sa piteuse existence et d'un horrible abandon. Une seule solution lui restait et il la vit là, avec cette logique implacable qui lui venait d'elle, au même moment où il comprenait aussi que s'il faisait cela, il entrait dans son jeu.

Tuer sa propre mère.

Elle l'avait coincé.

— Tu as assassiné ta propre nièce ?

— Ma propre nièce ! N'exagérons pas ! Ta cousine, tout au plus !

Il ravala sa salive avec détermination. Jamais il n'aurait pensé être choqué par une femme.

— Est-ce que sœur Siobhan est au courant ?

— Au courant de quoi ?

— De... de tout ça ?

— Grands dieux ! Pourquoi voudrais-tu que mon souffre-douleur sache quelque chose ? L'aurais-tu soupçonnée ? La soupçonner, elle ? Non, mais je rêve !

Un gros rire envahit l'espace autour d'eux et il eut envie de fuir. Pour ne plus la voir, pour ne plus l'entendre... Et la sentence tomba :

— Félicien. Tu me déçois.

Il tressaillit.

— Depuis plusieurs mois, j'encourage sœur Siobhan à plus de repentance. Car elle pèche, l'infâme ! Elle m'admire ! *Ascendit mors per fenestras.* La vue vient frapper l'âme et la distraire, la séduire même et la corrompre. Parce qu'elle m'aimait, elle a eu pour moi des regards que j'ai estimés de complaisance. Elle a agi comme une pécheresse. Il fallait de ce fait qu'elle humilie sa chair rebelle afin d'affaiblir le pouvoir du tentateur et de s'élever vers la grâce, car une épouse de Jésus-Christ doit veiller sur elle-même, n'est-ce pas, pour ne pas se laisser surprendre par la mort de son âme ? J'ai donc suivi le précepte de Jérémie et lui ai indiqué la voie de la mortification. C'est comme une drogue ce genre d'action, sais-tu ! Et à sentir son accoutumance, je ne donne pas cher de sa peau… qu'elle n'a plus que sur les os, d'ailleurs, la pauvrette. Je la revois, âme en perdition, me confier l'embarras dans lequel sa jeune sœur se trouvait. *Mortificare ! Mortificare !* Ah ! Le pouvoir de la persuasion…

En passant à leur hauteur, quelques curieux se retournèrent, sans doute surpris par la véhémence de la tirade de cette femme qui s'apparentait, à s'y méprendre, à quelque prédicateur en mal d'adeptes.

— Soit ! Je te ressemble, c'est parfait ! finit-il par admettre dans un sourire. Et alors ?

Ce fut à sa mère de chanceler. Elle ne s'attendait pas à cette subordination passive. Elle s'approcha donc de lui pour mieux cerner ses pensées et pénétrer les méandres de son cerveau.

— Tu te joues de moi ? marmonna-t-elle en le détaillant de près.

— Parce que j'admets que tu as réussi ton œuvre ? Faire de moi une bête sans émotivité, héritier d'une tare innommable. Lacassagne a tort et Lombroso triomphe ! Le criminel-né existe ! La preuve, j'en suis un !

Son visage était impassible, et malgré ses efforts, elle ne put y lire aucun trouble lui permettant d'imaginer la suite.

— Tu vas me tuer ? se risqua-t-elle doucement.

Ce fut à lui d'avoir un rire grossier à faire fuir tous les passants.

— Pour soulager ta peine ? Très peu pour moi ! Je sais que tu es malade, je le vois à ton regard fuyant, à tes traits crispés et à cette façon que tu as de te plier en avant. Ta fin est proche. Je suis médecin, ne l'oublie pas !

Touchée aux tripes, son interlocutrice s'assit sur le parapet.

— Je dirais une belle tumeur à l'estomac ou pire... à l'utérus ! Oui ! C'est bien cela ? À la matrice ! C'est trop amusant ! Toi, la sage-femme ! Toi, l'avorteuse !

Il fit une pause.

— Je comprends mieux ! enchaîna-t-il avec un irrésistible sourire. C'est pour cette raison que tu as choisi de mutiler ces filles de la sorte ? Pour te venger de ce qu'elles avaient et que tu n'as plus ! Un corps sain ! Les cellules vampires te dévorent et toi tu tues comme pour ravauder l'irréversible ? Comme si pour chaque victime torturée, tu retrouvais un peu de toi... point par point. Maille par maille.

— C'est faux ! hurla-t-elle. Je ne suis pas malade !

— Tu mens ! Je vois tes mains qui tremblent. Quelques mois à vivre tout au plus, dans d'atroces souffrances. Démolie ! Une seringue Pravaz déjà ne te quitte plus, amie intime d'un flacon de morphine ! Là, dans ton sac. Tes pupilles me racontent ton histoire. Grotesque ! Tu vas périr par le mal que tu as fait. N'est-ce pas la plus éclatante justice pour ces gamines sacrifiées ?

Il rit encore et son rire abominable emplit la tête de la femme au point qu'elle se boucha les oreilles pour ne plus l'entendre.

— Comment es-tu arrivée à elles ? Pourquoi cet âge-là ? Et comment as-tu bien pu dénicher des filles dont la première lettre du prénom formait le mot MÈRE ?

— Je suis diabolique, articula-t-elle posément en se reprenant.

— Coïncidence ?

— La coïncidence n'existe pas. Pas plus que le destin ! Tout se crée. Tout se sculpte. Tout se manipule. Tout s'assemble lorsqu'on veut bien se donner la peine de chercher les pièces qui bâtiront l'édifice.

Elle recouvra son souffle et posa sur son fils un regard bienveillant.

— La première, Marthe, m'a été servie sur un plateau par sœur Siobhan elle-même ! « Sœur Germaine, ma tendre sœur Germaine, que dois-je faire ? » se plaignait-elle cependant que je lui caressais le cou comme à un poulain dont on flatte l'encolure. Elle levait alors ses grands yeux bleus vers moi. Comment résister ? Comment ne pas succomber à tant de charme ? Je lui ai donc donné la solution, et, naïve, au sortir de chez la faiseuse d'anges, elle me l'a confiée. La gamine saignait en abondance, mais le morveux ne voulait pas tomber. Marthe. Elle s'appelait Marthe... avec un M. C'est ainsi que j'ai eu l'idée! Je venais de subir des cautérisations au nitrate de mercure et des applications de pâtes d'arsenic. C'était à hurler! J'avais compris que c'était la fin. Toutefois, je ne savais comment agir pour finir en beauté et réussir ma sortie, tout en te forçant à me rencontrer.

— Me croiser dans la rue et me dire que tu étais celle qui m'avait mis au monde te semblait trop discret!

— Quelle infamie! Tu m'aurais rejetée. Tu aurais refusé de m'entendre! Alors, j'ai cherché un moyen et cette fille me l'a offert! Le M de son prénom m'a rappelé les poésies mièvres que notre précepteur nous forçait à écrire pour réciter des compliments. Marthe, Eka, Rosalie, Eulalie. Quatre filles pour quatre initiales. Tu ne peux pas imaginer la quantité d'enfants qu'il nous faut faire passer dans cette ville! Et le nombre de mères potentiellement intéressantes... Je n'ai eu que l'embarras du choix... avec un petit coup de pouce parfois.

— Qu'as-tu dit à sœur Siobhan pour ta première victime?

— Simplement que tout était rentré dans l'ordre et que Marthe était partie, comme convenu, chez sa marraine.

— Et pour Eka?

— Ah Eka! Je connais le vieux Lee de longue date. Ton père y avait déjà ses entrées à une époque lointaine. C'est sa charognarde de concubine qui a fait le sale boulot lorsqu'elle a compris pour la gamine. Elle l'a poussée du premier étage pour la punir de n'avoir rien fait plus tôt. En bas, c'était pas beau à voir, je te promets. La petite pute ne bougeait plus. J'ai fait courir le bruit qu'une femme avait eu un accident en tombant de sa fenêtre et je suis venue avec le fourgon de la Croix-Rouge pour la récupérer.

— C'était donc ça !

— Oui ! Astucieux, n'est-ce pas ? Pour Rosalie, la chose a été simple. Il est de notoriété que nous accueillons tous les indigents à l'hospice. Cela se dit. Il en a été de même pour la dernière... Ah ! Cette Eulalie était coriace. Bigre ! Élevée comme elle l'avait été, elle ne craignait ni Dieu ni diable, cette gamine ! Une dure à cuire que rien ne semblait atteindre ! Un vrai chardon ! D'ailleurs, en d'autres circonstances, je crois bien que je l'aurais appréciée ! Un regard de rebelle, une volonté farouche, une détermination à toute épreuve ! Elle aurait pu devenir quelqu'un de néfaste et je regrette sincèrement que cela ne soit pas.

— Et l'âge ?

— Les jeunes gamines sont plus aptes à s'affoler lorsqu'elles vivent leur premier avortement. Les plus vieilles savent gérer tout cela. Elles ont l'expérience...

Elle fit mine d'épousseter son bras. Et alors qu'un vent glacé rabattait des flocons de neige contre son visage, elle resserra les pans de son manteau autour d'elle et ouvrit son parapluie.

— Cette Eulalie, est-elle... morte ? demanda-t-elle d'une manière anodine comme si la réponse lui importait peu.

Perrier s'abstint de l'en informer et, pire, fit semblant de partir.

— Vous en avez fini ? Je vous laisse, dit-il sobrement en quittant le muret froid où il s'était appuyé durant quelques minutes. Je dois rejoindre Lacassagne.

— Pour me dénoncer ?

— Je n'en ferai rien. Vous allez mourir très bientôt.

— Non !

— Non ? Mais vous vouliez quoi ? Que je vous livre à vos bourreaux ! Que je m'auréole d'une gloire que je ne mérite pas en offrant celle qui a tué pour mieux me rencontrer ?

— Non...

— Alors, quoi ? La mort ? C'est bien ça ? La mort.

Elle eut un regard suppliant qu'il refusa de voir. Aussi détourna-t-il la tête pour échapper à ses yeux larmoyants qui imploraient.

— Je ne vous tuerai pas, enchaîna-t-il en reculant sans pour autant lui tourner le dos. Je ne vous ferai pas ce cadeau. Vous finirez seule. Dans la souffrance. Seule avec votre seringue Pravaz qui deviendra votre unique compagne.

— Et si je continuais ? proféra-t-elle un rictus aux lèvres.

— Désolé, le message est délivré dans son entier ! M-E-R-E... L'affaire sera classée sans suite et je regagnerai mes chères études, auprès de Lacassagne. Je vais rentrer dans le rang. Je ne serai plus ce que vous souhaitiez que je sois. Voyez-vous, je ne crois pas au tueur-né. Nous avons tous la possibilité de changer les choses. Moi, je veux les changer. Même si je ne regrette pas d'avoir occis le vieux Lee et sa mégère, pas plus que cet amateur de chair d'enfants, ce miteux professeur de chant, je n'en deviendrai pas pour autant, et pour vous complaire, un tueur sans âme. Je ne veux pas de votre héritage malsain. J'épouserai Jeanne Lacassagne et entrerai dans le grand monde par une belle porte dorée. Et je vous promets que je vous oublierai aussi vite que j'ai découvert votre existence ! Je ne me souviendrai même pas de notre nom.

Il parut hésiter.

— Non, je ne vous tuerai pas, car c'est bien ce que vous voulez depuis le début ! Je ne vous ferai pas le plaisir d'abréger vos souffrances. Et lorsque votre cercueil s'enfoncera seul dans la terre humide d'une fin d'hiver brouillasseuse, avec comme unique cortège le fossoyeur et sa pelle, je serai tapi dans l'ombre afin de me réjouir de votre trépas. Ainsi va la vie ! Ce que vous avez échoué à accomplir, je le réussirai ! Je deviendrai quelqu'un. Je rejoindrai l'Histoire non pas pour mes crimes, mais bien pour mes exploits !

L'air pincé, elle referma brusquement son parapluie et, reprenant appui dessus, eut un feulement de hyène qui retentit comme une menace.

— Lacassagne ?

Pourquoi ce rire narquois indisposa-t-il tant Félicien ? Moqueur. Goguenard. Vicieux. Plein de sous-entendus malsains. De veuleries sournoises. Hypocrites.

Il eut un malaise comme s'il pressentait le pire. Que voulait-elle lui faire comprendre ?

— Lacassagne ! Si tu savais…

Puis sans un salut, sans un nouveau regard pour celui qu'elle avait mis au monde, elle se leva, fit demi-tour et disparut au milieu des passants nombreux qui, en cette fin de journée glacée, se dépêchaient de rentrer chez eux.

… Alors que dans la tête du jeune médecin retentissait en écho, lancinant comme un mauvais mal, obsédant comme une mauvaise musique : *Lacassagne, si tu savais…*

Chapitre 9

Lundi 3 janvier 1898

1

— Je crois que toute cette affaire est bien finie, soupira Félicien en s'étirant dans le lit défait. Et j'en suis fort aise !

Marc-André sourit en se tournant vers lui.

— Et la vieille qui t'a tellement inquiété ?

— Un démon du passé. Histoire classée !

Dans l'élan de ses paroles, le jeune médecin sauta du lit. Heureux de n'avoir pas failli. Heureux de ne pas avoir été la main toute désignée pour le trépas de celle qui l'avait mis au monde.

Restait de cet échange malsain sa dernière phrase, mais confiant, il entendait bien l'oublier.

— Tu me quittes déjà ? demanda le journaliste en regardant son compagnon filer en direction de la grande salle de bains qui, comble du luxe, occupait une bonne partie de l'appartement.

— Le travail m'appelle ! Nous sommes lundi. Je dois voir Lacassagne.

— Hum… ce Lacassagne ! Si notre histoire devait durer dans le temps, je crois que j'en deviendrais jaloux.

Félicien eut un rire sonore.

— Dois-je te remettre en mémoire que pour mener à bien tes articles sur l'unisexualité, pour le moment, tu le côtoies autant que moi ?

Marc-André dut reconnaître qu'en effet, tel était le cas.

Il glissa son bras replié entre sa tête et l'oreiller puis suivit son ami des yeux.

— Il faudrait tellement peu de chose pour que nos vies basculent et qu'ensemble nous continuions notre chemin.

La voix était sciemment linéaire, ce qui donna, sur le moment, à ses paroles un air faussement anodin. Félicien ne broncha pas, mais s'arrêta tout de même. Il attrapa tranquillement le peignoir qui gisait sur un fauteuil de tapisserie puis l'enfila tout en restant de dos.

— Faire des choix, lâcha-t-il tout en attachant la ceinture de soie. Décider de son existence. La vie claire avec John. La vie sombre avec moi.

À peine ses paroles lancées, il se retourna brusquement face au lit. Ses yeux noirs étincelaient d'une ferveur presque violente. Marc-André en frissonna.

— De moi, tu n'auras rien. De moi, tu n'obtiendras jamais rien. Je ne suis pas de ce monde. Je ne suis pas de ce temps. Je suis inhumanité. Je suis terreur. Je suis destruction. J'ai aimé une fois. Passionnément. Et je lui ai fait du mal. Parce que je ne sais pas faire le bien, même si j'ai dit le contraire à cette femme... je sais que je ne peux pas! John est dans ta ligne, Marc. Ne cherche surtout pas ailleurs et surtout pas après moi. À mon contact, tu te brûlerais. Tu te rabougrirais alors que tu n'es qu'amour et lumière. Un bel avenir t'attend dans lequel les choix que tu effectueras feront de toi quelqu'un qui marquera à jamais notre société. Je te vois dans la paix et la sérénité. Continue ce que tu as entrepris. Laisse-toi guider vers la foi, elle te va bien. Deviens celui que tu dois être... sans moi! Sans moi...

Ses derniers mots étaient sourds et Marc-André aurait juré que, malgré la conviction qu'il mettait dans ses propos, une larme avait coulé sur sa joue. Toutefois, il n'osa pas bouger tant la puissance dévastatrice qui émanait de Félicien le tétanisait. Il songea à John, avec qui il partageait l'existence à Londres depuis plusieurs années. John Gray, jadis volage et débauché, égérie d'Oscar Wilde, qui venait de trouver dans la voie de la religion une direction à donner à sa vie. John, maintenant sage, qui souhaitait plus que tout au monde continuer, à ses côtés, le chemin.

... Alors que lui était là, allongé sur ce lit, à rêver d'un individu qu'il savait obscur et énigmatique!

— Promets-moi de demeurer le plus souvent pur, murmura-t-il enfin la gorge nouée. Ne te dévoie pas dans les milieux frivoles comme je l'ai fait en mon temps. Nous ne sommes pas un troisième sexe déviant, comme certains sont prêts à l'affirmer. Tu n'es pas mauvais. Il faut seulement que tu choisisses bien ta vie, sans la dépenser, en prenant conscience que nous sommes comme les autres. Rien ne nous oblige à faire la part belle à nos délateurs en devenant débauchés et vicieux, comme ils souhaitent tous nous imaginer alors que, comme eux, nous pouvons être chastes et vertueux.

Félicien haussa les épaules tout en entrant dans la salle de bains.

— Tu es trop bon. Tu ne veux pas voir le mal là où il se terre.

Puis il claqua la porte sur un gros rire forcé censé se moquer aussi bien de lui que de son compagnon trop naïf.

2

— Tu nous as laissés bien précipitamment, fit remarquer Bernard, alors que Félicien entrait dans la salle d'autopsie du bateau-morgue. Une idée ?

— J'avais rendez-vous avec Lacassagne afin de rencontrer Vacher, qui a été transféré à Saint-Paul.

— Ah ? Vraiment ? Et cette visite a été bénéfique ?

— Non, pas vraiment.

Il hésita alors qu'il lui serrait la main et posait une bise discrète sur la joue d'Irina.

— Clarisse est partie, murmura cette dernière.

— C'est bien, soupira Félicien, elle a fait ses choix.

— Je ne suis qu'un idiot ! grommela Bernard en glissant une main dans ses cheveux. Je l'ai perdue par bêtise !

Cela fit sursauter Perrier qui haussa les épaules, d'un air fataliste.

— Si elle t'aime, elle reviendra.

Un soleil printanier éclairait la pièce. La neige, au final, avait pratiquement refusé de tomber, laissant présager un redoux précoce. Le jeune médecin posa son manteau et tapa ses bottes l'une contre l'autre pour enlever la boue qui salissait le cuir.

— Au fait, mon patron aimerait vous rencontrer afin de mettre en place une série d'articles visant à faire connaître au public la médecine légale. Cela vous plairait comme idée ?

Les deux hommes parurent approuver sans pour autant donner de réponse. La fin de matinée semblait être réservée aux diverses banalités, venues combler la gêne qui s'était glissée entre eux.

— Vous l'ai-je dit ? Eulalie est morte, murmura Bernard comme pour raconter quelque chose à son tour.

— Paix à son âme. Je crois qu'elle est mieux maintenant qu'elle ne l'a jamais été durant sa courte vie.

Félicien ne savait comment expliquer à ses collaborateurs que cette sordide histoire de jeunes filles assassinées était finie. Ayant enfin rangé Marc-André et ses problèmes existentialistes dans un coin de sa tête, il tournait et retournait la manière de les informer sans paraître trop renseigné, mais suffisamment avisé pour que ses paroles soient pertinentes.

— Irina, t'ai-je dit que c'étaient des fibres de ton écharpe qui étaient sous les ongles de Rosalie ?

La jeune fille fut surprise d'apprendre qu'il connaissait un détail qu'il ne lui avait pas divulgué.

— Tu me soupçonnais donc aussi lorsque tu m'as accusée à Saint-Paul ?

Félicien haussa les épaules.

— Je cherchais à suivre toutes les pistes possibles. Les fils rouges de ton foulard sous ses ongles à elle, au milieu du sang du meurtrier. C'était plutôt troublant, non ?

— Et comment as-tu compris que je n'y étais pour rien ?

Il eut un silence un peu gêné.

— Je me suis rappelé que Rosalie s'était raccrochée à toi devant le fourgon de la Croix-Rouge.

— En effet !

Elle sourit.

— Tu vois ! renchérit Bernard. Lacassagne a raison lorsqu'il dit qu'il faut toujours vérifier tous les indices...

— Mon rédacteur en chef dit la même chose au sujet des informations.

Ils éclatèrent tous les trois de rire, un peu comme s'ils sentaient l'issue proche.

— Je crois que nous n'entendrons plus parler du meurtrier de gamines enceintes, lâcha soudain Félicien, comme on cherche à combler le silence.

— Comment le sais-tu ? demanda Irina en lui faisant brusquement face.

— Je le sais, c'est tout !

— Tu le sais, c'est tout ? Mais tu te moques de nous ! Si tu penses t'en tirer si facilement !

Alors que l'énervement montait en elle, aussi prompt à surgir que le soulagement précédemment, Bernard de son côté, indifférent à tout ce qui n'était pas Clarisse, ne broncha pas, s'obstinant à garder les yeux dans le vague.

— Tes sources ? Et vite !

— Je... je le sais. Et vous verrez que l'avenir vous le prouvera.

Ses paroles qu'il désirait mystérieuses ne parvinrent pas à convaincre la jeune femme, qui grommela :

— Nous ne sommes pas le 1er avril, mais bien le 3 janvier ! Si tu le souhaites, nous pouvons tirer les rois, mais pas nous faire des farces ! Je suis journaliste aussi et sans tes sources, je ne peux accréditer tes dires !

— C'est une affaire privée dans laquelle je suis directement impliqué. Comment vous l'expliquer ? La personne a tué pour me compromettre... à défaut de vouloir me connaître !

Développer lui était difficile. Il aurait tellement préféré se taire et être cru sans éclaircissements à fournir. Mais Irina pouvait se révéler têtue aussi s'obstina-t-elle :

— Rien que ça ? Et il faudrait que nous acceptions ta version sans que tu nous dévoiles le nom de celui que nous recherchons depuis des jours, parce que TU l'as décidé ! Alors, résumons... tu maîtrises les causes. Tu n'ignores rien des aboutissants. Toi, tu connais le tueur ?... Il va de soi ! Tiens, je te dis un nom au hasard : Félicien Perrier ! Est-ce que cela te convient ?

Ce dernier frissonna et foudroya son amie du regard. Mais elle, loin d'être impressionnée par sa personnalité qu'elle commençait à cerner, se planta devant lui et le toisa d'un air goguenard.

— Félicien Perrier, pour vous servir. Vous savez ? Celui-là même qui fuit la femme... un inverti. C'est bien cela... un inverti ? Alors, de là à vouloir la détruire... il n'y a qu'un pas !

— Irina !

Elle chancela sous le cri et se rattrapa à lui.

— Excuse-moi, je suis allée trop loin.

À côté d'eux, Bernard, troublé, ne paraissait pas comprendre.

— Tu... tu n'aimes pas les filles ? demanda-t-il naïvement.

— Si, je les aime !

— Mais tu ne... enfin...

— Non ! Où est le mal ? Cela te dérange ?

Un froid glacial courut dans la salle, malgré la douce chaleur qui provenait de l'extérieur. Irina, un peu penaude, était en train de se rendre compte de la portée de ses paroles irraisonnées, alors que Bernard tournait des yeux ronds comme si soudain les pièces d'un puzzle s'imbriquaient les unes aux autres, l'aidant à découvrir une facette de son ami qu'il refusait de voir.

— Pourtant... Eka ? souffla-t-il un peu bêtement.

— Cela n'était pas mon choix !

— Et tu n'as jamais... avec une femme ?

— Si... mais pas par réelle attirance, murmura-t-il en louchant vers Irina qui, gênée, rougit.

— Mais alors... ce Marc-André ? C'est donc ton choix !

— Cela ne te regarde pas !

Un hochement de tête.

— Je... si j'avais su...

— Si tu avais su quoi ? Tu m'aurais fermé ta porte ?

Bernard le dévisagea avec effroi comme s'il voyait soudain un monstre derrière les traits de Félicien.

— Je... je ne sais pas.

— Pauvre idiot ! De la part de quelqu'un qui nous a caché sa véritable identité, je trouve cela un peu fort !

Le jeune homme allait objecter quelque chose, lorsqu'un salut dans le couloir fit taire tous les commentaires susceptibles de fuser.

— Mon bon monsieur Lacassagne, criait Delaigue, vous venez visiter vos disciples ? Cela va vous ravir, ils sont justement tous les trois ici.

Tout en rendant son bonjour, le professeur ouvrit la porte. Il régnait à l'intérieur une atmosphère pesante qu'il perçut aussitôt.

— Des divergences d'idées ? s'informa-t-il en serrant les mains qui se tendaient.

— Presque rien, rassura Irina. Des bêtises de gamins ! La fatigue nerveuse accumulée au cours de cette enquête douloureuse doit en être la cause.

Lacassagne posa sur eux un œil paternaliste.

— Vous avez bien travaillé jusqu'alors, car, même si vous n'avez pas encore résolu cette très difficile affaire, vous en êtes arrivés bien plus loin que les policiers qui stagnent sur des certitudes absurdes, d'autant plus que leur principal suspect s'est donné la mort.

— Antoine Maurin ? s'écria Irina en louchant du côté de Félicien.

— Il n'aura pas supporté le décès de Marthe, grommela ce dernier.

— Sans doute..., reprit Lacassagne. Il s'est pendu.

Un silence suivit, durant lequel la journaliste ne put s'empêcher de s'approcher de son collègue avec un air suspicieux. N'avait-il pas eu des paroles étrangement incohérentes lorsqu'ils étaient passés devant l'immeuble du professeur de chant ?

— Nous n'avons pas résolu cette affaire, crut bon de glisser le médecin afin de détourner l'attention d'Irina, mais je pense, monsieur, que nous n'entendrons plus parler du meurtrier.

Habituellement empreint d'une bonhomie sympathique, le visage de Lacassagne, pour une fois se durcit soudain au point d'afficher du mépris envers son agrégant préféré.

— Qu'est-ce qui vous fait avancer ça ? s'enquit-il un peu brusquement en posant sur son jeune disciple un regard inquisiteur.

— J'ai... comment dire ? J'expliquais à Irina et Bernard, avant que vous arriviez, que j'étais visé dans cette histoire par...

Il cherchait ses mots et, lui d'habitude si sûr, ne semblait plus très bien savoir comment s'exprimer. Et au fur et à mesure qu'il tentait de trouver comment faire, il découvrait à quel point sa mère l'avait mis dans une situation inextricable.

— Ah, vraiment ?

Lacassagne paraissait sceptique et ce fait déstabilisa encore plus Perrier qui ne comprenait pas pourquoi.

— Oui... Montpellier... j'y ai fait mes études, se hasarda-t-il gauchement.

— Moi aussi, confirma son mentor.

— Soit. Marc-André... il est... comment dire...

D'un coup d'œil assassin, il foudroya Bernard qui, il le sentait, s'apprêtait à lancer une pique mal à propos.

— Je travaille avec lui ! coupa le professeur qui comprenait de moins en moins pourquoi son élève essayait subitement de tirer la couverture à lui, dans une affaire glauque qui n'en valait pas la peine.

— Oui... je dois l'admettre... mais...

Il ravala sa salive et choisit de passer à autre chose. Sauf que plus il tentait de faire apparaître ses déductions comme étant irréfutables, et plus celles-ci perdaient de leur intérêt lorsqu'elles étaient dévoilées.

— Je vous coupe tout de suite, Perrier ! Je ne sais pas ce que vous avez depuis hier, mais je vous trouve bizarre. Sans doute un souci dont vous ne voulez pas nous faire part. J'espère seulement que ce n'est pas dramatique... car, voyez-vous, votre comportement m'incite à me poser des questions.

Il tenta de retrouver l'air serein qu'il avait d'habitude.

— Rien de grave, n'est-ce pas, poursuivit-il, rassurez-moi ? Vous n'avez pas commis des actes irréparables ? Je sais tellement, par expérience, que notre goût du morbide, à nous autres légistes, peut être préjudiciable à notre santé mentale... que... vous comprenez...

Le criminel aliéné, celui qui tue de manière irraisonnée...

Toutefois, tous ces crimes avaient une raison !

Prenant le fiacre en vol, Bernard, encore sous le coup de la dernière révélation de son collègue, se permit de douter.

— Tu pourrais être l'assassin ?

Surpris, Félicien recula d'un pas et détailla tour à tour ses trois comparses, qui, singulièrement, paraissaient d'accord pour le suspecter.

— Vous êtes fous !

— Vos paroles sont tout simplement étonnantes, enchaîna Lacassagne sur un ton redevenu paternel, car voyez-vous... alors que vous me préveniez que les meurtres allaient cesser grâce à votre intervention... presque divine, convenons-en... moi, j'arrivais justement pour vous aviser qu'un nouveau corps a été retrouvé !

Un silence religieux suivit sa révélation. Irina cherchait à ne pas triompher, l'annonce étant suffisamment dramatique pour qu'elle force le respect. De son côté, Félicien semblait recevoir cette déclaration comme il l'eût fait d'un coup de couteau. Plié en deux, il suffoquait.

— Perrier !

Déjà, Lacassagne lui saisissait le bras afin de lui prendre le pouls.

— Je vais bien, je vous remercie, murmura le jeune médecin en dégageant sa main.

Puis comme un automate, il enfila son manteau, et se dirigea vers la sortie, cherchant son souffle dans un sifflement inquiétant.

— Perrier, asseyez-vous plutôt ! Ne faites pas l'enfant !

Mais celui-ci n'écoutait plus. Perdu dans ses pensées, le visage ravagé par une indescriptible souffrance, il ne pouvait parler. Sur le seuil pourtant, alors que ses collègues le regardaient faire sans comprendre, il hésita puis se retourna.

— Comment s'appelle la fille ? demanda-t-il en articulant avec peine.

Ses mâchoires lui faisaient mal. Son corps lui faisait mal. Soudain courbatu, il avait le sentiment curieux d'être, en quelques secondes seulement, devenu un vieillard accablé par le poids des ans et des fautes.

— Une bien étrange histoire, soupira Lacassagne en baissant un instant son regard avec tact. C'est... comment vous dire ? C'est tellement surprenant dans le cas présent. Car jusqu'alors nos victimes étaient des jeunes filles qui...

— Son prénom ? aboya Félicien sans tenir compte des arguments de son mentor.

Celui-ci sursauta sous l'invective.

— Mon cher ami..., soupira-t-il en tendant une main charitable en sa direction.

— Son prénom, vous dis-je ! Il n'y a pas de raison qu'elle ne l'ait pas laissé bien en vue pour m'anéantir !

— Je ne comprends pas. Qui elle ?

— Vous ne comprenez pas quoi ? Que c'est elle ! Rien qu'ELLE, qui est la coupable !

Machinalement, Lacassagne tourna son regard vers la seule femme présente dans la pièce, puis s'en voulut aussitôt tellement il estima sa réaction absurde. Irina s'empourpra une nouvelle fois.

— Nous avons jugé bon de ne pas laisser le corps là où il a été trouvé... vu sa caste, reprit-il plus doucement. Je l'ai fait ramener directement à mon laboratoire afin de me livrer moi-même à un premier constat sans plus de formalités.

— Pourquoi cela ? s'inquiéta Irina qui ne saisissait plus rien à ce qui se passait. Vous avez détruit les preuves sur le terrain ? Je ne comprends pas !

— Eh bien, voilà ! Comment vous dire ? Mais il s'agit... d'une sœur...

— D'une sœur ? hurla Félicien au comble de l'agacement. Vous voulez sous-entendre quoi par *une sœur* ?

Le professeur tiqua et une gêne certaine l'envahit au souvenir de la dépouille torturée, retrouvée tôt le matin même, encore revêtue d'une haire de crin ensanglantée. Elle était affalée sur les marches de l'hospice des indigents, comme une poupée démantibulée qu'on aurait jetée là, sans aucun ménagement.

La correction l'avait empêché de prévenir son équipe afin qu'elle se rende sur les lieux. C'était en toute intimité, à l'Hôtel-Dieu, qu'il avait souhaité ramener le corps sans véritablement pratiquer une autopsie sur elle. Très embarrassé, comme si Dieu lui-même l'observait en train de profaner une de ses filles, il avait seulement étudié la cicatrice, identique à celles retrouvées sur toutes les victimes. Toutefois, ce qu'il avait découvert alors s'était révélé bien plus édifiant que tout ce qu'il avait pu constater jusqu'à présent !

— Une sœur enceinte ? N'est-ce pas un peu outrancier ? s'inquiéta Irina en cherchant à intervenir dans une conversation à deux qui semblait un peu trop exclusive.

— Ce que le meurtrier a fait à cette pauvre morte, poursuivit Lacassagne en s'adressant à la jeune femme – et cela malgré les injonctions de Perrier qui s'obstinait à vouloir connaître son prénom –, dépasse l'entendement, croyez-moi ! J'ai vu une multitude d'éléments macabres au cours de ma longue carrière, mais là j'ai pensé, un instant, ne pas m'en remettre.

— Qu'est-ce donc ? glissa Bernard jusqu'alors resté muet.

Lacassagne se racla la gorge, de plus en plus troublé. Félicien, toujours prêt à sortir, semblait s'être momentanément calmé et écoutait lui aussi. Irina, machinalement, choisit de s'asseoir par précaution.

— Cette pauvre religieuse était bien recousue, mais son utérus ne présentait aucun signe de grossesse. Par contre, le monstre qui l'a tuée avait pris un soin macabre à glisser à l'intérieur de sa matrice un placenta vide conservé dans du formol.

— Vous voulez dire que..., hoqueta la journaliste tout en se félicitant d'avoir pris place sur une chaise.

— Oui, vous avez bien compris, Irina... La jeune nonne n'était pas enceinte, mais son bourreau s'en est servi pour une mise en scène sinistre !

Il frémissait d'indignation en évoquant les faits.

— Y avait-il un... message ? questionna Bernard.

— Non ! Fort heureusement !

Félicien ne broncha pas.

— Son prénom, insista-t-il, les dents serrées.

La main sur la poignée de la porte, il tremblait des pieds à la tête, comme aux prises avec une agitation qu'il ne pouvait contrôler.

— Cela a été très facile de trouver son identité. Elle faisait partie intégrante de l'hospice devant lequel elle a été découverte. Nous l'avions rencontrée, messieurs, au moment de notre intervention là-bas. Elle avait choisi le nom de sœur Siobhan et travaillait avec une personne de ma connaissance, que j'ai fait prévenir ce matin lorsque j'ai su la terrible nouvelle. Elle en a été d'ailleurs profondément affectée.

— Sœur Siobhan ! répéta Irina sans réellement assimiler que la nouvelle cible était, ni plus ni moins, celle qu'un instant ils avaient suspectée.

— De son vrai nom Cécile Letaillier, sœur aînée de Marthe, notre première victime !

— La garce ! hurla Félicien au comble de l'excitation.

— Pardon ?

Perrier posa sur le professeur un regard de fou. Il écumait et un filet de bave coulait à la commissure de sa bouche, ce qui, avec les restes d'hématome sur son œil gauche, lui donnait l'apparence d'un possédé.

— Avec un S, bon Dieu! Un S! Qu'est-ce que j'ai été con! Comme elle m'a eue une nouvelle fois!

Il secoua la tête avec une violence qui poussa Lacassagne à vouloir le maîtriser.

— Siobhan avec un S..., vociféra-t-il tout en se débattant. Un S... M-E-R-E-S! Au pluriel!

Il souffrait. Son corps lui faisait mal. Son esprit lui faisait mal. Et alors qu'une vague de dégoût le submergeait à le noyer dans son vomi, il crut entendre le rire fou d'Isabelle exploser dans son crâne.

— Des mères, tu en as eu deux, bougre d'idiot! triompha-t-il à sa place en lui empruntant ses mots, alors qu'une nausée invasive lui faisait rendre sur le sol toute la violence qu'il contenait dans un jet aigre.

Puis, il se mit à jurer sans que les autres puissent comprendre ce qu'il avait et où il voulait en venir.

— Perrier! Une chaise, vite!

Déjà, Lacassagne le forçait à s'asseoir alors qu'Irina lui épongeait le front qui suait d'une transpiration acide. Pris au dépourvu, il sursauta et dévisagea ceux qui l'entouraient comme s'il ne les avait jamais vus.

— Perrier, je vais vous administrer un calmant par voie hypodermique. Ne vous inquiétez pas. Cela vous fera du bien. Vous vous sentirez bien mieux après...

— Non... je ne veux pas! Je vais mieux. Bien mieux.

Elle l'avait eu! Encore une fois, elle s'était jouée de lui. Elle triomphait!

ELLE.

Vite, il fallait qu'il sorte ! Il fallait qu'il respire. Ailleurs. Qu'il rumine son échec. Qu'il oublie ! Quitte à sombrer. Quitte à ne plus être...

Il se dégagea vivement de l'emprise de ses collègues. L'air du dehors lui causa un choc, comme une secousse violente. Il ouvrit la bouche, le souffle court et, plié en deux, attendit que le calme en lui revînt. Mais déjà Lacassagne était derrière lui, suivi d'Irina, attristée par son attitude, et Bernard, indigné par la tournure que prenaient les événements.

Félicien, acculé, se retourna doucement. Il se sentait mieux tout à coup, et dans son esprit les éléments du drame reprenaient chacun sa place à la manière de briques qui, superposées les unes sur les autres, construisaient un mur.

Il s'adossa à la rambarde de la passerelle, qui conduisait au bateau-morgue en enjambant le rebord du quai, et une main derrière le dos, crispée sur la rampe de fer, contempla le groupe qui, silencieux, lui faisait face. On aurait dit qu'il voulait prendre de l'élan pour mieux sauter aussi, instinctivement, ses amis reculèrent-ils d'un pas.

— Dites-moi, professeur ? demanda-t-il en employant soudain un ton qui se voulait anodin malgré son émoi évident. Tant que nous y sommes... vous ne connaîtriez pas une certaine Germaine Poulain, par hasard ?

L'angoisse le tenait maintenant debout. Tel un condamné, il attendait le bras du trépas qui viendrait définitivement achever son calvaire.

Lacassagne parut surpris et une sorte de sourire triste éclaira un instant son visage.

— Vous l'avez rencontrée aussi ? s'enquit-il en se méprenant sur le fondement réel de la question. Je n'ai jamais vu personne plus éprouvée en apprenant la mort de sa jeune subordonnée. Trois ans qu'elle travaillait à ses côtés ! C'est dire !

— Vous la connaissez donc ? aboya Perrier méchamment.

— Bien sûr ! murmura le médecin, surpris par ce brusque revirement, accalmie impromptue qui ne pouvait qu'annoncer une nouvelle tempête. C'est d'elle que je parlais en évoquant une de mes relations, accablée par le décès de sœur Siobhan. Une femme très pieuse qui dirige, parallèlement à ses activités à l'hospice des indigents, la section de la Croix-Rouge de Lyon. Vous n'êtes pas sans savoir le travail magnifique que font les...

Mais Félicien n'écoutait déjà plus. Il fixait maintenant Irina qui avait chancelé. Avait-elle compris ? Elle murmura « Félicien » comme pour elle-même, alors que ce dernier sentait une rage froide monter subrepticement à la place de sa crise de délire préalable.

— C'est une de vos amies ?

— Oui, si l'on peut dire ! Avec ma défunte épouse, nous participions jadis aux fêtes de charité données pour récolter des fonds. Après son décès, j'ai gardé le contact et souvent nous nous croisons...

— Récemment ?

— Il y a quelques semaines. Un peu avant cette monstrueuse affaire qui...

Lacassagne s'interrompit brusquement comme s'il établissait tout à coup un lien entre cette personne et le jeune médecin à qui il avait confié la direction de l'équipe spécialement créée pour cette enquête.

C'était à l'occasion d'une fête chez un collègue. Les fiançailles de sa fille aînée, où, sans vraiment le connaître ni le côtoyer, par courtoisie sans doute, il avait été invité. Cela l'avait étonné, mais, poussé par Jeanne qui trouvait qu'il sortait trop peu, il s'y était rendu avec elle. Germaine Poulain l'avait alors abordé...

— La fréquentez-vous assez pour vous laisser influencer par elle ? reprit Perrier avec insistance.

— C'est-à-dire ? balbutia le professeur en rougissant.

— Ne faites pas l'innocent, Lacassagne ! Vous savez très bien où je souhaite en venir !

C'était la première fois qu'il interpellait de la sorte son supérieur. Celui-ci parut contrarié, mais, troublé par un autre point, il ne releva pas l'insolence.

— Que sous-entendez-vous donc ?

— Est-ce que Germaine Poulain vous a parlé de moi, Félicien Perrier, docteur en médecine ?

Brusquement mis au pied du mur, le brave homme ne put que fléchir.

— Nous causions de tout et de rien, lorsque vous êtes venu dans la discussion. Elle m'a en effet dit que vous étiez un sujet prometteur, ce que vous avez confirmé sans difficulté. Elle vous a présenté comme le fils prodige d'une de ses amies d'enfance. Un homme doué de facultés surprenantes et d'une intelligence remarquable. Le collaborateur idéal qui répondrait à mes attentes. Et pour terminer, elle m'a parlé de Montpellier ce qui a fini de me convaincre…

À l'expression douloureuse qui figeait les traits de son interlocuteur, Lacassagne se tut alors que devant les pieds de Félicien s'ouvrait l'abîme dantesque de sa désillusion, menaçant de l'engloutir et de le dévorer.

Ainsi donc, le rire de hyène qu'elle avait eu venait de trouver sa raison ! Lacassagne ne l'avait pas choisi. Elle le lui avait imposé !

Elle avait tout manigancé !

— Je ne saisis pas…

— Un jour, vous comprendrez, professeur… Irina peut-être arrivera à vous expliquer certaines choses, si elle tente de deviner mon infortune. Mais ce sera tellement difficile à croire…

Puis, brusquement apaisé, il le regarda en souriant.

— Je vous remercie, professeur. Pour tout… J'ai vraiment apprécié ce que nous avons fait tous les quatre ! Cela m'a donné, durant quelques jours, l'espoir illusoire d'être un autre. De pouvoir devenir un autre. Mais non… elle m'a eu… Je retourne à l'obscurité, c'est là d'où je viens… Criminels-nés ou famille d'aliénés. Je vous laisserai choisir, car comme pour Vacher lors de notre réunion à Belley, ce qui vous troublera, quand vous saisirez, c'est que dans notre cas le milieu d'origine ne change rien.

Il paraissait sincère. Il l'était certainement. Puis il fit demi-tour et remonta doucement la passerelle pour s'éloigner.

Épilogue

Mercredi 12 janvier 1898

Depuis neuf jours, il se terrait dans une chambre d'hôtel qu'il avait louée et où il était sûr de ne voir aucun visage connu. Les premiers temps, n'arrivant pas à surmonter l'humiliation subie, une seringue d'héroïne avait été sa seule compagne. Elle lui avait permis d'oublier tout le mal que celle qui se disait sa mère avait fait pour l'atteindre et le briser.

Couché bras en croix sur le lit, il n'avait pas bougé, négligeant de se laver et même de se nourrir. Il préférait décoller de son corps et de toutes les douleurs de l'existence quitte à en mourir…

Puis un matin – mais était-ce vraiment un matin, il ne savait plus –, la vie avait repris le dessus et il avait demandé qu'on lui serve une collation. Ensuite, il était sorti afin de se laver aux bains publics, faisant se retourner les passants sur lui tant il était échevelé, barbu et hagard.

À la suite de cela, il était redevenu opérationnel.

Cette femme, sa mère, avait fait en sorte que Lacassagne le choisisse. Elle avait commis des meurtres sordides afin qu'il la trouve, fasse sa connaissance… et la tue.

Soit !

Pour cela, elle avait détruit la vie qu'il avait chèrement reconstruite. Faisant s'écrouler l'avenir auquel il avait eu la bêtise de croire.

Lorsqu'il referma définitivement la porte sur ce qui aurait pu être un mouroir – mais était resté, fort heureusement, sa chambre – vers le midi de cette journée non ordinaire, la lumière l'éblouit au point qu'il cligna des yeux. Dehors, la neige avait recouvert la ville d'un voile de virginité, masquant la violence, ensevelissant les cadavres, rassurant les bien-pensants. Un monde de pureté seulement troublé par les sillons laissés par les roues des fiacres ou des véhicules à moteur.

Le monde allait changer.

Et lui avec.

Irradiait-il comme un saint illuminé par sa foi ? Il ne pouvait le certifier, néanmoins, il avait soudain l'étrange impression que tous les badauds qu'il croisait lui souriaient. Classique effet d'optique peut-être, ou était-ce la neige qui rendait aux adultes leur cœur d'enfant ?

Ses observations, du haut de sa chambre d'hôtel, lui avaient permis de noter qu'elle sortait tous les jours vers midi. Il n'eut donc aucune difficulté à la rencontrer.

Tout devait être simple, aussi tout se déroula-t-il simplement.

Arrivée à sa hauteur, elle sourit mais ne broncha pas. Il dévia tout à coup de sa trajectoire et lui fit soudainement face.

— Bon anniversaire, maman ! psalmodia-t-il en la prenant tendrement dans ses bras.

Elle était là, pour la première fois contre lui. Il pouvait sentir son odeur de poudre de riz, mais aussi battre son cœur, tout contre sa poitrine.

Un instant.

Une seconde.

— Je vais devenir ton digne fils, maman. Celui dont tu as rêvé.

La surprise de la déclaration peut-être... Elle le dévisagea presque ravie, puis un voile s'envola de son visage alors qu'il la serrait plus fort encore.

Quand il la quitta, filant au milieu de la foule anonyme, elle tituba. L'émotion sans doute. Puis elle pressa les deux mains contre son ventre, et elle s'effondra doucement dans la neige qui se teinta de rouge.

— Maman, la dame est morte ! cria une petite fille en voyant la femme s'affaisser.

Des gens s'attroupèrent autour d'elle, mais il était trop tard. Deux coups de couteau avaient eu raison de sa vie.

Félicien avait encore une fois perdu.

Elle venait à nouveau de gagner. Le poussant à la tuer avant qu'une mort misérable ne la prenne.

Et alors qu'il disparaissait, nauséeux et abattu, le monde à chacun de ses pas, devant lui, s'effondrait.

Le jour suivant, Lacassagne recevait la démission de Félicien dans laquelle, tout en s'excusant, il lui confirmait le nom du coupable. Pendant ce temps, un journal à sensation – de ceux que le professeur n'aimait pas –, vendu à la criée par un gamin qui, le bras en l'air, haranguait la foule, titrait en grosses lettres tapageuses :

Terrible drame familial !
Une sœur séculière poignardée le jour
de son anniversaire
par un inconnu qui l'a appelée maman !

CINQ FILLETTES DISPARAISSENT. SEUL UN CRIMINOLOGUE PEUT RÉSOUDRE CETTE ENQUÊTE

LE CHUCHOTEUR

DONATO CARRISI

N° 32245

*Cinq petites filles ont disparu.
Cinq petites fosses ont été creusées dans la clairière.
Au fond de chacune, un petit bras, le gauche.
Depuis le début de l'enquête, le criminologue
Goran Gavila et son équipe ont l'impression d'être manipulés.
Chaque découverte macabre les oriente vers un assassin
différent. Lorsqu'ils découvrent un sixième bras,
appartenant à une victime inconnue, ils appellent
en renfort Mila Vasquez, experte en affaires d'enlèvement.
Dans le huis clos d'un appartement, Gavila et ses agents vont
échafauder une théorie à laquelle nul ne veut croire...
Un époustouflant thriller littéraire, inspiré de faits réels.*

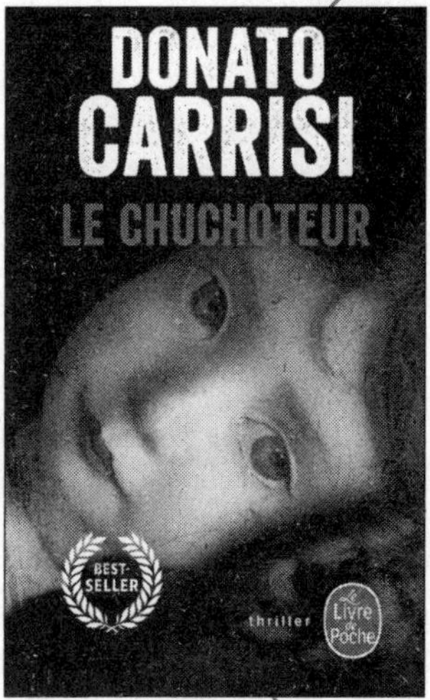

1933, LYON, OÙ CRIME ET GASTRONOMIE NE FONT QU'UN

MEURTRES TROIS ÉTOILES

MICHÈLE BARRIÈRE

N° 33847

*Qui en veut à Eugénie Brazier, la célèbre chef lyonnaise qui,
en cette année 1933, vient d'obtenir trois étoiles
pour chacun de ses deux restaurants ? Malheureux hasards,
plaisanteries de mauvais goût ? On peut le penser,
jusqu'à la mort d'un cuisinier et la tentative
d'empoisonnement d'Édouard Herriot, le maire de Lyon.
Bien malgré lui, Adrien Savoisy va mener l'enquête.
Rongé d'inquiétude pour sa compagne Rebecca,
retenue dans une prison du nouveau chancelier d'Allemagne,
Adolf Hitler, il n'a guère la tête à la bonne chère.
Entraîné par une jeune cuisinière issue de la communauté
arménienne de Lyon et un éminent criminologue, gastronome
averti, il va, malgré tout, se lancer aux trousses du coupable.
Volaille demi-deuil, poulet à la crème aux morilles,
filet de charolais Rossini, langouste belle aurore
et autres quenelles au gratin vont être au cœur
de leurs investigations dans la « capitale de la gastronomie ».*

PAPIER À BASE DE
FIBRES CERTIFIÉES

Le Livre de Poche s'engage pour
l'environnement en réduisant
l'empreinte carbone de ses livres.
Celle de cet exemplaire est de :
500 g éq. CO_2
Rendez-vous sur
www.livredepoche-durable.fr

Composition réalisée par Belle Page

Achevé d'imprimer en septembre 2018 en Italie par
Grafica Veneta
Dépôt légal 1re publication : janvier 2019
LIBRAIRIE GÉNÉRALE FRANÇAISE
21, rue du Montparnasse – 75298 Paris Cedex 06

65/0326/6